高等院校财经类应用型教材

财务分析

李克红 薄雪萍 主编／张霞 刘东 副主编

清华大学出版社
北京

内容简介

本书根据财务分析业务实际与操作规程，系统介绍财务分析概述、资产负债表分析、利润表分析、现金流量表分析、偿债能力分析、营运能力分析、获利能力分析、财务综合分析、财务分析报告撰写方法等知识，并通过实践训练提高应用技能。

本书知识系统、案例丰富、实用性强、注重岗位技能与实践能力培养，同时兼顾高职高专和成人高校会计教学，既可以作为应用型大学财税管理专业的首选教材，也可以用于工商企业财税管理干部及从业人员的在职培训，并为广大"中、小、微"企业和创业者提供有益的帮助。

本书封面贴有清华大学出版社防伪标签，无标签者不得销售。
版权所有，侵权必究。举报：010-62782989，beiqinquan@tup.tsinghua.edu.cn。

图书在版编目(CIP)数据

财务分析/李克红，薄雪萍主编. —北京：清华大学出版社，2018(2023.8重印)
（高等院校财经类应用型教材）
ISBN 978-7-302-46877-6

Ⅰ. ①财… Ⅱ. ①李… ②薄… Ⅲ. ①会计分析－高等学校－教材 Ⅳ. ①F231.2

中国版本图书馆 CIP 数据核字(2017)第 064118 号

责任编辑：张　弛
封面设计：常雪影
责任校对：刘　静
责任印制：沈　露

出版发行：清华大学出版社
网　　址：http://www.tup.com.cn, http://www.wqbook.com
地　　址：北京清华大学学研大厦 A 座　　邮　编：100084
社 总 机：010-83470000　　邮　购：010-62786544
投稿与读者服务：010-62776969, c-service@tup.tsinghua.edu.cn
质量反馈：010-62772015, zhiliang@tup.tsinghua.edu.cn
课件下载：http://www.tup.com.cn, 010-83470410

印 装 者：三河市君旺印务有限公司
经　　销：全国新华书店
开　　本：185mm×260mm　　印　张：13.25　　字　数：304 千字
版　　次：2018 年 7 月第 1 版　　印　次：2023 年 8 月第 4 次印刷
定　　价：39.00 元

产品编号：072713-01

编写委员会

主　任：牟惟仲

副主任：林　征　　冀俊杰　　张昌连　　丁　虹　　武信奎　　黑　岚
　　　　张建国　　车亚军　　吕一中　　王黎明　　田小梅　　李大军

编　委：王　杰　　齐众希　　钟丽娟　　王海文　　李　洁　　吴慧涵
　　　　黄中军　　刘雅娟　　赵立群　　熊化珍　　薄雪萍　　梁红霞
　　　　鲍东梅　　李淑娟　　周　伟　　卜小玲　　张武超　　巩玉环
　　　　王桂霞　　周　晖　　赵春萍　　贾艳菊　　何永利　　梁　月
　　　　李秀霞　　李　康　　赖惠明　　罗佩华　　穆晨曦　　赵秀艳

总　编：李大军

副总编：丁　虹　　黑　岚　　刘雅娟　　李淑娟　　薄雪萍　　熊化珍

专家组：黄中军　　崔　娜　　赵立群　　李　洁　　卜小玲　　钟丽娟

序 言

随着我国改革开放进程的加快和社会主义市场经济的快速推进,中国经济已连续多年保持持续高速增长的态势。财税作为市场经济运行管理的主体,既是国家财政的命脉,也是企业制定政策和发展计划的主要依据。会计和税务惠及众多企业、涉及各个经济领域,并在国家经济发展、国民经济建设、改善民生、构建和谐社会等各方面发挥极其重要的作用,因而深受各级政府、各类企业管理者的高度重视。

当前,我国正处于经济和社会转型期,随着国家经济转轨、产业结构调整,涌现了旅游、物流、电子商务、生物、医药、动漫、演艺等一大批新兴服务和文化创意产业;国家"一带一路、互联互通"总体发展战略的制定和实施、我国政府倡导全民大众创新创业的兴起,促进了我国经济国际化的大发展。为此,国家近年及时新出台了多项有利于新兴产业、外向型企业和中小微企业发展的财税政策。

根据经济改革和社会发展,国家需要不断加大税制改革、调整财政与会计政策,以适应搞活经营、启动内需、活跃市场、促进经济发展和与国际经济接轨的需要。为了稳步推动我国经济和社会全面、协调、可持续发展,国家财政部陆续颁布实施了新的税法、企业会计准则、企业财务通则等法律法规和管理规章制度,促使我国财税理论与实践发生了重大变革。会计是企业的管家、财税规章管理制度是企业合法经营的基本保障,财税政策体现了国家经济发展的主导性。

目前,随着我国经济改革不断深化,企业内外部环境也在发生重大变化;随着新的经济现象与管理方式的不断出现,我国经济国际化特征日趋明显。当前,面对国际市场的激烈竞争、对企业会计从业人员业务素质要求越来越高,加强现代企业管理者会计税务知识技能培训,对规范经营、提高管理能力、更好地为我国经济发展服务,这既是工商服务企业可持续快速发展的战略选择,也是本系列教材出版的目的和意义。

本系列教材作为应用型大学财税管理专业的特色教材,包括会计和税务两部分,共计16本书,具体包括基础会计、财务会计、管理会计、财务管理、成本会计、会计英语、财经法规、税法、税务会计、税收征管、税收筹划、纳税模拟实务等。

各本教材坚持改革创新、注重与时俱进,遵循以科学发展观为统领,严格按照国家教育部关于"加强职业教育、突出实践技能与能力培养"的教育教学改革要求,依据职业教育教学特点和培养目标,根据当前经济体制产业结构调整的新思路、财税改革的新举措,结合国家大学生就业工程,针对各类企业、社会市场对财税岗位用人的实际需求。本系列教材由多年从事会计和税务课程教学的专家教授撰写。

由于本系列教材紧密结合国家财税改革与发展、注重前瞻性,具有理论适中、知识系统、内容翔实、案例丰富、贴近实际、突出实用性、适用范围宽泛及通俗易懂等特点,既可以作为应用型大学财税管理专业的首选教材,也可以作为工商企业与经济公司财会及税务人员职业教育的岗位培训用书,并为广大社会"中、小、微"型企业创业提供有益的学习指导。

在教材编写过程中,我们参考借鉴了大量会计核算、财税管理最新的书刊资料,以及国家历年颁布实施的"会计、税务"政策法规与管理制度,并得到企业、院校、会计事务及行业协会专家教授的帮助支持与具体指导,在此一并致谢。为配合本系列教材的发行使用,特提供配套电子课件,读者可以从清华大学出版社网站(www.tup.com.cn)免费下载使用。因国家财税政策变化快且作者水平有限,书中难免有疏漏和不足,希望专家和读者批评指正。

教材编委会

2017 年 12 月

前言

财税既是国家财政的命脉,也是现代经济发展和企业经营的关键支撑。财务分析对企业实行科学管理、确保经营收益的重要手段,也是企业制定政策、计划、经营决策的基础和保障。财务分析惠及企业、涉及企业在经济领域的长远发展,在国家经济发展、国民经济建设、改善民生、构建和谐社会等各方面发挥极其重要的作用,并逐渐受到经济管理者、企业管理者、社会管理者的高度重视。

随着我国改革开放和社会主义市场经济的快速发展,随着全球经济一体化进程的加快,世界经济异常活跃、资本市场迅猛发展,市场国际化、企业国际化的特征越来越明显。

近年来,随着全球金融危机和通货膨胀的不断加剧,企业经营成本也在持续走高,不仅消耗和吞噬了企业的大部分利润,而且也在不断加重企业的经营风险,造成了企业间的竞争越来越激烈,尤其是广大中小企业正面临越来越大的生存压力。

会计是企业的管家,财务分析则更侧重于企业经营效益管理,财务分析既是会计专业非常重要的专业课程,也是就业者所必须掌握的关键知识技能。科学的数据核算、良好的分析管理,既可以控制成本降低支出,也可以有效提高经营利润、增强企业核心竞争力。加强企业会计人员财务分析与管理能力已成为目前亟待解决的问题。

面对国际市场的激烈竞争、对会计从业者业务素质要求越来越高,加强现代企业管理者的财务分析知识技能培训,对规范经营、提高管理能力、更好地为我国经济发展服务,这既是工商服务企业可持续快速发展的战略选择,也是本书出版的真正目的和意义。

本书作为财税管理专业的特色教材,全面贯彻国家近年颁布实施的《企业会计准则》、遵守新的会计规章管理制度,坚持以科学发展观为统领,严格按照国家教育部关于"加强职业教育、突出实践技能和能力培养"的教学改革要求,注重实践能力和应用技能的培养。本书的出版不仅有力地配合了高等教育会计教学创新和教材更新,也体现了应用型大学办学育人注重职业性、实践性、应用性的特色;既满足了社会需求,也起到了为国家经济建设服务的作用。

全书共9章,以学习者应用能力培养为主线,根据国家新颁布实施的《企业会计准则》《企业财务通则》,结合企业财务分析与操作规程,系统介绍财务分析概述、资产负债表分析、利润表分析、现金流量表分析、偿债能力分析、营运能力分析、获利能力分析、财务综合分析、财务分析报告的撰写等知识,并通过实践训练提高应用技能。

由于本书坚持改革创新,注重与时俱进,具有知识系统、案例丰富、贴近实际、实用性强、注重岗位技能与实践应用能力培养,因此本书既可以作为应用型大学财税管理专业的首选教材,同时兼顾高职高专和成人高校会计教学,也可以用于工商企业财税管理干部及从业人员的在职培训,并为广大"中、小、微"企业和创业者提供有益的帮助。

本书由李大军筹划并具体组织,李克红和薄雪萍担任主编,李克红统改稿,张霞、刘东担任副主编,由刘雅娟教授审定。作者编写分工:牟惟仲序言,薄雪萍第一章、第二章,刘东第三章、附录,梁红霞第四章,张霞第五章、第六章,熊化珍第七章,李克红第八章、第九章,华燕萍、李晓新负责文字版式修改、制作课件。

在本书编写过程中,我们参考了大量财务分析的最新书刊资料、政府主管部门的政策法规及管理制度,并得到有关专家教授的具体指导,在此一并致谢。为配合本书发行使用,特提供配套电子课件,读者可以从清华大学出版社网站(www.tup.com.cn)免费下载使用。因作者水平有限,书中难免有疏漏和不足,恳请同行和读者批评指正。

编　者

2018 年 5 月

目 录

第一章 财务分析概述 …………………………………………………… 1
- 第一节 财务报告与财务分析 ……………………………………… 1
- 第二节 财务报告分析的对象、内容及资料 ……………………… 7
- 第三节 财务报告分析的原则、步骤与方法 ……………………… 14

第二章 资产负债表分析 ………………………………………………… 24
- 第一节 资产负债表概述 …………………………………………… 25
- 第二节 重要资产项目的内容及其分析 …………………………… 27
- 第三节 重要负债项目的内容及其分析 …………………………… 37
- 第四节 所有者权益项目的内容及其分析 ………………………… 41

第三章 利润表分析 ……………………………………………………… 47
- 第一节 利润表概述 ………………………………………………… 47
- 第二节 利润表项目的内容及其分析 ……………………………… 51
- 第三节 利润表结构分析 …………………………………………… 58

第四章 现金流量表分析 ………………………………………………… 62
- 第一节 现金流量表的概念与作用 ………………………………… 63
- 第二节 现金流量表的结构 ………………………………………… 64
- 第三节 现金流量表项目的内容及其分析 ………………………… 70

第五章 偿债能力分析 …………………………………………………… 82
- 第一节 偿债能力分析概述 ………………………………………… 83
- 第二节 短期偿债能力分析 ………………………………………… 84
- 第三节 长期偿债能力分析 ………………………………………… 91
- 第四节 影响偿债能力的表外因素 ………………………………… 98

第六章 营运能力分析 …………………………………………………… 102
- 第一节 营运能力分析概述 ………………………………………… 102

  第二节 营运能力的分析 …………………………………………………… 103
  第三节 营运能力的评价 …………………………………………………… 111

第七章 获利能力分析 …………………………………………………………… 118
  第一节 获利能力分析的内涵 ……………………………………………… 119
  第二节 上市公司面临的获利压力 ………………………………………… 120
  第三节 评价获利能力指标的计算与分析 ……………………………… 122

第八章 财务综合分析 …………………………………………………………… 138
  第一节 财务综合分析概述 ………………………………………………… 139
  第二节 杜邦财务分析法 …………………………………………………… 140
  第三节 综合评分分析法 …………………………………………………… 146
  第四节 雷达图分析法 ……………………………………………………… 159

第九章 财务分析报告的撰写 …………………………………………………… 169
  第一节 财务分析报告的内容 ……………………………………………… 169
  第二节 财务分析报告的撰写方法 ………………………………………… 170
  第三节 财务分析报告实例 ………………………………………………… 178
  本章小结 ……………………………………………………………………… 196
  练习题 ………………………………………………………………………… 196

参考文献 ……………………………………………………………………………… 197

附录 ××电器股份有限公司财务报表 ………………………………………… 198

第一章

财务分析概述

学习目标

(1) 了解公司财务报告及财务分析的概念;
(2) 列举公司财务报告分析的主要内容、基本资料;
(3) 掌握并陈述财务报告分析的步骤及各种方法。

技能要求

比较分析法和比率分析法的运用。

引导案例

会计学是一门非常严谨的学科,它具备六大要素:资产、负债、所有者权益、收入、费用、利润。几大要素之间相互依赖,存在相当复杂的制约关系。这本来是为了相互印证确保会计数据的准确性而设计的,但也给缺乏专业知识的人在阅读上带来困难。如何正确理解财务数据的含义,是每个投资者必须面对的问题。

当对上市公司的财务报告有了初步判断,认为其并不存在重大造假行为。下一步的工作就是对数据进行分析,以求得出可靠结论,这就是进行财务报告分析。

第一节 财务报告与财务分析

一、财务报告与财务分析的基本概念

(一) 财务报告的概念

财务报告是企业传递财务会计信息的书面文件。按照美国会计师协会会计准则委员会发布的第四号公告,所谓财务报告,是采用系统的会计处理程序与方法,将企业的各种信息应不同使用者的一般需要予以汇总编制而成,能够及时地向这些使用者提供真实公正信息的报告。

可见,财务报告是以数据报表与文字说明的形式汇总披露财务会计信息,是对企业财务状况、经营成果和现金流量的结构性表述。根据会计准则的规范要求,财务报告应当包括"四表一注",即资产负债表、利润表、现金流量表、所有者权益变动表以及附注等文字说明(见图1-1)。

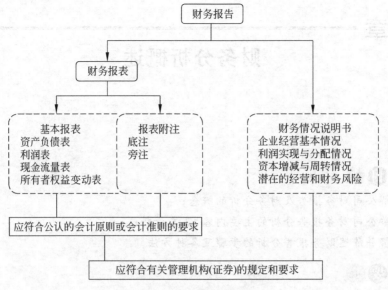

图 1-1　财务报告的内容构成图

（二）财务分析的概念

狭义的财务分析概念指以公司财务报告为主要依据,有重点、有针对性地对其有关项目及其质量加以分析和考察,对企业的财务状况质量、经营结果进行评价和剖析,以反映企业在运营过程中的利弊得失、财务状况及发展趋势,为报告使用者的经济决策提供重要信息支持的一种分析活动。

广义的财务分析概念在此基础上还包括公司概况分析、企业优势分析（地域、资源、政策、行业、人才、管理等）、企业发展前景分析以及证券市场分析等。

财务分析的起点是阅读财务报告,而其终点则是做出某种判断,比如,做出某种评价或者发现某些问题,其目的都是为决策者的抉择提供参考。

小贴士

对于财务报告分析的概念,应该注意从下面 3 个方面理解。

（1）财务报告分析的最终目的是决策支持,即为相关决策者的抉择提供信息参考。所以,需要借助财务报告分析进行决策的相关人士和团体即成为财务报告分析的主体。

（2）财务报告分析是在财务报表现有信息的基础上,对其进一步的分析利用,以提供更深层、更全面系统的决策信息。所以,财务报表是财务报告分析的基本依据,是财务报告分析的客体之一。

（3）财务报告分析是一个系统认识企业的过程,此过程具体表现为分析——判断或评价——结论。其中,分析需要遵循科学的方法体系,如归类、比较、演绎、综合等；判断或评价则需要借助趋势分析、结构分析、因素分析等方法,对各种财务信息和非财务信息加以归纳和综合；结论则是以分析报告的方式对分析和判断的过程及其结果的清晰呈现。所以,对财务报告分析方法的理解和运用是实现财务报告分析目的的桥梁和手段。

二、财务报告分析的作用

(一)有利于评价企业财务状况

财务报告分析应根据财务报表等综合财务资料,对企业整体及各方面财务状况进行综合、细致的分析,并根据分析的结果做出客观评价。

通过财务报告分析,可以判断企业资金的流动状况是否良好、资金成本和资本结构是否合理、现金流量状况是否正常及偿债能力是否充分等,并以此评价企业经营风险大小,为企业投资人和经营管理者提供有用的决策信息。

(二)有利于评价企业盈利能力

偿债能力和盈利能力是企业财务评价的两大基本指标。在偿债能力既定的情况下,企业应追求最大的盈利能力,这是企业重要的经营目标。

一个企业具有良好的盈利能力,才能得以健康发展。同时企业具备较强的盈利能力,可促使企业保持良好的偿债能力。通过财务报告分析,可以从不同角度对企业盈利能力进行深入分析和全面评价,并据以预测企业经营风险和财务风险大小。

(三)有利于评价企业资产管理水平

企业资产作为企业生产经营活动的经济资源,其管理水平的高低直接影响企业的获利能力和偿债能力,也表现企业综合管理水平的高低。通过财务报告分析,可以对企业的资产配置、利用水平、周转状况和获利能力等做出全面的分析和评价,并据此预测对企业长远发展的影响程度。

(四)有利于评价企业成本费用水平

企业利润水平的高低,一方面受销售水平的影响;另一方面受成本费用水平的影响。凡是经营状况良好的企业,一般都有较强的成本费用控制能力。通过财务报告分析,可以对企业一定时期的成本费用耗费情况做出全面分析和评价,并对成本费用耗费的组成结构进行分析,找出成本费用增减变动的原因。

(五)有利于评价企业未来发展能力

企业的发展能力不仅关系企业自身的命运,而且关系企业的投资人、债权人及经营管理者的切身利益。通过财务报告分析,可以根据企业获利能力和偿债能力、资产管理水平和成本费用控制水平及其他资料,对企业中长期发展水平做出合理预测和客观评价,这不仅能够为企业利益关系人提供决策信息,而且能够避免因决策失误给企业造成损失。

三、财务报告分析的主体

财务报告分析的主体是指"谁"需要进行财务报告分析。既然财务报告分析的最终目的是为相关决策者的抉择提供信息参考,那么,究竟有哪些决策者需要通过财务报告分析获取相关决策信息?概而言之,财务报告分析的主体就是企业的各种利益相关者,只有利益相关者才会关注企业财务报告并对其进行分析,以获取对自身决策有用的信息。

企业的利益相关者众多,主要有股东、债权人、企业管理者、政府机构和其他利益相关者。

(一) 股东

股东是企业权益资本的提供者,也就是通常所说的权益投资人,根据我国目前的实际情况,主要是指普通股股东。股东投资于企业的目的是扩大自己的财富。他们的财富表现为所有者权益的价格即股价。

影响股价的因素很多,比如,企业的偿债能力、企业的资产管理能力、企业的获利能力以及企业抵御风险、创新发展的能力等,这些都是他们所关心的。股东是剩余权益的所有者,企业偿付各种负债之后的一切收益都属于股东。因此,企业要由股东或其代理人来管理和控制。与此同时,股东也是企业风险的最后承担者。

企业在正常营业过程中,必须在支付债权人的利息和优先股股利之后,才能分派普通股股利。一旦企业清算,其资产必须先用于清偿负债及优先股股东的权益,剩余资产才能分配给普通股股东。正因为这样,相比于其他利益关系人,股东会更为重视对企业财务报告的分析、利用。

(二) 债权人

债权人是借款给企业并得到企业还款承诺的人。债权人其实也是企业的资金提供者,他们与股东的不同之处在于:股东的钱是"投给"企业的,企业对其没有还本付息的承诺;债权人的钱是"借给"企业的,企业必须对其还本付息。

按照债权人提供资金的方式和目的的不同,债权人可以分为提供商业信用的商业债权人和提供融资服务的非商业债权人两大类。商业债权人向企业提供商品或服务。为了扩大销售,他们允许企业在一个合理的期限内延期付款。这个期限通常根据行业惯例确定。大多数行业的延期付款时间都是短期的,比如,30天或者一个季度。延期付款是不计利息的,商业债权人的目的在于巩固或扩大销售,其利润也直接来自销售的毛利,而不是借款的利息。因此他们所关心的是企业有无到期支付货款的现金,而不重视企业是否盈利。非商业债权人是相对于商业债权人而言的,主要是指向企业提供融资服务的债权人。他们向企业提供融资服务,并得到企业在未来的特定日期偿还借款并支付利息的承诺。融资服务的主要形式是贷款,包括短期贷款和长期贷款。企业也可以通过在证券市场公开发行债券以获得长期借款,目前,在我国企业发行债券受到严格限制,这种融资方式并非经常可以采用。此外,融资服务还有融资租赁等方式,但目前采用也相对有限。

按照提供资金的时间长短,债权人又可以分为短期债权人和长期债权人。短期债权人提供授信期不超过一年的信用,如银行短期贷款、商业信用、短期债券等。长期债权人提供授信期在一年以上的信用,如银行长期贷款、长期债券、融资租赁等。短期债权人主要关心企业当前的财务状况,如流动资产的流动性和周转率。他们希望企业的实物资产能顺利地转换为现金,以便偿还到期债务,这就是我们所说的"短期偿债能力"。长期债权人主要关心企业的长期获利能力和资本结构,因为企业的长期获利能力是其偿还本金和利息的决定性因素,企业的资本结构则可以反映其长期债务的风险,这些就被我们称为"长期偿债能力"。

(三) 企业管理者

企业管理者是受托对企业资产进行管理的人。相对于其他财务报告分析主体而言,企业管理者的财务报告分析属于内部分析,他们可以获得财务报告之外的公司内部的各种信息,因而可以进行更为全面、深入而且细致的经营分析。

企业管理者主要关心企业的财务状况、获利能力和持续发展的能力。他们受托管理企业,需要随时根据企业内外部环境形势的变化情况调整企业的经营活动,而财务报告分析正是他们监控企业运营的有效工具之一。

企业管理者可以获取财务报告外部使用人无法得到的内部信息。但是,他们对于公开财务报告的重视程度并不小于财务报告外部使用人。由于存在解雇和收购威胁,他们不得不从财务报告外部使用人(债权人和股东)的角度看待企业。

通过财务报告分析,他们可以发现有价值的线索,设法改善企业业绩,使得财务报告能够让企业的股东和债权人满意。因此也可以说,企业管理者进行财务报告分析的重要意图之一就是为了改善企业经营,使通过财务报告反映的企业业绩更出色。

(四)政府机构

政府机构也是企业财务报告的使用人,包括税务部门、国有企业管理部门、证券管理机构、财政部门和社会保障部门等。政府机构使用财务报告是为了履行自己的监督管理职责。

我国的政府机构既是财务报告编制规范的制定者,也是会计信息的使用者。通过财务报告分析,税务部门可以审查企业纳税申报数据的合理性;国有企业管理部门可以评价政府政策的合理性和国有企业的业绩;证券管理机构可以评价上市公司遵守政府法规和市场秩序的情况;财政部门可以审查企业遵守会计法规和财务报告编制规范的情况;社会保障部门可以评价职工的收入和就业状况。

(五)其他利益相关者

其他需要进行财务报告分析的团队和个人通常包括企业职工和工会、审计师、财务分析师、律师、经济学家等。职工和工会主要关心职工工资、保险、福利等是否符合劳务合同及政府法规的要求、与社会平均水平的差距,以及工资和福利是否与公司的盈利相适应。

审计师通过财务报告分析可以确定审计的重点,通过分析性检测程序,发现异常变动,并对引起变动的项目实施更细致的审计程序。

专业的财务分析师以其专业能力为报告使用人服务。他们通过财务报告分析寻找潜在的投资对象,评估企业的经济价值,给投资者以咨询。专业的财务分析师在习惯上被分为卖方分析师和买方分析师两类。卖方分析师主要是指投资银行的职业分析师。由于他们是投资银行的雇员,而投资银行的主要收入来自通过承销、推销股票获取的佣金,因此这些分析师的分析结论缺乏足够的独立性和客观性。

买方分析师是指投资公司、基金管理公司的证券分析师,以及为投资者和基金公司提供分析报告,但不靠股票交易本身挣钱的独立证券分析师。由于买方分析师的收入最终取决于其分析报告的准确程度,因此他们有较为充分的激励和动机对上市公司的报告进行客观分析。律师可以将财务报告分析方法作为深入追查财务案件的工具。经济学家也使用财务报告分析方法研究经济问题。

四、财务报告分析的目的

财务报告分析的根本目的在于把财务报告中的数据"翻译"为"于我有用"的信息,从而为相关决策服务。由于不同财务报告分析主体所处的位置及其与企业的利益关系各不相同,其谋求的具体经济目的也不相同。换言之,不同财务报告分析主体的不同决策需求,导致了他们进行财务报告分析的关注要点实际上也存在一定差异,由此决定了他们进行财务报告分析的具体目的也不尽相同。

(一)股东的分析目的

基于股东的特殊地位和立场,他们对财务报告分析的重视程度会超过其他利益关系人。股东进行财务报告分析的主要目的是在竞争性的投资机会中做出选择,具体包括是否投资于某企业或者是否转让已经持有的企业股权;是否更换企业的主要经营管理者;怎样的股利分配政策才是最恰当的;等等。为此,他们需要重点了解以下几方面的问题。

(1)企业目前和长期的获利能力如何;
(2)企业收益是否容易或将会受到哪些重大因素的影响;
(3)企业目前和未来的资本结构所决定的风险与报酬如何;
(4)企业的整体财务状况如何;
(5)与其他竞争者相比,企业处于何种地位。

由此可见,股东会全方位关注企业经营的方方面面。当然从最终结果来看,他们会更为关注企业的投资获利能力。

(二)债权人的分析目的

债权人与企业的利益关系是"借贷"。无论是商业债权还是非商业债权,无论是短期债权还是长期债权,作为债权的共同特征是企业必须在特定的时间支付特定数额的现金给债权人。偿付的金额和时间具有法定约束力,不会因为企业经营业绩的好坏而改变。不过,一旦企业运营不佳或发生意外,陷入财务危机,债权人的利益必然会受到威胁。

因此,债权人通常需要借助财务报告分析支持其信贷决策,具体包括是否给企业提供信用,提供多少额度的信用;是否需要提前收回债权;等等。为此,他们需要借助财务报告分析着重了解以下几方面的问题。

(1)企业因何需要额外筹集资金;
(2)企业还本付息的资金来源于何处;
(3)企业以往的长短期借款偿还状况如何;
(4)企业未来的资金需求总量及来源渠道状况如何。

当然,从结果上看,债权人最为关心的始终是企业是否具备足够的还本付息能力。

(三)企业管理者的分析目的

作为受托进行经营管理的责任人,企业管理者负有让企业保值与增值、健康持续发展的使命,他们需要全方位关心企业经营面临的各种战略性及战术性问题。为此,他们不仅需要利用财务报告信息,还要利用其他各种能够利用的财务和非财务信息,对企业的现在和未来进行谋划。尽管他们因直接管理企业而了解比其他利益关系人更全面、细致的企业信息,但他们对财务报告的重视和利用程度并不亚于其他人。

因为作为一种更为规范、系统而且概括的信息源,通过财务报告能够更加直观而且综合地了解企业的财务状况、获利能力和持续发展的能力。企业管理者分析财务报告的主要目的是改善财务报告,其实质则是改善企业的经营。

作为内部分析人,需要重点关注以下几方面的问题。

(1) 企业的财务状况如何,是否存在收购、兼并的机会或威胁;
(2) 企业的资产运用效率和效果如何,是否存在改善的空间;
(3) 企业的获利能力如何,有哪些途径可以改善业绩;
(4) 企业的整体状况和市场地位如何。

(四) 其他利益相关者的分析目的

除上述主要财务报告分析主体的分析目的和关注重点有所差异外,其他利益相关者也分别从其相关利益角度或相关专业需求角度进行财务报告分析。可以说,他们的分析目的也各不相同。

比如,政府机构需要通过财务报告分析了解相关政策的实施结果,从而决定是否延续或调整相关政策,其主要目的在于政策的有效性;职工则希望通过财务报告分析了解其工资、保险、福利等是否符合劳务合同及政府法规的要求,是否与企业的盈利相适应,其主要目的在于维权。

审计师通过财务报告分析可以确定其审计的重点;财务分析师通过财务报告分析可以评估企业的投资价值,寻找潜在的投资机会和投资对象,以给投资者提供更专业的咨询指导;律师进行财务报告分析是为了深入追查财务案件;经济学家进行财务报告分析是为了了解现实经济现象以研究相关经济问题。他们的主要目的均在于专业服务或研究的需要。

第二节　财务报告分析的对象、内容及资料

相对于财务报告分析的不同主体,客体是指"谁"被进行财务报告分析,即财务报告分析究竟分析"什么",也就是财务报告分析的对象、分析的内容和分析的资料。

一、财务报告分析的对象

财务报告分析的对象是分析的内在客体,或者说是分析时作为目标的事物。财务报告分析的对象是企业的基本经济活动,包括筹资活动、投资活动和经营活动。由于企业的目标是为股东增加财富,为实现这一目标,企业必须在市场上开展经营活动;经营活动以资产为物质条件,为取得经营所需资产必须进行投资活动;投资活动需要使用资金,为取得投资所需资金必须进行筹资活动(见图1-2)。

因此,任何企业都必然要从事筹资、投资和经营3项基本经济活动,其他活动都是为此3项基本经济活动服务的,或者说是3项基本经济活动的从属部分。

(一) 筹资活动

筹资活动是指企业筹集投资和经营所需要的资金,包括发行股票和债券、取得借款以及利用内部积累资金等。企业在筹集资金时需要考虑以下问题:需要筹集的资金数额、筹资的来源(所有者还是债权人)、偿还期以及筹资契约的主要条款等。资本市场是企业筹集资金的潜在来源,筹资决策与资本市场的状况有密切关系,要根据市场状况和资金需要进行筹资决策。

筹资决策的关键是选择适宜的资本结构。筹资决策关系企业面临的风险和成长能力,

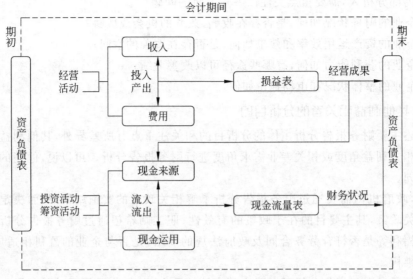

图1 2　　财务报告与公司经济活动的关系

决定了企业决策受外部力量牵制的程度。

（二）投资活动

投资活动是指企业将所筹集到的资金分配于资产项目,包括购置各种长期资产和流动资产。企业在投资时需要考虑以下问题:投资项目有什么技术或经营的创新、需要多少资金、使用资金的时间、资产的地点等。资产代表企业提供产品或服务的能力,目的是运用这些能力赚取收益。

资产的收益在未来才能实现,而未来收益不能确知,所以投资必然包含风险。因此,投资决策的关键是收益和风险的权衡。投资活动是企业基本活动中最重要的部分。筹资的目的是投资,应根据投资需要筹资,甚至可以把筹资活动看作投资活动的"前置"部分。

经营活动是投资活动所形成的生产经营能力的运用,投资活动决定了经营活动的规模、类型和具体方式,可以把经营活动看成投资活动的"延续"部分。因此,投资活动决定了企业持有资产的总量及其构成,影响企业的生产经营能力、组织结构、成长能力和经营风险,并制约筹资活动和经营活动。

（三）经营活动

经营活动是指企业在必要的筹资活动和投资活动前提下,运用资产赚取收益的活动。它至少包括研究与开发、采购、生产、销售和人力资源管理等活动。经营活动的关键是使上述各项活动适当组合,使之适合企业的类型和市场定位。

企业的类型是指企业提供产品或服务的具体特征。不同类型的企业需要不同的资产,相应地,经营活动要与企业的类型配合。企业的市场定位是指选择供应商市场、技术市场、劳动力市场和消费市场。

企业管理当局要确定最具效率和效益的市场定位组合,并且应与其拥有的资产相配合,以使企业取得竞争优势。经营活动是企业收益的主要来源。收益计量了企业作为一个整体在市场上进行交换时投入与产出的业绩。投资活动和筹资活动的效果,最终也要在经营收益中体现。因此，经营活动的分析是财务分析最重要的领域之一。

企业的3项基本经济活动是相互联系的，在进行财务报告分析时不应把它们割裂开来。例如，利润是经营活动的结果，但评价企业经营业绩不能孤立地看利润大小，还需要把利润和赚取利润占用的资产联系起来，用资产利润率评价。

二、财务报告分析的内容

财务报告分析的内容是基于不同分析视角对财务报告分析客体所进行的区分。由于不同的财务报告分析人有不同的分析目的，所要完成的判断也有区别，由此决定了财务报告分析内容的多样性。

具体而言，财务报告分析的内容主要集中体现在以下3个方面。

（一）偿债能力分析

偿债能力分析是指为判断企业偿还到期债务能力的强弱而进行的财务报告分析。由于债务有短期和长期之分，偿债能力分析通常也可进一步区分为短期偿债能力分析和长期偿债能力分析。其中，短期偿债能力主要是指企业以流动资产支付流动负债的能力，它一方面取决于流动资产与流动负债在数量上的比例关系；另一方面取决于流动资产的质量，也就是流动资产的变现能力。长期偿债能力是指企业偿还长期债务本金以及支付债务利息的能力，它既与企业资本结构密切相关，又与企业获利能力密切相关。本书第五章将专门讲解偿债能力分析。

（二）营运能力分析

营运能力分析是指为判断企业运用资源创造财富能力的强弱而进行的财务报告分析。营运能力具体表现为企业资产的运用效率。企业资产的运用效率主要是指企业资产创造营业收入的能力，它主要取决于收入与总资产及各类资产的比例关系。因此，资产运用效率既关系企业的偿债能力，又关系企业的获利能力。本书第六章将专门讲解营运能力分析。

（三）获利能力分析

获利能力分析是指为判断企业收益状况和收益能力的强弱而进行的财务报告分析。企业收益来源于经营，又最终影响资本利得和股利分配，所以获利能力分析通常又进一步分别从资产获利能力分析和投资回报分析两方面展开。其中资产获利能力主要是指运用资产赚取利润的能力，主要取决于利润与获取利润的资产之间的比例关系；投资回报在此主要是指股权投资所获得的回报，故称为股东投资回报。

股东投资回报分析是从股东视角对企业获利能力的评价。股东投资回报的高低，不仅取决于资产的获利能力，还受资本结构的影响。当然，由于利润具体表现为销售收入与成本费用之差，所以收入、成本、费用及其比例关系又是所有获利能力分析的重要基础及前提。本书第七章将专门讲解获利能力分析。

需要特别说明的是，偿债能力、营运能力和获利能力其实都是企业3项基本经济活动的综合结果的体现。由于3项基本经济活动相互影响作用，因此决定上述三大分析内容之间也具有极为密切的关联：一个企业偿债能力很差，营运能力也不会好；获利能力很差，偿债能力也不会好；偿债能力和获利能力下降，必然表现为现金流动状况恶化。

反之,提高企业营运能力有利于改善偿债能力和获利能力;企业获利能力越强,其所面临的经营风险和财务风险均相对越低,这又会对企业营运能力和偿债能力的提升提供较大的保证;偿债能力越强,一方面其本身就是营运能力较好的体现;另一方面又可因其增强企业筹资能力,从而更好地支持获利能力的提升。

此外,尽管都是就上述内容进行分析,但外部报告分析人和内部报告分析人所要完成的判断存在一定程度的差异。如前所述,外部报告分析人主要是指股东、债权人和其他利益相关者,他们主要是对企业的某种与其存在最密切关系的能力做出评价,如债权人对偿债能力的评价、股东对获利能力的评价等。

内部报告分析人在此主要是指企业管理者。他们所要完成的判断则不仅是对企业的偿债能力、营运能力和获利能力做出评价,还需要借此发现企业经营管理中存在的问题,进而寻求解决问题的途径。

当然,他们通过财务报告分析通常只能发现问题,而不能得到解决问题的现成答案。因为分析只是检查的手段,是对企业局部和整体状况的"诊断"。"诊断"不能代替"治疗",所以财务报告分析并不能直接给出解决问题的办法。但是,"诊断"是"治疗"的前提,只有通过财务报告分析揭示问题,才能指明需要详细调查、研究的具体事项,找到产生问题的根源并最终解决问题。

三、财务报告分析的资料

财务报告分析的资料是进行财务报告分析的外在对象,也就是指我们"依据什么"进行分析。财务报告分析使用的主要资料就是企业对外发布的财务报告,但财务报告本身并非财务报告分析的唯一信息来源。企业还会以其他各种形式发布各种相关信息,如企业财务报告要求的其他内容。

此外,国家相关管理部门、行业协会、咨询机构等也会定期或不定期发布各种宏观经济信息和行业信息等,它们均是进行财务报告分析时非常有价值而且非常重要的辅助资料。

(一) 财务报告分析的基本资料

财务报告分析的基本资料是根据统一规范编制的反映企业经营成果、财务状况及现金流量的财务报表。它们包括资产负债表、利润表、现金流量表、所有者权益变动表及附注等,即所谓的"四表一注"。

1. 资产负债表

资产负债表是用来反映企业某一特定日期(月末、季末、年末)财务状况的一种静态报表。资产负债表主要提供有关企业财务状况方面的信息,即某一特定日期关于企业资产、负债、所有者权益及其相互关系的信息。

资产负债表的作用:一是可以提供某一日期企业的资产总额及其结构,表明企业拥有或控制的资源及其分布情况;二是可以提供某一日期企业的负债总额及其结构,表明企业未来需要用多少资产或劳务清偿债务以及清偿时间;三是可以反映企业所有者拥有的权益,据以判断企业资本保值、增值的情况以及对负债的保障程度。

可见,企业编制资产负债表的目的是通过它如实反映企业的全部资产、负债和所有者权益的金额及其结构情况。

财务报告使用者则可以通过资产负债表了解企业资产的质量,并对企业的变现能力、长短期偿债能力、资本结构状况等做出判断。

资产负债表反映了资产、负债、所有者权益之间的内在数量关系,其编制依据就是会计恒等式:资产＝负债＋所有者权益。

2. 利润表

利润表是反映企业在一定期间全部经营活动成果的报表,是企业两个资产负债表日之间的财务业绩的体现。利润表的列报必须充分反映企业经营业绩的主要来源和构成,有助于财务报告使用者判断企业净利的质量及其风险;有助于财务报告使用者预测企业净利润的持续性,从而做出正确的决策。

利润表反映企业一定会计期间收入的实现情况、成本、费用的耗费情况,还反映企业生产经营活动的成果,即净利润的实现情况,据以判断企业资本保值、增值等情况。

利润表的编制依据:收入－费用＝利润。

我国的利润表采用多步式格式,将不同性质的收入和费用进行对比,从而可以得出一些中间性的利润数据,便于报表使用者理解企业经营成果的不同来源。利润的形成过程分为营业利润、利润总额和净利润三大部分,所以利润表的编制通常可以分为以下3个步骤。

第一步,以营业收入为基础,减去营业成本、营业税金及附加、销售费用、管理费用、财务费用、资产减值损失,加上公允价值变动收益(减去公允价值变动损失)和投资收益(减去投资损失),计算营业利润。

第二步,以营业利润为基础,加上营业外收入,减去营业外支出,计算利润总额。

第三步,以利润总额为基础,减去所得税费用,计算净利润(或净亏损)。

3. 现金流量表

现金流量表是反映企业一定会计期间内有关现金和现金等价物的流入与流出的报表。编制现金流量表的主要目的是为财务报告使用者提供企业一定会计期间内有关现金和现金等价物的流入与流出的信息,以便于财务报告使用者了解和评价企业获取现金与现金等价物的能力,并据以预测企业未来现金流量。

现金流量表的作用主要体现在以下几个方面:有助于评价企业支付能力、偿债能力和周转能力;有助于预测企业未来现金流量;有助于分析企业收益质量及影响现金净流量的因素,掌握企业经营活动、投资活动和筹资活动的现金流量,从现金流量的角度了解净利润的质量,为分析和判断企业的财务前景提供信息。

现金流量表以现金和现金等价物为基础,按照收付实现制原则编制。按照准则要求,现金流量表应按经营活动、投资活动和筹资活动3项基本经济活动产生的现金流量分别列示。现金流量表是对资产负债表和利润表的补充说明。

对于经营活动业绩,利润表以权责发生制为基础进行反映,而现金流量表以收付实现制为基础进行反映。对于筹资活动和投资活动,资产负债表反映其在会计期末的"存量",而现金流量表反映其整个会计期间的"流量"。其编制依据:现金流入量－现金流出量＝现金净流量。

4. 所有者权益变动表

所有者权益变动表是反映企业所有者权益各组成部分在一定时期的增减变动情况的

报表。所有者权益变动表应当全面反映一定时期企业所有者权益变动的情况,不仅包括所有者权益总量的增减变动,还包括所有者权益增减变动的重要结构性信息,特别是要反映直接计入所有者权益的利得和损失,以便让财务报告使用者准确理解企业所有者权益增减变动的根源。

从本质上说,所有者权益变动表是对资产负债表中"所有者权益"项目的进一步说明。在资产负债表中,所有者权益类的项目包括实收资本、资本公积、盈余公积和未分配利润等。资产负债表只列出了这些项目的期初和期末金额,而所有者权益变动表反映了构成所有者权益的各组成部分当期的增减变动情况。所有者权益的增长,反映了收益再投资的数额。

一个具有发展潜力的企业,其所有者权益应当具有不断增长的势头。也正是基于所有者权益变动表是对资产负债表中"所有者权益"项目的进一步说明这一理由,本书仅对3张主要财务报表进行了分别的讨论,有关所有者权益变动表的内容则归并在资产负债表一章而未另行分章介绍。

上述4张主要财务报表分别从不同侧面反映企业的3项基本经济活动。因此,无论是分析企业的经营活动,还是分析企业的筹资活动或投资活动,都会涉及4张财务报表,而不仅仅是一张财务报表。所以,尽管需要分别讨论各张财务报表,但在进行财务报告分析时,不能孤立地看待它们。

5. 附注

报表附注是指对财务报告编制基础、编制依据、编制原则和方法及主要项目所作的解释;是对在资产负债表、利润表、现金流量表和所有者权益变动表等财务报表中列示项目的文字描述或明细资料,以及对未能在这些财务报表中列示项目的说明等。附注是财务报告不可或缺的组成部分,具有非常重要的意义。

增加附注的目的,是增加财务报告的信息量,抑制企业粉饰财务报告的行为,消除财务报告使用者的误解。会计规范制定机构抑制粉饰财务报告行为的方法,一是减少会计政策的选择性和会计估计的范围;二是扩大披露的范围。

从某种意义上说,附注的多少是规范制定机构和粉饰财务报告行为主体进行博弈的结果。仔细阅读附注有助于发现粉饰财务报告行为,以便于在分析时进行必要的数据调整,使分析数据建立在更加真实、可靠和可比的基础上。

小贴士

按照《企业会计准则》的要求,在附注中至少应包括以下内容:
(1) 企业的基本情况;
(2) 财务报表的编制基础;
(3) 遵循《企业会计准则》的声明;
(4) 重要会计政策和会计估计的说明;
(5) 会计政策和会计估计变更以及差错更正的说明;
(6) 财务报表重要项目的说明;
(7) 或有事项的说明;
(8) 资产负债表日后事项的说明;

(9) 关联方关系及其交易的说明。

没有在与财务报表一起公布的其他信息中披露的下列信息,企业也应当在附注中披露:企业注册地、组织形式和总部地址;企业的业务性质和主要经营活动;母公司以及集团最终母公司的名称;财务报告的批准报出者和批准报出日等。

(二) 财务报告分析的其他资料

1. 其他企业报告

其他企业报告是指除了财务报表之外的企业报告。企业报告是一个比财务报表更广泛的概念,它不仅包括财务报表,还包括其他传输企业信息的手段。其他企业报告是财务报告分析所需信息的一部分,如公司公告、招股说明书、新闻发布稿、管理当局的预测或计划等,财务报告分析人员应当给予足够重视。

2. 审计报告

审计报告是指注册会计师根据《中国注册会计师审计准则》的规定,在实施审计工作的基础上对被审计单位财务报告发表审计意见的书面文件。它是由独立会计师或审计师在对企业审计之后签发的正式报告,用于向企业董事会、全体股东及社会公众报告企业的财务运行情况。审计报告是根据普遍接受的会计标准和审计程序出具的,可对企业的财务状况做出积极或消极的审计结论。

对于财务报告分析者而言,审计报告的意义主要在于其鉴证作用。注册会计师签发的审计报告,不同于政府审计和内部审计的审计报告,是以超然独立的第三者身份,对被审计单位财务报告的合法性、公允性发表意见。这种意见具有鉴证作用,能得到社会各界的普遍认可。财务报告是否合法、公允,主要依据注册会计师签发的审计报告做出判断。

由于财务报告的编制者往往与财务报告的使用人存在一定的利益冲突,并可能由此产生粉饰业绩、歪曲报表数据的倾向,因此需要一个与任何一方均无利害关系的第三者对财务报告进行审计。按照我国现行规定,上市公司、国有企业、国有控股或占主导地位的企业的年度财务报告必须经过注册会计师审计,对财务报告的合法性、公允性发表意见。可见,进行任何目的的财务报告分析,都应事先查阅审计报告,以了解注册会计师对企业财务报告合法性、公允性的意见。

审计报告主要有以下 4 种基本类型。

(1) 无保留意见的审计报告。

无保留意见的审计报告是指注册会计师对被审计单位的财务报表依据《中国注册会计师审计准则》的要求进行审计后,确认被审计单位采用的会计处理方法遵循了会计准则及有关规定;财务报表反映的内容符合被审计单位的实际情况;财务报表内容完整,表达清楚,无重大遗漏;财务报表的分类和编制方法符合规定要求,因而对被审计单位的财务报表无保留地表示满意而签发的审计报告。

(2) 保留意见的审计报告。

保留意见的审计报告是指注册会计师认为被审计单位财务报表总体上恰当,但对某些事项有保留意见而签发的审计报告。这些事项包括以下内容。

① 会计政策的选用、会计估计的做出或会计报表的披露不符合会计准则或相关会计制

度的规定,被审计单位拒绝调整。

② 审计范围受到重要的局部限制,无法获取充分、适当的审计证据。

保留意见并不妨碍财务报表的总体使用价值,只是某个重要局部的数据不具有可信性而已。

(3) 否定意见的审计报告。

否定意见的审计报告是与无保留意见的审计报告相反的审计报告。注册会计师出具否定意见的审计报告是出于两种原因。

① 会计处理方法的选用严重违反了《企业会计准则》及国家其他有关财务制度的规定,而且被审计单位拒绝调整。

② 会计报表严重歪曲了被审计单位的财务状况、经营成果和现金流量,被审计单位拒绝调整。

出具否定意见的审计报告,意味着注册会计师认为被审计单位的财务报表不具有使用价值。这种财务报表不能作为财务报告分析的依据。

(4) 无法表示意见的审计报告。

无法表示意见的审计报告是指注册会计师对被审计单位的财务报表不能发表意见,包括肯定、否定或保留的审计意见。无法表示意见不是注册会计师不愿意表示意见,而是由于受到某些限制而未对某些重要事项取得证据,没有办法完成取证工作,使得注册会计师无法判断问题的归属,无法对财务报表整体反映发表审计意见。注册会计师无法表示意见的财务报表,其可靠性是未经鉴证的,不能作为财务报表分析的依据。

除上述4种基本类型审计报告外,注册会计师还可以出具带强调事项段的审计报告,即如果在审计过程中,注册会计师发现存在可能导致对被审计单位持续经营能力产生重大疑虑的事项以及可能对被审计单位财务报表产生重大影响的不确定事项(持续经营问题除外),但不影响已发表的审计意见,注册会计师可以考虑在审计报告的意见段之后增加强调事项段对此予以强调。

需要强调的是,审计报告的有用性依赖于审计的独立性和能力性。审计的独立性是人们信赖审计报告的首要因素,但由于被审计单位是审计人员服务费用的支付主体,与审计的独立性存在重大矛盾。审计的能力性,是审计报告被信赖的第二位因素,但是谁也无法保证每一个审计人员都是胜任的。因此,分析人员应当关注可能出现的欺诈、疏忽和不遵守审计准则的行为,对审计意见保持一定的谨慎。

第三节 财务报告分析的原则、步骤与方法

财务报告分析由于分析主体不同、分析目的不同、使用数据范围不同、采用的方法不同等原因,并没有通用的分析程序,具体分析步骤应由分析人员根据分析的基本原则和具体情况设计。

无论出于什么分析目的,一般都应遵循以下基本原则和一般分析步骤。

一、财务报告分析的原则

为了保证财务报告分析的质量,充分发挥其决策支持作用,财务报告分析应当按照以

下基本原则进行。

（一）目的性原则

在开展财务报告分析工作之前必须明确分析的具体目的。不同的财务报告分析主体，进行财务报告分析的目的不完全相同，甚至同一主体在不同时期进行分析的目的也不一样。

长期投资者最关心投资的收益，分析时应采用相应的方法着重揭示企业的获利能力；短期投资者最关心股票、债券的变现能力，分析时应着重揭示企业的短期营运能力；债权人最关心企业的还款保障，分析时应着重揭示企业短期和长期的偿债能力及资本结构等。分析的目的不同，其方法选择也不一样，只有根据财务报告分析的具体目的选择适当的分析方法，才能达到预期效果。所以，财务报告分析者首先必须对分析的目的有明确的认识。

（二）全面性原则

财务报表是财务报告分析的基本依据。财务报表所提供的数据资料是否真实可靠，不仅受企业的主观因素及人为因素的影响，而且受通货膨胀等客观经济因素的影响，同时也与企业选用会计方法的合理性密切相关。

如果通货膨胀严重、企业选用会计方法不得当，或者过多地掺杂了各种人为因素与主观因素，那么财务报告所提供资料的真实可靠性就缺乏必要的保障，而现有财务报告分析缺乏剔除或修正这些因素的有效方法，必然会给财务报告分析带来不同程度的影响。同时财务报告信息本身具有以下局限性。

(1) 财务报告本身不能提供关于企业未来发展状况的信息。财务报告中的会计信息反映的是企业的历史情况而非企业的将来情况，所以财务报告中的会计信息对相关决策者而言，其决策相关性和有用性都会受到一定程度的影响。

(2) 财务报告本身未能反映重要的非财务信息。财务报告提供的主要是财务信息，但某些非财务信息如企业的管理水准，企业长期拥有的市场份额，员工素质，团队精神，劳动生产率，行业竞争优势，与社会各界、政府部门所长期保持的良好沟通渠道等，对财务报告分析者对企业未来的判断同样具有至关重要的作用。

(3) 财务报告本身不能提供影响企业经营成果与财务状况变动的来自国内外经济、政治、文化等环境因素的信息。

(4) 财务报告本身是特定会计政策下的产物，因此会受一定主观因素的影响，也会在一定程度上影响其可比性。

因此，财务报告分析者在进行财务报告分析时，必须全面、系统地收集表内、表外各种相关分析资料，同时关注财务因素与非财务因素、有利因素与不利因素、主观因素与客观因素等，而不能仅仅局限于企业的财务报告本身。

（三）多元立体性原则

影响企业财务指标变化的因素很多，有微观的与宏观的、有内部的与外部的、有主观的与客观的、有量化的与非量化的、有动态的与静态的等，很难根据某项财务指标的变化全面评价企业的财务情况。因此进行财务报告分析时应当从多类财务指标的变化中掌握企业基本活动的规律性，根据多类财务指标的变化，多角度评价企业的财务状况和经营成果。为此，财务报告分析人员应该做到以下几点。

(1) 绝对指标与相对指标相结合；
(2) 横向比较与纵向比较相结合；
(3) 内部标准与外部标准相结合；
(4) 定性分析与定量分析相结合；
(5) 静态分析与动态分析相结合。

只有这样，才能得到比较全面、客观的分析结论。

二、财务报告分析的步骤

为了保证财务报告分析的有效进行，提高分析工作效率，保证分析质量，达到分析目的，分析人员的工作应按以下步骤进行。

（一）明确财务报告分析的目的与范围

在进行企业财务报告分析之前，应明确分析所要达到的目的，在此基础上确定财务报告分析的具体内容和范围，即确定分析范围是企业经营活动的全过程，还是具体的某一方面。

（二）拟定分析提纲

分析目的与范围明确以后，就要拟定分析提纲，以便做到心中有数，有利于分析工作的安排。

（三）收集、加工、整理信息资料

企业财务报告分析的深度、广度和质量的高低，在很大程度上取决于所掌握信息资料的真实程度和完整性。为此，在进行财务报告分析时，应根据分析的目的系统地搜集有关数据、情报和资料，如企业的计划资料、财务会计报告和日常核算资料、同行业同类型企业的有关资料等。

（四）选择适当的分析方法

企业财务报告分析的目的和范围不同，所选用的方法也不同。企业财务报告分析常用的分析方法有多种，各种方法都有其特定的用途和适用范围。分析人员在分析时，可以根据分析目的和所搜集的资料对分析方法进行选择。

（五）进行分析并提供分析报告

依据经过检查和整理后的分析资料，按照分析的目的和要求，利用选定的分析方法通过对财务指标进行定量分析和定性分析，与标准比较，找出差异及其形成的原因。分析完成后，应当将全部分析资料、观点进行综合概括，总结经验，发现不足，提出改进建议，写出分析报告，提交给信息使用者，以帮助有关方面做出决策。

三、财务报告分析的方法

要实现企业财务报告分析的目的，分析者必须掌握各种分析方法，并能在财务报告分析工作中正确地选择，有效地运用。财务报告分析的方法多种多样，在实际工作中应根据分析主体的具体目的和资料的实际特征进行选择和确定。

常用的财务报告分析方法概括起来有以下几种：比较分析法（对比分析法）、比率分析法、因素分析法、趋势分析法、综合分析法等。其中基本方法是比较分析法和比率分析法两种，其他方法都是以这两种方法为基础的。无论采用哪一种分析方法都有一定的局限性，需要克服其缺陷，力求做出恰当的结论。

（一）比较分析法

比较分析法又叫对比分析法或水平分析法，是指通过同类财务指标在不同时期或不同情况下数量上的比较，来揭示指标间差异或趋势的一种方法。

比较分析法是财务报告分析中最基本、最常用的方法。用于比较的指标可以是绝对数，最重要的是确定一个比较标准，即确定一个比较的基础和"参照物"。

本年度的经营业绩可以与该企业本年度计划实现利润数、上年度实现利润数、历史上实现利润最高年度的利润数或同行业、同规模企业实现的利润数相比，对企业实现利润情况做出判断，即得出该企业本年度利润是否完成计划、比上年度和历史最高水平的增减变化、在同行业同规模企业中实现利润水平是高还是低的结论。

其计算公式为

$$差异额 = 比较指标数量 - 被比较指标数量$$

$$差异率 = \frac{差异额}{被比较指标数量} \times 100\%$$

式中：比较指标一般是指实际指标、本期（分析期或报告期）指标、本企业指标；被比较指标则是指计划（预算、标准、定额）指标、上期（基期）指标（或历史最好水平指标）、同行业中先进企业指标（或行业平均水平指标）。

1. 比较分析法的具体形式

根据分析的目的和要求不同，比较分析法有以下3种具体形式。

1) 实际指标与本期计划指标比较

把分析期的实际数与计划（预算、标准、定额）数比较，则计划（预算、标准、定额）数就是比较的标准，其比较差额反映分析期完成计划（预算）和达到标准（定额）的程度。要使本期实际指标与本期计划（预算、标准、定额）指标比较有实际意义，最重要的是要有一个编制科学合理的计划（预算、标准、定额）。

一般来讲，企业要生存和发展就必须制订一个完整的计划预算体系，即在制订包括物资采购、生产进程、产品销售等生产经营过程各个环节计划的基础上，编制以货币表示的、反映整个计划的全面预算。同时，将这些预算指标分解落实到企业所属各生产管理部门或个人。各部门为完成这些计划（预算）指标，制订各项具体方案，作为完成计划（预算）保证措施。

在这种情况下，采用实际与计划（预算）进行对比，不仅揭示实际与计划（预算、标准、定额）之间的差异，了解该项指标实际完成情况，为改进工作指出方向，而且还会促进整个企业管理工作水平的提高。

2) 本期实际指标与本企业以前多期历史指标相比较

本期实际指标与本企业以前多期历史指标相比较，则本企业以前多期历史指标就是比较的标准。这种纵向比较分析的方法，是一种动态的分析，也叫趋势分析（见趋势分析法）。

3) 本企业指标与国内外同行业先进水平或同行业平均水平的指标相比较

本企业指标与国内外同行业先进水平或同行业平均水平的指标相比较,则国内外同行业先进水平指标或同行业平均水平指标就是比较的标准。

上述本期实际指标与本企业以前多期历史指标相比较只能揭示变化的趋势,不能反映企业在国内外同行业中处于何种水平。这种分析能够找出本企业与国内外先进企业、行业平均水平的差距,推动本企业改善经营管理,明确本企业在同行业中所处的位置,努力达到先进水平。

2. 比较分析法的运用举例

比较分析法包括横向比较分析法和纵向比较分析法。

1) 横向比较分析法

横向比较分析法又称水平比较分析法,是指将实际达到的结果与某一标准,包括某一期或数期财务报告的相同项目的实际数据作比较。这种比较可以用绝对数比较,也可以用相对数比较。

【例1-1】 甲公司2014年度的净利润为50万元,2015年度的净利润为80万元,2015年度与2014年度比较,净利润增加了30万元,2015年度的净利润增长了60%。

2) 纵向比较分析法

纵向比较分析法又称垂直比较分析法或动态比较分析法,即以资产负债表、利润表等会计报表中的某关键项目为基础项目,其金额为100万元,分别计算出其余项目的金额占关键项目金额的百分比,即各项目的比重,通过比重对各项目做出判断和评价。

这种仅有百分比而不表示金额的会计报表称为共同比会计报表,它是纵向比较分析法的一种重要形式。资产负债表的共同比会计报表通常以资产总额为基数。利润表的共同比会计报表通常以营业收入总额为基数。

下面以利润表的部分项目为例,说明比较会计报表的格式及分析方法。

【例1-2】 乙公司2015年与2014年的比较利润表如表1-1所示。

表1-1 乙公司2015年与2014年的比较利润表(部分项目)

项目	2014年(万元)	2015年(万元)	差异额(万元)	差异率(%)
营业收入	380	410	30	7.9
减:营业成本	271	320	49	18.1
营业税金及附加	19.5	21	1.5	7.69

由表1-1可以看出,乙公司2015年营业收入虽有一定程度的增加,增长7.9%,但营业成本增加太多,增加了18.1%。

(二)比率分析法

比率分析法是利用两个指标之间的某种关联关系,通过计算比率考察、计量经济活动变动程度,揭示它们之间的关系及其经济意义,借以评价企业财务状况和经营成果的一种方法。

比率分析法也是整个财务报告分析中最重要的方法之一,它在财务报告中具有特殊意义。财务比率能反映财务现象的本质特征,有更广泛的可比值。

采用比率分析法进行分析时,需要根据分析的目的和内容,先计算相关的比率,然后在此基础上进行分析。由于分析的目的不同,比率分析法通常有下列3种形式。

1. 相关比率分析

相关比率是典型的财务比率。相关比率分析就是将两个性质不同但又相互联系的财务指标进行对比,求出比率,并据此对财务状况和经营成果进行分析。

在财务会计报告分析中,常用的相关比率包括流动比率、速动比率、销售利润率、资产周转率、净资产收益率等,概括起来可以分为反映企业偿债能力的比率,包括:反映短期偿债能力和长期偿债能力的比率(其中反映短期偿债能力的比率一般称为流动比率,反映长期偿债能力的比率一般称为负债性比率);反映企业获利能力的比率,即反映企业投入产出效率的比率,用来衡量企业经济效益的好坏等。

2. 结构比率分析

结构比率又称构成比率,用以计算某项财务指标的各构成部分分别占总体的比重,反映部分(个体)与总体的关系,以探讨各个部分在结构上变化规律的一种方法,借以分析其构成内容的变化以及对财务指标的影响程度。

其计算公式为

$$结构比率 = \frac{某项目财务指标的部分数值}{某项目财务指标的总体数值} \times 100\%$$

3. 动态比率分析

动态比率分析又称趋势比率分析,是指将不同时期或不同时日的同类指标进行动态分析,以揭示企业财务状况或经营成果的变动趋势。动态比率分析最为常见的做法是计算定基发展速度、环比发展速度、定基增长速度和环比增长速度。

(三)因素分析法

因素分析法也是财务报告分析常用的一种技术方法,它是指把整体分解为若干个局部的分析方法,包括财务的比率因素分解法和差异因素分解法。

1. 比率因素分解法

比率因素分解法是指把一个财务比率分解为若干个影响因素的方法。例如,资产收益率可以分解为资产周转率和销售利润率两个比率的乘积。财务比率是财务报告分析的特有概念,财务比率分解是财务报告分析所特有的方法。

在实际的分析中,分解法和比较法是结合使用的。比较之后需要分解,以深入了解差异的原因;分解之后还需要比较,以进一步认识其特征。不断的比较和分解,构成了财务报告分析的主要过程。

2. 差异因素分解法

为了解释比较分析中所形成差异的原因,需要使用差异因素分解法。例如,产品材料成本差异可以分解为价格差异和数量差异。差异因素分解法又分为定基替代法和连环替代法两种。

1) 定基替代法

定基替代法是测定比较差异成因的一种定量方法。按照这种方法,需要分别用标准

(历史的、同业企业的或预算的标准)替代实际值,以测定各因素对财务指标的影响。

2) 连环替代法

连环替代法是另一种测定比较差异成因的定量分析方法。按照这种方法,需要依次用标准值替代实际值,以测定各因素对财务指标的影响。

【例 1-3】 净资产收益率＝主营业务净利率×总资产周转率×权益乘数

2014 年度指标:
$$13.33\% \times 0.92 \times 1.41 = 17.29\% \tag{1}$$

2015 年度指标:
$$12.60\% \times 0.93 \times 1.38$$

第一次替代:
$$12.60\% \times 0.92 \times 1.41 = 16.34\% \tag{2}$$

式(2)－式(1)＝16.34％－17.29％＝－0.95％,表明主营业务净利率下降的影响。

第二次替代:
$$12.60\% \times 0.93 \times 1.41 = 16.52\% \tag{3}$$

式(3)－式(2)＝16.52％－16.34％＝0.18％,表明总资产周转率略有上升的影响。

第三次替代:
$$12.60\% \times 0.93 \times 1.38 = 16.17\% \tag{4}$$

式(4)－式(3)＝16.17％－16.52％＝－0.35％,表明权益乘数下降的影响。

(四) 趋势分析法

趋势分析法也称水平分析法、动态比率分析法。它是运用动态比率数据对企业某些同类经济现象各个时期的变化情况加以对比分析,以发现其发展规律和发展趋势的分析方法。

企业财务信息受多方面因素影响,如果只从某一时期或某一时点上进行观察,很难看清它的发展规律和发展趋势。因此,只有把若干时期或时点上的数据按时间顺序整理为数列,对该数列进行观察,并计算发展速度、增长速度、平均发展与增长速度等,才能准确探索发展潜力和趋势。

1. 运用趋势分析法应掌握的基本概念

1) 动态数列

动态数列是反映某种经济现象发展变化的一系列指标数值,它们按时间先后顺序排列,其指标可以是绝对数,也可以是相对数或平均数。

2) 时间数列

时间数列是反映某种经济现象在一定时期内各发展过程结果及总量的一系列指标数值。它是各个时期的数值不断累计的结果。因此,当时期扩大时可以相应地把各个时期的指标值直接相加,从而反映扩大了的时期总量。

3) 时点数列

时点数列是反映某种经济现象在特定时点上所处状态的一系列指标数值,由于时点上的数值大部分都是现象的重复,因此,时点数列不能相加。

4) 增长量

增长量是反映某种经济现象在一定时期内所增加(或减少)的绝对数,是比较期与基期的差额。增长量指标由于作为比较标准的时间不同,分为逐期增长量(即把前一期作为基数逐期比较)和累计增长量(即把各个比较期均与一个固定基期比较)。

其计算公式为

$$增长量 = 比较期数值(报告期水平) - 基期数值(基期水平)$$

5) 发展速度

发展速度是全部数列中各个比较期数值与基期数值之比,反映各个比较期为基期的多少倍或百分比。发展速度指标由于作为比较标准的时期不同,分为定基发展速度和环比发展速度两种。定基发展速度是报告期水平与某一固定期水平之比;环比发展速度是各期水平与前一期水平之比。

2. 趋势分析的方法

趋势分析的方法就单独一个或几个财务指标的变动趋势进行分析,其主要形式有以下3种。

1) 绝对金额式趋势分析

绝对金额式趋势分析是指以连续数年同一指标的绝对金额或增加额为依据,观察其变动趋势。

【例1-4】 某公司2013—2015年连续3年的营业收入和净利润的金额如表1-2所示。

表1-2 营业收入和净利润绝对金额式趋势分析　　　　　　　　　单位:元

年　　份	2013年	2014年	2015年
营业收入	250 000	270 000	280 000
比上年增加	20 000	20 000	10 000
净利润	105 000	120 000	125 000
比上年增加	6 000	15 000	5 000

由表1-2可以看出,公司3年来的营业收入和净利润都有比较满意的增长趋势。然而,这种分析形式难以准确反映其逐年变动的幅度大小和变动趋势,对此,还需逐步计算增长变化的比率或趋势百分比,通过相对变动数据观察其趋势。

2) 环比式比率趋势分析

环比式比率趋势分析是指以环比增长率为依据观察指标变动趋势。环比增长率的计算公式为

$$环比增长率 = \frac{本期实际数 - 上期实际数}{上期实际数} \times 100\%$$

【例1-5】 续例1-4,环比式比率趋势分析如表1-3所示。

表1-3 营业收入和净利润环比式比率趋势分析　　　　　　　　　单位:%

年　　份	2013年	2014年	2015年
营业收入	8.7	8	3.7
净利润	10.53	14.29	4.17

由表 1-3 可以看出,虽然该公司营业收入和净利润都是在逐年增加的,但其增长幅度呈下降趋势,但 2014 年的净利润增长幅度高于 2013 年的增长幅度。

3) 趋势百分比分析

趋势百分比分析是指以某一期为基期,计算各期的定比增长率,以趋势百分比观察其变动趋势。趋势百分比的计算公式为

$$某期趋势百分比 = \frac{某期实际数 - 基期实际数}{基期实际数} \times 100\%$$

【例 1-6】 按例 1-5 采用趋势百分比分析的结果如表 1-4 所示。

表 1-4 营业收入和净利润趋势百分比分析　　　　　　　　　　单位:%

年　　份	2013 年	2014 年	2015 年
营业收入	125.00	135.00	140.00
净利润	131.25	150.00	156.25

由表 1-4 可以看出,这一时期内企业净利润增长超过了营业收入的增长。这进一步表明,企业销售利润率也是逐年提高的。

小贴士

进行趋势分析时,应注意以下几点:

(1) 用于进行对比的各期指标,在计算口径上必须一致;

(2) 分析前剔除偶然性因素的影响,以使分析的数据能表现正常的经营情况;

(3) 分析的项目应适合分析的目的,如通过利润率的变动趋势分析企业赚取利润能力的发展趋势;

(4) 分析时需要突出经营管理上的重大特殊问题,如成本的增加减少等,研究其产生的原因,以便采取对策,趋利避害。

(五) 综合分析法

要认识事物的本质,既需要把研究对象分解为各个组成部分,从各方面、各因素分别加以考察、研究,同时还必须把研究对象的各个部分、各个方面和各种因素联系起来加以综合考虑,以便从总体上把握事物的本质和规律,这就是综合分析的目的。综合分析法很多,常用的有杜邦分析法、综合系数分析法等。本书第八章将对它们进行具体介绍,此处不再赘述。

本 章 小 结

本章主要介绍了财务报告分析的概念、主体及分析目的;详细介绍了财务报告分析的对象、内容及资料;明确阐述了财务报告分析的原则、步骤与方法。

练 习 题

一、单项选择题

1. 债权人进行财务报告分析时,将更为关注企业的( )。
   A. 偿债能力　　B. 营运能力　　C. 获利能力　　D. 投资能力
2. 下列选项中,不属于财务报告分析基本步骤的是( )。
   A. 设计分析要点　　　　　　B. 收集整理资料
   C. 选择分析方法　　　　　　D. 提交财务报告
3. 下列选项中,不属于财务报告分析基本内容的是( )。
   A. 偿债能力分析　　　　　　B. 决策能力分析
   C. 营运能力分析　　　　　　D. 获利能力分析
4. 通过计算、分析影响财务指标的各项因素及其影响程度,用以了解财务指标发生变动或差异原因的方法是( )。
   A. 比较分析法　　B. 比率分析法　　C. 因素分析法　　D. 综合分析法

二、多项选择题

1. 财务报告分析的主体包括( )。
   A. 股东　　B. 债权人　　C. 企业管理者　　D. 政府机构
   E. 其他利益相关者
2. 财务报告分析的对象包括企业的( )。
   A. 筹资活动　　B. 管理活动　　C. 经营活动　　D. 现金活动
   E. 投资活动
3. 财务报告分析的基本原则有( )。
   A. 动态性　　B. 全面性　　C. 目的性　　D. 多元立体性
   E. 时效性
4. 股东进行财务报告分析的目的通常包括( )。
   A. 决定是否投资　　　　　　B. 决定是否贷款
   C. 决定是否转让股权　　　　D. 决定是否提供信用
   E. 决定是否更换高管

三、判断题

1. 财务报告分析是以财务报表为主要依据,运用科学的分析方法和评判方式,对企业的经营活动状况及其成果做出判断,以供相关决策使用的全过程。( )
2. 财务报告分析的基本资料就是资产负债表、利润表、现金流量表3张基本报表。( )
3. 构成比率是指某项财务分析指标的各构成部分数值占总体数值的百分比。( )
4. 财务报告分析主体包括企业各种利益相关者和利益无关者。( )
5. 只要两个企业处于同一行业,就可以对其财务状况进行比较分析。( )

第二章

资产负债表分析

学习目标

（1）了解并说明资产负债表构成项目的含义及其相互关系；
（2）了解并描述资产负债表与企业基本财务活动之间的关系；
（3）掌握资产负债表中资产、负债及所有者权益各主要项目的含义及相互关系；
（4）理解并解释所有者权益变动表反映的财务信息。

技能要求

运用趋势分析法、结构百分比分析法分析企业的财务状况。

引导案例

资产负债表和利润表、现金流量表是企业的三大基本报表，它不但能够反映企业某一特定日期的财务状况，而且还能提供资产、负债和所有者权益情况的全貌。既可以将它看作一张"清单"，因为它根据资产、负债和所有者权益的相互关系，按一定的分类标准和排列顺序让各项目各就各位，表明企业的财务、经营状况。也可以将它看作一张"成绩单"，企业内各个部门，如管理部门、生产部门、销售部门分工合作，他们的工作成果用数字表示、分类汇总，就变成了这张"成绩单"，工作效率越高，协作越有效益，分数就越高。

例如，A公司成立于2014年7月1日，需要资金300万元，自己本来有100万元，另外200万元是借别人的。成立初期，财务首先编制了一个资产负债表。这当然是最简单的资产负债表，因为这个"大柜子"里还没有盛放更多的东西，也就是说A公司还没有进行相关的业务往来。但从这张表里，已经可以一目了然地看出，A公司的总资产是300万元，其中，200万元是向别人借来的负债，100万元是自己的所有者权益。其资产的存在形式是库存现金50万元、银行存款100万元、办公设备150万元。

A公司成立以后，各种业务相应产生。之后，这张资产负债表的左边可能会加上应收账款、存货等项目，右边也可能会加上短期借款、长期借款、应付账款等项目，随着时间的推移，资产负债表将越来越庞大，越来越充满着玄机。

有人将资产负债表看作一张"体检表"，别看每个公司都说自己是"健康宝宝"，但实际上可能这个得了"脑血栓"（资金严重周转不灵），那个有"骨质疏松"（固定资产老化）和"消化不良"（坏账太多），所以企业健不健康，管理者说了不算，销售业绩说了也不算，资产负债表说了才算。

第一节　资产负债表概述

资产负债表是反映企业在某一特定日期所拥有或控制的经济资源、所承担的现时义务和所有者对净资产的要求权。资产负债表是企业对外提供的一份基本报表，是报表使用者借以了解企业财务状况，做出相应决策的重要工具。

一、资产负债表的结构

在我国，资产负债表采用账户式结构，报表分为左右两方，左方列示资产各项目，大体按资产的流动性大小排列，流动性大的资产如"货币资金""交易性金融资产"等排在前面，流动性小的资产如"长期股权投资""固定资产"等排在后面，从而反映全部资产的分布及存在形态。

右方列示负债和所有者权益各项目，一般按要求清偿时间的先后顺序排列："短期借款""应付票据""应付账款"等需要在一年以内或者长于一年的一个正常营业周期内偿还的流动负债排在前面，"长期借款"等在一年以上才需偿还的非流动负债排在中间，在企业清算之前不需要偿还的所有者权益项目排在后面，从而反映了企业全部负债和所有者权益的内容及构成情况。

账户式结构资产负债表中的"资产"各项目的合计等于"负债及所有者权益"各项目的合计，即资产负债表左方和右方平衡。因此通过账户式结构资产负债表，可以反映资产、负债、所有者权益之间的内在关系，即"资产＝负债＋所有者权益"。

我国企业资产负债表格式如表2-1所示。

表 2-1　资产负债表

编制单位：　　　　　　　　　　　　　　　年　　月　　日　　　　　　　　　　　　　　单位：元

资　　产	期末余额	年初余额	负债及所有者权益	期末余额	年初余额
流动资产：			流动负债：		
货币资金			短期借款		
交易性金融资产			应付账款		
应收账款			预收账款		
预付账款			应付职工薪酬		
其他应收款			应交税费		
存货			应付利息		
一年内到期的非流动资产			其他应付款		
其他流动资产			一年内到期的流动负债		
流动资产合计			流动负债合计		
非流动资产：			非流动负债：		
可供出售金融资产			长期借款		
持有至到期投资			非流动负债合计		
长期股权投资			负债合计		

续表

资　产	期末余额	年初余额	负债及所有者权益	期末余额	年初余额
固定资产			所有者权益:		
无形资产			实收资本（股本）		
商誉			盈余公积		
长期待摊费用			未分配利润		
非流动资产合计			所有者权益合计		
资产总计			负债及所有者权益总计		

二、资产负债表与企业财务活动之间的关系

资产负债表与企业财务活动之间的关系如表 2-2 所示。

表 2-2　资产负债表与企业财务活动之间的关系

资产	投资活动的结果 （经营活动资金的占用）	负债及所有者权益	筹资活动的结果 （经营活动资金的来源）
货币资金	投资剩余 （满足正常经营支付）	短期借款	银行信用筹资
应收账款	应收账款投资 （促进销售）	应付账款	商业信用筹资
存货	存货投资 （保证销售或生产的连续性）	长期负债	长期负债筹资
长期投资	对外长期投资 （控制子公司经营）	实收资本（股本）	权益筹资
固定资产	对内长期投资 （获得经营的基本条件）	留存收益	内部筹资

从表 2-2 可以看出，资产负债表与企业财务活动之间的关系如下。

1. 资产与企业财务活动之间的关系

资产是企业资金的运用，即企业投资活动的结果。它代表着可供企业经营活动使用的物质资源。公司为了从事经营活动，必须将获得的现金投资于各类实物资产。当然，资产规模并不是企业成败的标志。

有的企业需要巨额的资产，如航空航天、冶金企业、化工行业等；而有的企业只需有限的资产，如软件开发、咨询服务等。可见为股东增加财富的关键是运用这些资产的效率和效益，而不是资产的多少。不同的经营活动需要不同的资产规模，经营活动的不同规模和类型要求资产总量和结构与之相适合，才能使资产发挥最大的效用。

2. 负债及所有者权益与企业财务活动之间的关系

负债及所有者权益是企业资金的来源，即企业筹资活动的结果。负债代表着企业对债权人的义务，它是债权人的求偿权。由于债务越多，企业不能偿债的概率越大，因此债务占整个资金来源的比重可以反映企业破产风险的高低；所有者权益是股东缴入资本和留存收

益之和,代表着企业对股东的义务,在持续经营状态下,它是所有者要求收益的权利,在进入清算后它是所有者对企业的索取权。

当然,在企业破产时应首先偿还债权人,然后才是所有者,因此所有者拥有的是剩余索取权,而债权人则拥有优先求偿权。

3. 会计恒等式与企业财务活动之间的关系

资产负债表的会计恒等式是"资产＝负债＋所有者权益",而从企业基本财务活动看这个等式则可以表示为"投资＝筹资"。

该等式表明,企业的投资和筹资应是平衡的,筹资规模总是以投资的需要确定的;反之投资额也不能超过筹资额。

当投资需求增加时,企业就要扩大筹资;当投资需求萎缩时,没有可以增加股东财富的投资项目,就应该将资金还给投资者。

三、资产负债表的信息内容

总体来说,资产负债表可以告诉报表使用人以下两大方面的信息。

(一) 企业的实力

这是资产负债表资产方所反映的内容,也即企业所拥有或控制的经济资源及其分布构成情况。企业有多少流动资产、非流动资产通过资产负债表一目了然。通过对企业经营规模和资产结构的了解,不仅可以分析企业的资源构成是否合理,而且可以测定企业的经营运转能力。

(二) 企业资金来源

报表使用人通过资产负债表的负债及所有者权益(或股东权益)方的内容,可以知晓企业负债及所有者权益(或股东权益)的总额及其构成情况,还可以据以分析企业的资金来源结构是否合理。同时,通过有关资产项目和负债项目的对比、测算,可以了解和掌握企业的偿债能力。

(1) 企业的债务。一般的企业都会有或多或少的债务,这些债务就列在资产负债表的负债及所有者权益(或股东权益)方上半部分,报表使用者很容易从中找到相应的项目和数据,了解企业的负债情况,比如,企业所借债务有多少、有多少是短期债务、有多少是长期债务、债务是否需要支付利息等。

(2) 企业的自有资金。在资产负债表的负债及所有者权益(或股东权益)方,可以从所有者权益(或股东权益)各项目了解到企业的资产有多少是来源于自有资金。

报表使用人通过资产负债表不同时期相同项目的纵向比较和相同时期不同项目的横向比较,可以了解和分析企业财务状况的发展趋势,以便为企业财务预测和财务决策提供参考意见。

第二节 重要资产项目的内容及其分析

对于报表使用者来说,要正确阅读并理解资产负债表,首先要了解资产负债表各主要项目的含义,然后才能对资产负债表进行正确的分析,并从中找出对自己有用的财务信息。

资产是资产负债表中的一个基本要素,是企业重要的一项经济资源,是企业进行生产经营的物质基础。企业只有把资产很好地运用起来,才能达到其经营目的。

资产是指企业过去的交易或事项形成的、由企业拥有或控制的、预期会给企业带来经济效益的资源。资产按照其流动性可以分为流动资产和非流动资产。

一、流动资产项目

流动资产是指在一年或超过一年的一个营业周期内可以变现或计入损耗的资产,主要包括以下几种。

(一)货币资金

货币资金是指在企业生产经营过程中处于货币状态的那部分资产,它具有可立即作为支付手段并被普遍接受的特性。资产负债表中的"货币资金"项目反映企业库存现金、银行存款和其他货币资金(包括外埠存款、银行汇票存款、信用卡存款、信用证保证金等)的期末余额。

对货币资金的分析,最主要的是分析其持有量是否合理。企业持有货币资金,可以满足交易性需要、预防性需要和投机性需要。保持一定数量的货币资金是满足企业日常生产经营所需的前提。若货币资金过少,企业有可能因资金链中断而带来灭顶之灾。但这也并不意味着企业持有的货币资金越多越好,因为货币资金的盈利性较差,只有适度置存才能保证企业的整体盈利能力。

在判断企业货币资金持有量是否合理时,应考虑以下因素。

(1)企业的资产规模、业务收支规模。一般情况下,企业的资产规模越大,相应的货币资金的规模也就越大;业务收支频繁且绝对额较大的企业,处于货币资金形态的资产也会较多。

(2)企业筹集资金的能力。如果企业的业绩优良,信誉良好,在证券市场上筹集资金和向银行借款就比较容易,那么企业就没有必要持有大量的货币资金。

(3)企业的行业特点。企业所属行业不同,其持有的合理的货币资金的规模也会不同。例如,银行业、保险业企业与工业企业相比,在相同资产规模条件下,不可能保持相近规模的货币资金。

【例2-1】 某上市公司资产负债表中货币资金的规模和结构变动情况如表2-3所示。

表2-3 货币资金的规模和结构变动分析

项目	规模(万元)				结构(占流动资产)(%)		
	2015年	2014年	增减额	增减幅度(%)	2015年	2014年	结构变动
货币资金	77 697	80 691	-2 994	-3.71	25.03	26.90	-1.87
流动资产	310 355	299 919	10 436	3.48	100.00	100.00	—

从表2-3可以看出,该公司2015年度货币资金比2014年有所下降,且占流动资产的比重也有所下降,但下降的幅度不大。同时,由于该公司货币资金占流动资产的比重比较高,如果还能够了解该公司所在行业货币资金的一般持有规模,就可以判断该公司的货币资金持有量是否会影响公司的付现能力了。

对货币资金下降的具体原因,还要通过对现金流量表的分析才能进一步认清。

(二) 交易性金融资产

交易性金融资产主要是指企业为了短期内出售而持有的,以公允价值计量且其变动计入当期损益的金融资产,如企业从二级市场上购入的股票、债券和基金等。该项目反映了企业持有的交易性金融资产的期末余额。

企业持有交易性金融资产的目的主要是暂时存放闲置资金,以替代较大量的非盈利的现金余额,并从中获取一定的证券投资收益。交易性金融资产的计量以公允价值为基本计量属性,无论是在其取得时的初始计量还是在资产负债表日的后续计量皆如此。

企业在持有交易性金融资产期间,其公允价值变动在利润表上以"公允价值变动损益"计入当期损益;出售交易性金融资产时,不仅要确认出售损益,还要将原计入"公允价值变动损益"的金额转入"投资收益"。

分析该项目时,首先,应当关注其期末的公允价值,注意分析交易性金融资产投资的规模是否适度。企业进行交易性金融资产投资的目的就是将货币资金转换为有价证券,以获得额外收益,同时在需要时又能及时将其转换为现金。若投资的规模过大,必然影响企业的正常生产经营。其次,应结合会计报表附注和利润表中相关项目考察企业交易性金融资产的投资业绩。一般来说,拥有一定量的交易性金融资产表明企业除了自身的生产经营活动以外,还有一定量的交易性投资,意味着企业除了通过正常的生产经营取得利润之外,还有其他获取收益的渠道。

(三) 应收账款

应收账款是指企业因销售商品、提供劳务等经营活动而应收取的款项。作为一种商业信用形式,赊销以及由此产生的应收账款具有发生坏账的风险,企业应当合理预计可能发生的坏账损失,并计提坏账准备。资产负债表中的"应收账款"项目,反映企业因销售商品、提供劳务等应向购货单位或接受劳务单位收取的款项,减去已计提的坏账准备后的净额。该项目是根据"应收账款"和"预收账款"所属的明细科目的借方余额的合计数减去坏账准备账户贷方余额后的净额填列的。

企业产生应收账款的原因一般有:①销售的增加会自然地引起应收账款的增加;②顾客有意拖延付款造成应收账款增加;③企业采用了赊销的销售政策造成应收账款的增加;④企业采用了宽松的信用政策,造成应收账款的增加。其中:

第①个原因造成的应收账款是正常的,通常企业会很快收到款项;

第②个原因造成的应收账款,要通过加强收账以及对客户的信用管理予以减少;

第③、第④个原因则体现了企业主动的营销策略。

企业应收账款的增加可以扩大销售,减少存货的资金占用,但是企业也要付出代价,包括由于资金占用在应收账款上而丧失的再投资收益(机会成本)、管理成本和坏账损失。因此对企业应收账款的分析,应从其数额大小和质量优劣两方面进行,同时考虑坏账准备的影响。

1. 应收账款的规模

应收账款的规模受多种因素的影响,应结合企业的经营方式及所处行业的特点、企业的信用政策分析。对于大部分工业企业来说,往往较多地采用赊销方式销售商品,因而应收账款较多;而对于商品零售企业而言,大部分业务是现金销售业务,其应收账款较少。企业所采用的信用政策,对应收账款的规模大小也有直接的影响。如果企业放松信用政策,则会刺激销售,增加应收账款,发生坏账的可能性越大;如果企业紧缩信用政策,则会制约销售,减少应收账款,发生坏账的可能性越小。

2. 应收账款的质量

应收账款的质量是指债权转化为货币的能力。对于应收账款的质量分析,主要是通过对债权的账龄进行分析的,即通过对现有债权形成时间的分析,确定不同账龄的债权的质量。一般来说,未过信用期或已过信用期但拖欠期较短的债权出现坏账的可能性比已过信用期较长时间的债权发生坏账的可能性小。

3. 坏账准备政策的影响

由于资产负债表上所列示的是应收账款净额,因此,在分析应收账款的质量时要特别关注企业坏账准备计提的合理性,尤其应注意比较企业前后会计期间坏账准备的计提方法是否改变。根据一贯性原则,企业计提坏账准备的方法和比例一经确定,不得随意变更。

若企业变更坏账准备计提方法和计提比例,首先应查明企业在会计报表附注中是否对坏账准备计提方法变更予以说明;其次应分析变更是否合理;最后应当对不合理因素所引起的会计信息失真问题进行更正与调整。

总之,对应收账款的分析要分清其产生的原因和影响因素,才能准确了解企业的经营思想以及对应收账款的管理水平,并对其未来的经营趋势做出准确的判断。

【例2-2】 某上市公司资产负债表中应收账款的规模和结构变动情况如表2-4所示。

表2-4 应收账款的规模和结构变动分析

项 目	规模(万元)				结构(占流动资产)(%)		
	2015年	2014年	增减额	增减幅度(%)	2015年	2014年	结构变动
应收票据	18 149	15 266	2 883	18.88	5.85	5.09	0.76
应收账款	59 730	60 710	−980	−1.61	19.25	20.24	−0.99
其他应收款	13 924	10 994	2 930	26.65	4.49	3.67	0.82
流动资产	310 355	299 919	10 436	3.48	100.00	100.00	

从表2-4可以看出:

(1) 该公司应收票据2015年比2014年增加了18.88%;在结构上,应收票据占流动资产的比重从2014年的5.09%到2015年的5.85%呈上升趋势,表明企业销售采用商业汇票结算方式正逐渐增多。

(2) 该公司应收账款2015年比2014年略有下降,且应收账款占流动资产的比重也呈下降趋势,但占流动资产的比重仍然很大。应收账款略有下降与商业汇票的增加有一定的关联性,表明企业的信用政策是积极、稳妥的。

如果需要进一步了解该公司应收账款的流动性,应计算两年的应收账款周转率指标并进行对比,同时查阅报表附注中应收账款账龄结构披露表、客户类别披露表、资产减值准备披露表,从而确定应收账款规模是否合理,企业的信用管理是否得当,对短期偿债能力是否带来不利影响。

(3) 该公司其他应收款占流动资产的比重很低,但有上升趋势,2015年比2014年增幅达到26.65%,应在今后对此项目给予一定的关注。

(四)存货

存货是指企业在日常活动中持有以备出售的产品或商品、处在生产过程中的在产品、在生产过程或提供劳务过程中耗用的材料和物料等。不同行业、不同企业的存货内容会有所不同。存货是企业的一项重要的流动资产,占流动资产的比重较大,如果存货计算不当,不仅影响企业本期的资产负债表和利润表,还会影响下期的收益。

资产负债表中的"存货"项目反映了企业期末库存存货、在途物资和正在加工中的各项存货的实际成本,是根据"原材料""库存商品""发出商品""周转材料""生产成本""材料采购"等科目的期末余额减去"存货跌价准备"科目的期末余额后的净额填列的。

企业存货的增加,将占用企业大量的资金,并使企业付出更大的机会成本,而且企业对存货的储存费用和管理成本也会增加,这将影响企业的获利能力。显然企业存货的高低与企业存货的控制方法和生产系统管理的水平有很密切的关系。因此对企业存货的分析应从以下几个方面入手。

1. 存货的规模

存货种类繁杂、数量庞大,并且处于不断销售或耗用及重置之中,流动性较强。在传统的工业企业和商业企业,存货往往占流动资产总额的一半左右。但是,随着知识经济时代的来临和社会化大生产的发展,以及一些先进的管理方法(如适时制、零储备等)的应用,存货占流动资产的比重不断下降。

存货对企业生产经营活动的变化具有特殊的敏感性,必须使存货数量与企业经营活动保持平衡。若存货过少,会影响生产,导致企业错失销售良机;若存货数量过度增加,会使企业资金沉淀,最终也会导致生产中断,企业难以为继。

2. 发出存货的计价方法

存货在取得时是按照成本进行初始计量的,但在确定存货耗用成本或销售成本时,就要采用一定的计价方法进行核算。根据《企业会计准则第1号——存货》的规定,企业应当采用先进先出法、加权平均法或个别计价法确定发出存货的实际成本。根据这一规定,后进先出法不再作为可供企业选择的发出存货计价方法之一。发出存货的计价方法作为企业的一项会计政策一经确定则不得任意变更。

进行会计报表分析时要特别注意企业利用发出存货的计价方法变更来调节利润的行为。为此,首先,应结合报表附注,查明企业是否对发出存货的计价方法变更予以说明;其次,应分析变更是否合理,是正常的会计政策变更还是为了调节利润。

3. 存货的期末计价及存货跌价准备的计提

《企业会计准则》规定,存货的期末计价采用成本与可变现净值孰低法,对于可变现净值低于成本的部分,应当计提存货跌价准备。要详细阅读报表附注,对于高科技公司,由于其产品推陈出新的速度很快,因此要特别关注存货的跌价情况,只要其有新产品推出,就要考虑旧规格的产品的跌价情况,从而正确确定企业存货。

4. 分析存货的具体构成项目

存货主要分为原材料、在产品、产成品及库存商品等项目。这些具体项目又分别具有不同的用途和特性,因此,还需要分析存货项目的具体构成。要详细阅读报表附注,了解存货的构成和所占用资金的比重,从而明确造成存货增加或减少的构成项目。

5. 存货的库存周期

存货的库存周期长短也影响存货的流动性和质量,库存周期过长的存货自然会使其变现能力降低。只有合理地保持各项存货的比例,材料存货才能为生产过程所消化,商品存货才能及时实现销售,从而使存货顺利变现。

可以通过计算各种反映存货流动性的考核指标衡量、考核企业存货的流动性,一般通过存货周转天数、存货周转次数和营业周期3个指标,结合不同行业的企业的生产经营情况,以及3项指标发展趋势判断存货的潜在收益性和对短期债务的偿还能力。

【例 2-3】 某上市公司资产负债表中存货的规模和结构变动情况如表2-5所示。

表 2-5 存货的规模和结构变动分析

项目	规模(万元)				结构(占流动资产)(%)		
	2015年	2014年	增减额	增减幅度(%)	2015年	2014年	结构变动
存货	120 871	114 068	6 803	5.96	38.95	38.03	0.92
流动资产	310 355	299 919	10 436	3.48	100.00	100.00	—

从表2-5可以看出,该公司存货占流动资产的比重很大,且2015年比2014年有涨幅趋势,说明企业加大了经营性资产项目的投入,这种上升是否合理,还要查阅报表附注了解各类存货占存货总资产的比重,从而进一步明确存货的增长原因,进而判断这种增长是否合理。同时为了判断该公司存货的质量,还应查阅存货跌价准备的披露表。

二、非流动资产项目

(一)可供出售金融资产

可供出售金融资产是指初始确认时即被指定为可供出售的非衍生金融资产,以及除以公允价值计量且其变动计入当期损益的交易性金融资产、持有至到期投资、贷款和应收款项以外的投资。可供出售金融资产通常应当在活跃的市场上有报价,因此,企业从二级市场上购入的有报价的债券投资、股票投资、基金投资等,如果不打算随时变现,而是意欲长期持有,可以划分为可供出售金融资产。

对可供出售金融资产的分析,首先是判断其分类是否恰当,是否符合有关金融资产的确认标准;其次再看其会计处理是否正确。

小贴士

根据《企业会计准则》规定,可供出售金融资产应当以公允价值进行后续计量,公允价值变动形成的利得或损失,除减值损失和外币货币性金融资产形成的汇兑差额外,应当直接计入所有者权益(资本公积——其他资本公积),在该金融资产终止确认时转出,计入投资收益。

企业因持有意图或能力发生改变,使某项投资不再适合划分为持有至到期投资的,应当将其重分类为可供出售金融资产,并以公允价值进行后续计量。重分类日该投资的账面价值与公允价值之间的差额计入所有者权益(资本公积——其他资本公积)。不难看出,可供出售金融资产的公允价值变动损益应首先确认为直接计入所有者权益的利得或损失,待其真正实现时再在利润表中确认。

(二)持有至到期投资

此类金融资产是指到期日固定、回收金额固定或可确定,且企业有明确意图和能力持有至到期的非衍生金融资产,包括企业持有的在活跃市场上有公开报价的国债、企业债券、金融债券等。持有至到期投资的目的主要是定期收取利息、到期收回本金,并力图获得长期稳定的收益。对持有至到期投资的分析,主要从以下几个方面进行。

1. 持有至到期投资的项目构成及债务人分析

对持有至到期投资而言,虽然投资者按照约定将定期收取利息、到期收回本金,但是债务人能否定期支付利息、到期偿还本金,取决于债务人在需要偿还债务的时点是否有足够的现金。因此,有必要对持有至到期投资的投资项目或投资对象的具体构成进行分析,并在此基础上对债务人的偿债能力作进一步的判断,从而评价持有至到期投资的质量。

2. 持有至到期投资收益的分析

对持有至到期投资收益进行分析,应当根据当时的金融市场情况,判断投资的回报水平,即收益率的高低。一般来说,持有至到期投资的收益率应高于同期银行存款利率。

3. 持有至到期投资的减值

当持有至到期投资发生减值时,应当将其账面价值减记至预计未来现金流量的现值。计提持有至到期投资减值准备不但会导致持有至到期投资账面价值减少,而且会影响当期的利润总额。

(三)长期股权投资

长期股权投资是企业权益性投资中除去已经归于交易性金融资产和可供出售金融资产之外的部分,是企业不可能或不准备在一年或超过一年的一个营业周期内变现的股权投资。长期股权投资由两部分组成:一部分是企业持有的对其子公司、合营企业及联营企业的权益性投资;另一部分是企业持有的对被投资单位不具有控制、共同控制或重大影响,并且在活跃市场中没有报价、公允价值不能可靠计量的权益性投资。

> **小贴士**
>
> 企业进行长期股权投资的目的多种多样,有的是为了建立和维持与被投资企业之间稳定的业务关系,有的是为了控制被投资企业,有的是为了增强企业多元化经营的能力,创造新的利润来源。不过,大多数企业进行长期股权投资的目的都是为了增加企业的利润,作为对自身经营活动获利的补充。

由于长期股权投资期限长,金额通常很大,因而对企业的财务状况影响较大。对长期股权投资的分析可以从以下几个方面进行。

1. 长期股权投资构成分析

主要应从企业投资对象、投资规模、持股比例等方面进行长期股权投资构成分析。报表使用人通过对企业长期股权投资的构成进行分析,可以了解企业投资对象的经营状况及收益等方面的情况,从而有助于判断长期股权投资的质量。

2. 长期股权投资初始成本的确认

根据我国相关会计准则的规定,长期股权投资初始成本分为企业合并取得的长期股权投资和非合并取得的长期股权投资分别进行确定,其中企业合并取得的长期股权投资又分为同一控制下的企业合并取得的长期股权投资和非同一控制下的企业合并取得的长期股权投资。

除企业合并形成的长期股权投资外,其他方式取得的长期股权投资,应当结合长期股权投资的取得形式,按照取得投资时对价付出资产的公允价值确认初始投资成本。报表使用人进行企业长期股权投资构成分析时要特别注意企业长期股权投资初始成本的确认是否符合会计准则规定,尤其是企业合并形成的长期股权投资,是否正确地区分了同一控制下的企业合并和非同一控制下的企业合并,因为这一判断是长期股权投资初始投资成本确定的基础。

3. 关注长期股权投资核算方法的选择

长期股权投资的核算方法包括成本法和权益法,核算方法的使用取决于投资企业与被投资单位的关系。当投资企业能够对被投资单位实施控制时,日常核算应当采用成本法,待编制合并会计报表时再按权益法进行调整。

另外,对于投资企业对被投资单位不具有共同控制或重大影响,并且在活跃市场中没有报价、公允价值不能可靠计量的长期股权投资,也采用成本法核算。当投资企业对被投资单位具有共同控制或重大影响时,对长期股权投资的核算应当采用权益法。

4. 长期股权投资减值准备分析

分析长期股权投资减值准备,不仅要准确判断长期股权投资减值准备计提是否合理,还应注意根据《企业会计准则第8号——资产减值》的规定,长期股权投资减值准备一经确认,在以后会计期间不得转回。

(四) 固定资产

资产负债表"固定资产"项目是根据"固定资产"账户的余额与"累计折旧"账户的余额和"固定资产跌价准备"账户余额的差额填列的。通过对该项目及相关的"工程物资"项目、"在建工程"项目连续几年数字的观察和对比,可以得出该企业固定资产的规模、新旧程度以及企业固定资产更新改造的情况,从而判断企业固定资产未来的盈利能力。

一般而言,固定资产具有占用资金数额大、资金周转时间长的特点,是企业资产管理的重点。对固定资产的分析,可从以下几个方面入手。

1. 固定资产规模分析

分析固定资产,首先应对其总额进行判断,即将固定资产金额与资产总额进行比较。如前所述,这种分析应当结合行业特点、企业生产经营规模以及企业经营生命周期来展开。比如,就行业特征来说,一般而言,固定资产金额占资产总额的比重,商品流通业较低,为30%左右;工业较高,为40%左右;饭店服务业为50%左右;航天制造业为60%左右。

2. 固定资产更新情况分析

将固定资产原价的期末数与期初数之差除以期初数,表明企业固定资产的更新改造程度。企业为了保持一定的生产规模和生产能力,新购置一些设备是合理的;如果一味地使用固定资产,不注意固定资产的更新换代,则会增加未来的财务负担。

3. 固定资产会计政策分析

固定资产会计政策主要包括固定资产折旧政策和固定资产减值准备政策两个方面,在分析固定资产折旧政策时,应关注以下 3 个方面。

1) 分析企业固定资产预计使用寿命和预计净残值确定的合理性

根据会计准则的规定,固定资产的使用寿命不仅是指企业使用固定资产的预计期间,也可能是指该固定资产所能生产产品或提供劳务的数量。预计净残值则是指假定固定资产预计使用寿命已满并处于使用寿命终了时的预期状态,企业目前从该项资产处置中获得的扣除预计处置费用后的金额。

2) 分析企业固定资产折旧方法的合理性

固定资产折旧方法包括年限平均法、工量法、双倍余额递减法和年数总和法等。企业应当根据与固定资产有关的经济利益的预期实现方式,合理选择固定资产折旧方法。

3) 观察企业固定资产折旧政策前后各期是否保持一致

固定资产的预计使用寿命、预计净残值和折旧方法一经确定,不得任意变更。虽然固定资产折旧政策的变化对企业现金流量没有任何影响,但会对企业当期利润和财务状况产生影响:延长折旧年限(降低折旧率),当期折旧费用减少,则会相应增加账面利润,同时高估资产净值;反之,缩短折旧年限(提高折旧率),当期折旧费用增加,则会相应减少账面利润。

在进行固定资产减值准备政策的分析时,首先,应注意企业是否依据会计准则规定计提固定资产减值准备,计提是否准确;其次,由于固定资产一旦发生减值,往往意味着发生了永久性减值,其价值很难在以后会计期间恢复,因此,我国会计准则规定,固定资产减值准备一经计提,在以后会计期间不得转回。

【例 2-4】 某上市公司资产负债表中固定资产的规模和结构变动情况如表 2-6 所示。

表 2-6 固定资产的规模和结构变动分析

项 目	规模(万元)				结构(占总资产)(%)		
	2015 年	2014 年	增减额	增减幅度(%)	2015 年	2014 年	结构变动
固定资产	116 073	68 222	47 851	70.14	24.40	15.78	8.62
工程物资	6 606	2 588	4 018	155.26	13.88	0.59	13.29
在建工程	31 588	54 988	−23 400	−42.56	6.64	12.72	−6.08
资产总额	475 781	432 353	43 428	10.04	100.00	100.00	—

从表 2-6 可以看出:

(1) 固定资产规模和占资产总额的比重呈现增长趋势;
(2) 工程物资 2015 年大幅度增长,涨幅达到 155.26%;
(3) 在建工程的规模和占资产总额的比重呈现大幅度下降之势。

上述3个项目的变化情况表明,该公司采取了不断扩大资产规模,提升资产盈利潜力的发展策略,且公司固定资产的增加主要是依靠自己的建设,并在很短的时间里完成了大量工程,迅速形成了新的生产能力。

但2015年大量工程物资的增加,是否是进一步用于新的固定资产建设,还是用于旧固定资产的改造,可以进一步查阅报表附注固定资产披露表之后确定。

(五)无形资产

资产负债表"无形资产"项目是根据"无形资产"账户的余额与"累计摊销"账户的余额和"无形资产跌价准备"账户余额的差额填列的。对无形资产的分析,可从以下几个方面入手。

1. 无形资产的规模和构成

在分析无形资产时要注意考察无形资产的类别比重,借以判断无形资产的质量。具体来说,专利权、商标权、著作权、土地使用权、特许权等无形资产价值质量较高,且其价值易于鉴定;而一旦企业的无形资产以非专利技术等不受法律保护的项目为主,则容易产生资产的"泡沫"。

2. 无形资产摊销政策分析

企业应当正确地分析判断无形资产的使用寿命,对于无法预见为企业带来经济利益的期限的无形资产,应当视为使用寿命不确定的无形资产,对该类无形资产不应摊销;使用寿命有限的无形资产则应当考虑与该项无形资产有关的经济利益的预期实现方式,采用适当的摊销方法将其应摊销金额在使用寿命期内系统合理地摊销。

分析时应仔细审核无形资产的摊销是否符合会计准则的有关规定,尤其是无形资产使用寿命的确定是否正确,有无将本能确定使用寿命的无形资产作为使用寿命不确定的无形资产不予摊销;摊销方法的确定是否考虑了经济利益的预期实现方式;摊销方法和摊销年限有无变更,变更是否合理等。

3. 无形资产减值

无形资产是一种技术含量很高的特殊资源,它的价值确认存在着高风险。因此,无形资产发生减值也是一种正常现象。分析时,一方面要注意无形资产减值准备计提的合理性;另一方面也要注意无形资产减值准备一经确认,在以后期间也不得任意转回。

三、总资产

总资产主要包括流动资产、长期投资、固定资产、无形资产及其他。资产越多表明企业可以用来赚取收益的资源越多,可以用来偿还债务的财产越多。但这并不意味着资产越多就一定越好。资产不代表收益能力,有些企业资产规模很大,一样会出现亏损,有些企业很小,照样盈利多多。

按照会计准则的定义,资产是企业拥有或者控制的、预期会给企业带来经济利益的资源。但也可以将资产理解为是企业资金的具体运用。因此一个企业的资产能否带来经济利益,是资产的质量、结构、规模、发展战略等因素共同作用的结果。

因此对企业总资产的分析应从其规模、结构、质量等因素入手,并要深入洞悉企业的发展战略,才能得出恰当的分析结果。

【例 2-5】 某上市公司资产负债表中总资产的规模和结构变动情况如表 2-7 所示。

表 2-7 总资产的规模和结构变动分析

项 目	规模(万元)				结构(占总资产)(%)		
	2015 年	2014 年	增减额	增减幅度(%)	2015 年	2014 年	结构变动
流动资产	310 355	299 919	10 436	3.48	65.23	69.37	−4.14
其中:货币资金	77 697	80 691	−2 994	−3.71	16.33	18.66	−2.31
应收票据	18 149	15 266	2 883	18.88	3.81	3.53	0.28
应收账款	59 730	60 710	−980	−1.61	12.55	14.04	−1.49
其他应收款	13 924	10 994	2 930	26.65	2.93	2.54	0.39
存货	120 871	114 068	6803	5.96	25.40	26.38	−0.98
长期投资	5 948	2 130	3 818	179.25	1.25	0.49	0.76
固定资产	116 073	68 222	47 851	70.14	32.42	29.10	3.32
无形资产及其他	5 211	4 506	705	15.65	1.10	1.04	0.06
资产总额	475 781	432 353	43 428	10.04	100.00	100.00	—

从表 2-7 可以看出:

(1) 流动资产 2015 年有所增加,流动资产的增加主要是由于应收票据、其他应收款、存货的增加造成的。其中其他应收款的涨幅最大,但从表 2-4 和表 2-5 可知,其他应收款在流动资产中所占比重不高,而存货所占的比重非常高,表明流动资产的增长主要是存货的增长造成的。

(2) 固定资产在总资产中的比重出现较大增长,但流动资产占总资产的比重有所下降。资产结构的这种变化表明,该企业资产的流动性有所下降,未来的收益性会有所提高,但固定资产的增加会加大企业的经营风险。

第三节 重要负债项目的内容及其分析

负债是指企业过去的交易或者事项形成的、预期会导致经济利益流出企业的现时义务,代表了债权人权益。可以看出,负债至少具有以下两个基本特征:首先,负债是基于过去的交易或事项而产生的、由企业承担的现时义务。现时义务是指企业在现行条件下已承担的义务,未来发生的交易或事项形成的义务,不属于现时义务,不应当确认为负债。其次,负债的清偿预期会导致经济利益流出企业,即现时义务的履行通常关系到企业放弃含有经济利益的资产,以满足对方要求。

一、流动负债项目

在资产负债表上,流动负债项目包括短期借款、应付票据、应付账款、预收账款、应付职工薪酬、应交税费、应付利息、应付股利、其他应付款和一年内到期的流动负债等。

(一) 短期借款

短期借款是指企业向银行或其他金融机构等借入的期限在一年(含一年)以下的各种

借款。企业因生产周转或季节性原因等出现资金暂时短缺时,可向开户银行或其他金融机构申请短期借款,以保证生产经营的正常进行。持有一定数量的短期借款,表明企业具有较好的商业信用,获得了金融机构的有力支持。不过,短期借款的利息要作为费用抵减利润,因此企业必须适度举债,降低利息费用。

分析短期借款的规模时应注意以下问题。

1. 企业短期借款的规模应与流动资产规模相适应

从财务角度观察,短期借款筹资快捷、弹性较大,很多企业在生产经营中会发生或多或少的短期借款。短期借款的目的就是维持企业正常的生产经营活动,因此,短期借款必须与当期流动资产,尤其是存货项目相适应。一般而言,短期借款应当以小于流动资产的数额为上限。

2. 企业短期借款的规模应与企业当期收益相适应

对短期借款进行分析时,不仅应关注短期借款绝对数额的高低,更应注重其产出是否大于投入,即运营效率是否高于借款利率。对此,可利用财务杠杆进行分析。由于短期借款期限较短,企业经营者在举借时,应当充分测算借款到期时企业的现金流量,保证借款到期时企业有足够的资金偿还本息。

(二) 应付票据

应付票据是指企业因购买材料、商品等而开出、承兑的商业汇票,包括商业承兑汇票和银行承兑汇票。商业承兑汇票的偿付期限最长不得超过 6 个月,即此项负债在付款时间上受法律约束,是企业一种到期必须偿付的"刚性"债务。企业的应付票据如果到期不能支付,不仅会影响企业的信誉,影响以后资金的筹集,而且还会招致银行的处罚。

按照规定,如果应付商业承兑汇票到期,企业的银行存款账户余额不足以支付票款,银行除退票外,还要比照签发空头支票的规定,按票面金额的 1‰ 处以罚金;如果应付银行承兑汇票到期,企业未能足额交存票款,银行将支付票款,再对企业执行扣款,并按未扣回金额每天加收 0.5‰ 的罚息。

(三) 应付账款

应付账款是指企业因除购材料、商品或接受劳务供应等经营活动应支付的款项。应付账款属于企业的一种短期资金来源,是企业最常见、最普遍的流动负债,主要是由于企业取得资产的时间与结算付款的时间不一致而产生的,信用期一般都在 30~60 天,而且一般不用支付利息,有的供货单位为刺激客户及时付款还规定了现金折扣条件。

企业利用商业信用,大量赊购,推迟付款,有"借鸡生蛋"之利,但隐含的代价是增大了企业的信誉成本,如果不能按期偿还应付账款,可能导致企业信誉殆尽,以后无法再利用这种资金来源,影响企业的未来发展。且一旦引起法律诉讼,将会使企业遭受更大损失,甚至导致企业破产。因此,在对应付账款进行分析时,应注意观察其中有无异常情况,测定企业未来现金流量,对企业偿还应付账款的能力做出正确判断。

(四) 预收账款

预收账款是指企业按照合同规定向购货单位预收的款项。预收账款是一种特殊的债务,其在偿付时不是以现金支付,而要以实物(如存货)支付,所以,预收账款的偿还一般不会对企业现金流量产生影响。预收账款是一种"良性"债务,对企业来说,预收账款越多越好。

因为预收账款作为企业的一项短期资金来源,在企业发出商品或提供劳务前,可以无偿使用;同时,拥有预收账款也预示着企业的产品销售情况很好,供不应求。预收账款的另一个重要作用在于,由于预收账款一般是按收入的一定比例预交的,通过预收账款的变化可以预测企业未来营业收入的变动。

(五)应付职工薪酬

根据我国2014年修订的《企业会计准则第9号——职工薪酬》,职工薪酬是企业为获得职工提供的服务或解除劳动关系而给予的各种形式的报酬或补偿。职工薪酬包括短期薪酬、离职后福利、辞退福利和其他长期职工福利等。

其中,短期薪酬是指企业在职工提供相关服务的年度报告期间结束后12个月内需要全部予以支付的职工薪酬,具体内容包括职工工资、奖金、津贴和补贴,职工福利费,医疗保险费、工伤保险费和生育保险费等社会保险费,住房公积金,工会经费和职工教育经费,短期带薪缺勤,短期利润分享计划,非货币性福利及其他短期薪酬。其他长期职工福利是指短期薪酬、离职后福利、辞退福利以外所有的职工薪酬,包括长期带薪缺勤、长期残疾福利、长期利润分享计划等。

(六)应交税费

应交税费反映企业期末未交、多交或未抵扣的各种税费,包括增值税、消费税、营业税、所得税、资源税、土地增值税、城市维护建设税、房产税、土地使用税、车船使用税、个人所得税、教育费附加、矿产资源补偿费等。

(七)一年内到期的流动负债

该项目反映企业长期借款、应付债券和长期应付款等科目中将在一年内到期的那部分金额。为正确反映企业短期内需偿付的债务金额,正确评价企业的短期偿债能力,这部分本来在长期负债项目中反映的金额改由在短期负债类项目中反映。

二、非流动负债项目

非流动负债是指流动负债以外的负债,主要用于企业的投资建设,满足企业扩大再生产的需要,因而具有债务金额大、偿还期限长、分期偿还的特征。

(一)长期借款

长期借款是指企业向银行或其他金融机构等借入的期限在一年以上(不含一年)的各种借款。长期借款期限长、利率高且是固定的,主要用于企业补充长期资产的需要。它可以一次性还本付息,也可以分次还本付息。

在进行报表分析时,应对长期借款的数额、增减变动及其对企业财务状况的影响给予足够的重视。持有一定数量的长期借款,表明企业获得了金融机构的有力支持,具有较好的商业信用和比较稳定的融资渠道,但其规模也应适当。分析长期借款的规模时注意企业长期借款的规模应与固定资产、无形资产的规模相适应。

长期借款的目的就是为了满足企业扩大再生产的需要,金融机构对于此类信贷有明确的用途控制。因此,长期借款必须与当期固定资产、无形资产的规模相适应。一般而言,长期借款应当以小于固定资产与无形资产之和的数额为上限。与短期借款相比,长期借款除借款期限较长外,其不同点还体现在对借款利息费用的处理上。对此,必须关注会计报表附注中关于借款费用的会计政策,分析长期借款利息费用会计处理(资本化或费用化)的合理性。

(二)应付债券

应付债券是指企业为筹集可供长期使用的资金而发行的债券。相对于长期借款而言,发行债券需要经过一定的法定手续,但对发行债券筹得的款项的使用没有过多的限制。能够发行企业债券的单位只能是经济效益较好的上市公司或特大型企业,而且要经过金融机构严格的信用等级评估。所以,持有一定数额的应付债券,尤其是可转换公司债券,表明企业商业信用较高。另外,某些可转换债券可在一定时期后转换为股票而无须偿还,反而减轻了企业的偿债压力。以上都是应付债券的优点。同长期借款的目的一样,应付债券也是为了满足企业扩大再生产的需要,因此,企业应付债券的规模必须与当期固定资产、无形资产的规模相适应。另外,应付债券是企业面向社会募集的资金,债权人分散,如果企业使用资金不利或转移用途,将会波及企业债券的市价和企业的声誉。所以,在进行报表分析时,应对应付债券的数额、增减变动及其对企业财务状况的影响给予足够的关注。

(三)预计负债

预计负债是因或有事项而确认的负债。或有事项是指由企业过去的交易或事项形成的潜在义务,其结果须由某些未来事项的发生或不发生才能决定的不确定事项;或由过去的交易或事项形成的现时义务,履行该义务不是很可能导致经济利益流出企业,或该义务的金额不能可靠计量。

如对外提供担保、未决诉讼、产品质量保证等。与或有事项相关的义务满足一些条件时,应当确认为预计负债,并在资产负债表中列示。否则,属于或有负债只能在表外披露,不能在表内确认。分析预计负债应注意以下几点。

1. 预计负债的确认必须满足一定的条件

根据会计准则,与或有事项相关的义务同时满足下列条件时,才可以确认为预计负债。

(1) 该义务是企业承担的现时义务,从而与作为潜在义务的或有负债相区分。

(2) 履行该义务很可能导致经济利益流出企业。

(3) 该义务的金额能够可靠计量。

正确区分预计负债和或有负债是对预计负债进行分析的前提和关键。

2. 预计负债的确认是一个持续过程

与其他传统会计要素的确认和计价不同,预计负债在初始计量后还需要根据资产负债表日的最佳估计数对预计负债的账面价值进行复核或调整,也就是说,预计负债往往需要经过多次确认和计量。

3. 预计负债并不一定代表未来实际需要偿还的金额

预计负债的数额是企业根据一些客观条件进行估计的结果,估计数并不一定与最终的结果一致。例如,对于预期会败诉的被告而言,因为未决诉讼将产生一项预计负债,但其最终结果是由诉讼的最终判决决定的。因此,预计负债与实际负债可能存在差异,也可能存在一定的转化期限。

对于资产负债表中负债项目的分析如例 2-6 所示。

【例 2-6】 某上市公司资产负债表中负债的规模和结构变动情况如表 2-8 所示。

表 2-8 负债的规模和结构变动分析

项 目	规模(万元)				结构(占总资产)(%)		
	2015 年	2014 年	增减额	增减幅度(%)	2015 年	2014 年	结构变动
流动负债合计	216 082	216 484	−402	−0.19	45.42	50.07	−4.65
长期负债合计	45 000	20 000	25 000	125	9.46	4.63	4.83
负债总和	261 082	236 484	24 598	10.04	54.87	54.70	0.17
资产总额	475 781	432 353	43 428	10.04	100.00	100.00	—

从表 2-8 可以看出:

(1) 流动负债 2015 年有所降低,而长期负债大规模提高,显然与该公司大规模的固定资产投资有很大关系。

(2) 该公司负债结构中长期负债占负债总和相对较小,因此推算公司的资本成本不会太高,但是由于短期负债较多,因而财务风险较高,因此应关注其流动负债的偿还能力。从表 2-7 中可见,流动资产 2015 年为 310 355 万元,是流动负债总额 216 082 万元的 1.4 倍,因此应密切关注存货的流动性以及应收账款的回款情况,否则将影响其短期负债的偿还能力。

(3) 该公司负债比例 2015 年和 2014 年均保持在总资产的 54% 左右,负债规模比较恰当,总体偿债能力比较强。

第四节 所有者权益项目的内容及其分析

所有者权益又称股东权益,是指所有者在企业资产中享有的经济利益,其金额为资产减去负债后的余额,即所有者权益是一种剩余权益。对所有者权益项目进行分析时可结合企业的另一张基本会计报表——所有者权益(或股东权益)变动表进行。

一、资产负债表中的重点权益项目

企业所有者权益项目的内容主要包括实收资本(股本)、资本公积、盈余公积、未分配利润等。投资者以现金投入的资本,应当以实际收到或者存入企业开户银行的金额作为实收资本入账。实际收到或者存入企业开户银行的超过其在该企业注册资本中所占份额的部分,计入资本公积。

投资者以非现金资产投入的资本,应按投资合同或协议约定价值确定资产的价值和在注册资本中应享有的份额。上市公司发行的股票,应按其面值作为股本,超过面值发行取得的收入,其超过面值的部分,作为股本溢价,计入资本公积。

（一）实收资本（股本）

实收资本（股本）是指投资者（股东）按照企业章程或合同、协议的约定，实际投入企业的资本。实收资本（股本）并不等于注册资本。注册资本是企业在公司登记机关登记的全体股东认缴的出资额，而实收资本（股本）是股东实际投入企业的资本。《中华人民共和国公司法》（以下简称《公司法》）采用了授权资本制，规定注册资本可以不一次缴足，而是可以先缴纳一部分，其余部分在一定期限内缴足。

分析实收资本（股本），首先，应看实收资本（股本）的规模。实收资本（股本）揭示了一个企业生产经营的物质基础。资本总额越大，企业的物质基础就越雄厚，经济实力就越强。同时，资本总额也是一定经营领域的准入"门槛"。

小贴士

我国《公司法》规定，有限责任公司注册资本的最低限额为人民币3万元，股份有限公司注册资本的最低限额为人民币500万元（法律、行政法规对注册资本的最低限额有较高规定的，从其规定）。

其次，应考察实收资本（股本）的增减变动情况。除非企业出现增资、减资等情况，实收资本（股本）在企业正常经营期间一般不能发生变动。实收资本（股本）的变动将会影响企业投资者对企业的所有权和控制权，而且对企业的偿债能力、获利能力等都会产生影响。当然，企业投资者增加投入资本，会使营运资金增加，表明投资者对企业未来充满信心。

（二）资本公积

资本公积是企业收到的投资者出资额超出其在注册资本中所占份额的部分（资本溢价或股本溢价），以及直接计入所有者权益的利得和损失等。其中，形成资本溢价或股本溢价的原因有溢价发行股票、投资者超额缴入资本等。直接计入所有者权益的利得和损失是指不应计入当期损益、会导致所有者权益发生增减变动的、与所有者投入资本或者向所有者分配利润无关的利得或者损失。

如企业的长期股权投资采用权益法核算时，因被投资单位除净损益以外所有者权益的其他变动，投资企业按应享有份额而增加或减少的资本公积；可供出售金融资产在持有期间的公允价值变动损益等。

解读资本公积项目应注意以下问题。

1. 了解资本公积的性质

了解资本公积与实收资本（股本）、留存收益的区别有助于深刻理解资本公积的性质。资本公积与实收资本（股本）的区别主要表现在以下两方面。

（1）从来源和性质看，实收资本（股本）是指投资者按照企业章程或合同、协议的约定实际投入企业，并依法进行注册的资本，它体现了企业所有者对企业的基本产权关系；资本公积是投资者的出资中超出其在注册资本中所占份额的部分以及直接计入所有者权益的利得和损失，它不直接表明所有者对企业的基本产权关系。

(2) 从用途看，实收资本（股本）的构成比例是确定所有者参与企业财务经营决策的基础，也是企业进行利润分配（股利分配）的依据，同时还是企业清算时确定所有者对企业净资产的要求权的依据；资本公积的用途主要是用来转增资本（股本），资本公积不体现各所有者的占有比例，也不能作为所有者参与企业财务经营决策或进行利润分配（股利分配）的依据。

资本公积与留存收益的区别体现在，留存收益是企业从历年实现的利润中提取或形成的留存于企业的内部积累，来源于企业生产经营活动实现的利润；资本公积的来源不是企业实现的利润，而是资本溢价（股本溢价）等。

2. 资本公积项目来源的可靠性

由于资本公积是所有者权益的有机组成部分，而且它通常会直接导致企业净资产的增加，因此，应特别注意企业是否存在通过资本公积项目改善财务状况的情况。

（三）留存收益

留存收益是指企业从历年实现的利润中提取或形成的留存于企业的内部积累，主要包括计提的盈余公积和未分配利润。留存收益是留存在企业的一部分净利润，一方面可以满足企业维持或扩大再生产经营活动的资金需要，保持或提高企业的获利能力；另一方面可以保证企业有足够的资金用于偿还债务，保护债权人的权益。所以，留存收益增加将有利于资本的保全，能够增强企业实力、降低筹资风险、缓解财务压力。留存收益的增减变化及变化金额，取决于企业的盈亏状况和企业的利润分配政策。对留存收益分析的主要内容是了解留存收益的变动总额、变动原因和变动趋势；分析留存收益的组成项目，评价其变动的合理性。

1. 盈余公积

盈余公积是指企业按照有关规定从净利润中提取的积累资金。公司制企业的盈余公积包括法定盈余公积和任意盈余公积。法定盈余公积是指企业按照规定的比例从净利润中提取的盈余公积；任意盈余公积是指企业按照股东大会决议提取的盈余公积。企业提取的盈余公积可用于弥补亏损、扩大生产经营、转增资本或派发现金股利等。盈余公积的具体分析方法如下。

1) 总量判断

由于盈余公积是从企业净利润中形成的，主要用于满足企业维持或扩大再生产经营活动的资金需要，其既无使用期限限制，也无须支付利息。因此，企业应尽可能地多计提盈余公积，这样既可以提高企业的偿债能力，又能提高企业的获利能力。但考虑到投资者的经济利益，盈余公积的提取数额又受到一定的限制。分析时，应注意盈余公积是否按规定计提及使用。

2) 结构判断

分析法定盈余公积和任意盈余公积的结构有助于了解企业的意图。比如，任意盈余公积所占比重较大，说明企业意在加强积累，谋求长远利益。

2. 未分配利润

未分配利润是企业实现的净利润经过弥补亏损、提取盈余公积和向投资者分配利润后留存在企业的、历年结存的利润。由于相对于盈余公积而言,未分配利润属于未确定用途的留存收益,所以,企业在使用未分配利润上有较大的自主权,受国家法律、法规的限制比较少。

分析未分配利润时应注意:未分配利润是一个变量,既可能是正数(未分配利润),也可能是负数(未弥补亏损)。可将未分配利润的期末数与期初数对比,以观察其变动的曲线和发展趋势。

二、 所有者权益变动表简要说明

所有者权益变动表是反映企业所有者权益各组成部分当期的增减变动情况的报表。它不仅反映所有者权益总量的增减变动信息,还反映所有者权益增减变动的重要结构性信息,特别是反映直接计入所有者权益的利得和损失,以便让报表使用者准确理解所有者权益增减变动的根源。

所有者权益变动表以矩阵式列示,一方面列示导致所有者权益变动的交易或事项,反映所有者权益变动的来源;另一方面列示所有者权益的各个组成部分及其总额变动对所有者权益变动的影响。

(一)列示项目

所有者权益变动表至少应单独列示下列项目:净利润、直接计入所有者权益的利得和损失、会计政策变更和前期差错更正累计影响额、所有者投入资本和向所有者分配利润、提取的盈余公积、实收资本(股本)以及资本公积、盈余公积、未分配利润的期初、期末余额以及本期调节情况。

(二)所有者权益变动表重点内容解读

所有者权益变动表的分析,主要看以下几个方面。

1. 所有者权益项目的总规模

所有者权益的总额反映了企业净资产的实力,通过其趋势变动可以很好地反映企业投资人投入资本保值增值的信息。

2. 所有者权益项目结构的变动

所有者权益项目结构的变动需要分析变动的原因、变动的合法合理性以及各个项目对企业全面收益的贡献,满足报表使用人多方面的需要。

3. 会计政策变更和前期差错更正的影响

主要分析企业会计政策变更和前期差错更正是否合乎企业经济业务的本质、企业是否给出合理的解释,讨论变更的累计影响对报表分析会产生怎样的影响等。

总体而言,分析引起企业所有者权益变动的主要因素,比如,所有者的进一步投资(增发、配股等)和当期利润积累。这对企业的未来发展至关重要,因为公允价值变动、会计政策变更和前期差错更正所带来的收益不是企业经营活动所带来的,其稳定性和持续性都较差,而股东投资和盈利积累是企业持续发展的基石。

【例2-7】 某上市公司资产负债表中资本的规模和结构变动情况如表2-9所示。

表 2-9 资本的规模和结构变动分析

项目	规模(万元)				结构(占总资产)(%)		
	2015 年	2014 年	增减额	增减幅度(%)	2015 年	2014 年	结构变动
负债合计	261 082	236 484	24 598	10.40	54.87	54.70	0.17
所有者权益	214 699	195 869	18 830	9.61	45.13	45.30	−0.17
实收资本	48 000	24 000	24 000	100.00	10.09	5.55	4.54
资本公积	67 593	89 590	−21 997	−24.55	14.21	20.72	−6.51
盈余公积	26 854	18 795	8 059	42.88	5.64	4.35	1.29
未分配利润	72 252	63 484	8 768	13.81	15.19	14.68	0.51
负债所有者权益合计	475 781	432 353	43 428	10.04	100.00	100.00	—

从表 2-9 可以看出:

(1) 该公司所有者权益提高较多,其中实收资本、盈余公积和未分配利润的涨幅都较高,表明所有者权益的增加主要是这些因素共同造成的结果。

(2) 该公司盈余公积和未分配利润的涨幅较大,表明企业 2015 年和 2014 年盈利情况较好。对盈利情况的进一步判断,还要看该公司的利润表才可以准确得出。但是从资产负债表还是可以初步得出,该公司比较好地保证了股东投资额的保值和增值。

本 章 小 结

本章主要介绍了资产负债表构成项目的含义及其相互关系,资产负债表与企业基本财务活动之间的关系;详细介绍了资产负债表中资产、负债及所有者权益各主要项目的含义及相互关系,具体介绍了所有者权益变动表如何反映企业的财务信息。通过运用趋势分析法、结构百分比分析法分析企业的财务状况。

练 习 题

一、单项选择题

1. 短期借款的特点是(   )。
   A. 风险较大   B. 利率较低
   C. 弹性较差   D. 满足长期资金需求

2. 按照我国现行的会计准则,发出存货成本的确定不可以采用的方法是(   )。
   A. 先进先出法   B. 加权平均法
   C. 个别计价法   D. 后进先出法

3. 所有者权益的内容不包括(   )。
   A. 实收资本   B. 资本公积   C. 盈余公积   D. 预收账款

二、多项选择题

1. 资产负债表中的货币资金具体存在形式包括(   )。
   A. 库存现金   B. 银行存款   C. 银行汇票存款

D. 信用证保证金　　　　　　　E. 信用卡存款
2. 下列关于持有至到期投资表达中,正确的有(　　)。
   A. 它是一种衍生金融资产　　　B. 到期日固定、回收金额固定或可确定
   C. 到期日固定,但回收金额不确定　D. 它是一种非衍生性金融资产
   E. 企业有明确意图和能力持有至到期日
3. (　　)属于非流动负债项目。
   A. 应交税费　　B. 应付债券　　C. 预计负债　　D. 递延所得税负债
   E. 预收账款

三、判断题
1. 企业的经营活动占用的资源是资产,它们反映在资产负债表的左方。　　(　　)
2. 应收票据在未来不会导致现金流入,即在这种债权收回时,流入的不是货币资金,而是存货。　　(　　)
3. 可供出售金融资产通常不需要在活跃的市场上有报价。　　(　　)
4. 按照我国现行会计准则的规定,同一控制下的企业合并取得的长期股权投资初始成本的确认采用购买法。　　(　　)
5. 预计负债在资产负债表中列示,或有负债只能在表外披露,不能在表内确认。
　　　　　　　　　　　　　　　　　　　　　　　　　　　　　　　(　　)

利润表分析

（1）了解利润表的含义、作用、结构；
（2）了解利润表的编制方法；
（3）了解并阐述利润表中各项目的含义及其决策意义。

技能要求

运用趋势分析法和结构百分比分析法进行相关计算分析。

引导案例

"自有品牌"商品是指零售企业自设生产基地或者选择合适的生产企业进行加工生产，最终用自己的商标注册该产品，并利用自己的销售网络平台进行销售的商品。在商业竞争日益激烈、零售业利润增长有限的情形下，发展自有品牌成为商家降低成本、提高利润的有效途径之一。

随着国内家电连锁的竞争日趋激烈，单纯的商品销售利差明显趋薄，集中采购的价格差利润一再受到压缩。有人这样形容："把产品从供应商的仓库搬到自己的配送中心；从配送中心搬到门店仓库；从门店仓库再搬到货架。消费者决定买了，零售商还要提供免费运送，帮助消费者把这些东西搬回家。"因此，国美可以在这方面寻找新的利润增长点。注重企业盈利能力的分析，以便为国美战略部署提供保障。

第一节 利润表概述

一、利润表的含义

利润表是反映企业在一定会计期间经营成果的财务报表，也称收益表、损益表。与资产负债表不同，利润表是一种动态的时期报表，主要揭示企业在一定时期（月、季、年）的收入实现、费用消耗以及由此计算出来的企业利润（或亏损）的情况。

利润表充分反映了企业经营业绩的主要来源和构成，可以反映企业一定会计期间的收入实现情况，即实现的营业收入有多少、投资收益有多少、营业外收入有多少等；可以反映一定会计期间的费用耗费情况，即耗费的营业成本有多少、营业税金及附加有多少、销售费用、财务费用、管理费用有多少等；可以反映企业生产经营活动的成果，即净利润的实现情况。

通过对利润表的分析，可以让报表的使用人（债权人、投资者等）了解企业的盈利能力、投资价值等信息。以利润表为核心进行的深入分析,可以评价企业生产经营所面临的财务风险、资产的营运效率、企业的获利能力和成长潜力,据此,报表使用者可以判断企业未来的发展趋势,并做出相关的经营决策。

二、利润表分析的作用

(一)分析和评价企业的经营成果与盈利能力

通过利润表及资产负债表相关指标即可计算出企业的盈利能力及经营成果。通过比较和分析同一企业不同时期、不同企业相同时期的收益情况,可以判断企业经营成果的优劣和盈利能力的高低。

(二)分析和预测企业的偿债能力

企业的偿债能力不仅取决于资产的流动性及权益结构,也取决于企业的盈利能力的高低。因此,通过对不同时期、不同企业之间利润表有关信息的比较、分析,可以间接地识别、预测企业的偿债能力,尤其是长期偿债能力,并揭示偿债能力的变动趋势,使报表信息使用者因此做出决策。

(三)分析和预测企业未来的现金流量

通过利润表可分析判断企业产品收入、成本、费用变化对利润的影响。把握过去即能可靠地预测未来现金流量及其不确定性程度,正确地评估未来的投资价值。

(四)评价经营管理人员的业绩

通过对不同时期、不同企业之间收入、成本、费用及利润的增减变动,并分析产生差异的原因,可据以识别、评价各职能部门和人员的业绩,以及他们的业绩与整个企业经营成果的关系,从而评价各管理部门及人员的功过得失。

三、利润表的结构

从会计等式"收入-费用=利润"和配比原则看,费用发生的根本目的在于取得收入,两者配比以核算具体经营活动的绩效。不同的费用消耗对应着不同的收入,这一原则决定了利润表的列报格式和列报方法。企业的获利能力分析就是建立在利润表格式与构成基础上的。

小贴士

常见的利润表结构主要有单步式和多步式两种。在我国,企业利润表采用的基本上是多步式结构,即通过对当期的收入、费用、损失项目按性质加以归类,按利润形成的主要环节列示一些中间性利润指标,分步计算企业当期净损益。层次化的利润结构描述了不同利益相关者为企业提供服务而获取的报酬状况,而净利润就是企业所有者的最终所得。

现代财务会计采用多步式利润表,其目的就是便于报表使用者分析企业收益的来源结构,从而便于预测企业的未来收益。在利润表中,收入和费用项目按照利润稳定性从大到小排序,可以说明利润表各组成项目对利润的贡献程度大小。

利润表一般由表首和表体两部分组成,其中表首说明报表名称、编制单位、编制日期、报表编号、货币名称、计量单位等;表体是利润表的主要部分,反映形成经营成果的各个项目和计算过程。我国采用的多步式利润表,格式如表3-1所示。

表 3-1 多步式利润表

编制单位: 年   月   单位:元

项　　　目	本期金额	上期金额
一、营业收入		
减:营业成本		
营业税金及附加		
销售费用		
管理费用		
财务费用		
资产减值损失		
加:公允价值变动损益(损失以"—"填列)		
投资收益(损失以"—"填列)		
二、营业利润(亏损以"—"填列)		
加:营业外收入		
减:营业外支出		
其中:非流动资产处置损失		
三、利润总额(亏损总额以"—"填列)		
减:所得税费用		
四、净利润(净亏损以"—"填列)		
五、其他综合收益的税后净额		
(一)以后不能重分类进损益的其他综合收益		
(二)以后将重分类进损益的其他综合收益		
六、综合收益总额		
七、每股收益		
(一)基本每股收益		
(二)稀释每股收益		

四、利润表与企业基本经济活动的关系

通常,企业基本经济活动根据其发生的频率可以分为两大类:一类是经常性业务,即在企业经营过程中经常发生的、具有持续性和稳定性、可以预测的业务活动,与经常性业务相对应的损益就是经常性损益;另一类是非经常性业务,即在企业经营过程中不是经常发生的、不具有持续性和稳定性、难以预测的业务活动,与非经常性业务相对应的损益就是非经常性损益。在正常情况下,经常性损益在企业全部收益中所占的比重越高,企业的利润来源就越稳定,经营风险越小,获利能力越强。

利润表与企业基本经济活动的关系如表3-2所示。

表 3-2　利润表与企业基本经济活动的关系

项　　目	企业基本经济活动
一、营业收入	经营活动收入
减：营业成本	经营活动费用
营业税金及附加	经营活动费用
销售费用	经营活动费用
管理费用	经营活动费用
财务费用	筹资活动费用（债权人所得）
资产减值损失	非经营活动损失
加：公允价值变动损益（损失以"—"填列）	非经营活动利润或损失
投资收益（损失以"—"填列）	投资活动收益
二、营业利润（亏损以"—"填列）	已扣减债权人利息的利润
加：营业外收入	非经营活动利得
减：营业外支出	非经营活动损失
其中：非流动资产处置损失	
三、利润总额（亏损总额以"—"填列）	全部活动的利润
减：所得税费用	全部活动费用（政府所得）
四、净利润（净亏损以"—"号填列）	全部活动净利润（所有者所得）
五、其他综合收益的税后净额	企业未在损益中确认的各项利得和损失扣除所得税影响后的收益
（一）以后不能重分类进损益的其他综合收益	
（二）以后将重分类进损益的其他综合收益	
六、综合收益总额	考虑其他综合收益后的全部活动收益
七、每股收益	按《企业会计准则第 34 号——每股收益》规定计量的全部活动净利润
（一）基本每股收益	
（二）稀释每股收益	

表 3-2 清楚地反映了利润表与企业基本经济活动之间的关系。在财务报告分析中，区分经常性损益与非经常性损益非常重要。

经常性损益是指企业主要的、有目的的、经常性业务活动创造的利润或造成的亏损，与企业经营管理水平密切相关，可以反映企业的获利能力，因此，在利润表中列示在前面。在具体列示时，经常性业务所带来的收入与其相应的耗费要相互配比，并且耗费是按照其与收入形成的相关性程度进行排序的。

例如，在营业利润的计算过程中，营业收入是企业最重要的收入来源，故列示在利息收入和手续费及佣金收入之前。再如，营业成本列示在期间费用之前，而在期间费用内部，销售费用因与企业主营业务收入的相关性较高而列示在前面，管理费用次之，财务费用则列示在最后。

非经常性损益是指企业发生的、与经营业务无直接关系，或者虽与经营业务相关，但由于其性质、金额或发生频率影响了真实、公允地反映企业正常获利能力的各项收入和支出。企业经营活动可能涉及的非经常性损益项目包括企业经营活动中显失公允的关联方交易产生的损益、公允价值变动损益、资产的处置或置换损益、债务重组损益以及资产的盘盈或盘亏等。

企业投资活动可能涉及的非经常性损益项目如企业转让持有的长期股权投资产生的损益。因为非经常性损益并非企业预定目的的损益,与经营管理水平联系不密切,所以,它不能代表企业的获利能力。

例如,一个濒临破产的企业,其经常性损益的比重会逐年减少,而非经常性损益的比重会逐年增加。获利能力下降的企业一般会千方百计地粉饰企业的财务报表,经常通过诸如证券买卖、资产置换、债务重组、企业并购等非经常性业务"制造"利润。

第二节　利润表项目的内容及其分析

利润表的项目与资产负债表的项目相比,有3个明显的特征:一是利润表是一张动态报表,反映的是一个"过程"中而非一个"时点"上企业的经营业绩;二是收入类项目的金额基本上取自市场交易,具有较高的公允性;三是成本费用类项目的金额多源自企业的内部经营活动,体现了企业经营管理水平的高低。

利润表的项目分析以营业收入为起点,对构成利润表的各项目进行分析,通过分析收益的业务结构,可以了解不同业务的获利水平,明确它们各自对企业总获利水平的影响方向和影响程度,最终揭示出收益的来源和构成。

将企业的损益划分为经常性损益与非经常性损益的根本目的在于判断各项业务对企业收益的影响程度。经常性损益具有稳定性和可持续性的特点,是企业的核心收益;非经常性损益则具有偶发性、不稳定性和不可持续性的特点。本节将对利润表从经常性损益、非经常性损益和综合性损益3个方面进行分析说明。

一、经常性损益项目

(一)营业收入项目分析

营业收入是影响企业财务成果最重要的因素,是企业利润形成的基础。营业收入是指企业在日常活动中形成的、会导致所有者权益增加的、与所有者投入资本无关的经济利益的总流入。其中,日常活动是指企业为完成其经营目标所从事的经常性活动以及与之相关的其他活动。

按照企业从事日常活动的性质不同,可以将营业收入分为销售商品收入、提供劳务收入、让渡资产使用权收入、建造合同收入等。例如,生产企业制造并销售产品、商业企业销售商品等取得的收入就属于销售商品收入;软件开发企业为客户开发软件、咨询公司提供咨询服务、安装公司提供安装服务等取得的收入就属于提供劳务收入;租赁公司出租资产等取得的收入就属于让渡资产使用权收入;企业承担建造合同所取得的收入就属于建造合同收入。

企业为完成其经营目标所从事的经常性活动产生的经济利益的总流入构成企业的主营业务收入,而企业销售材料、出租固定资产等,则属于为完成企业经营目标所从事的、与经常性活动相关的活动,由此而产生的经济利益的总流入构成其他业务收入。也就是说,按照企业所从事的日常活动在企业中的重要性,可以将营业收入分为主营业务收入和其他业务收入。

1. 主营业务收入

主营业务收入是指企业销售商品、提供劳务等主营业务所取得的收入。

从数量上分析,将主营业务收入与资产负债表的资产总额配比。主营业务收入代表了企业的主要经营能力和获利能力,而这种能力应与企业的生产经营规模(资产总额)相适应。这种分析应当结合行业、企业生产经营规模,以及企业经营生命周期来开展。

从质量上分析,主营业务收入的确认应当符合《企业会计准则第14号——收入》的规定,确认收入。划分收入和利得的界限,其中收入属于企业主要的、经常性的业务收入,收入和相关成本在会计报表中应分别反映;利得是指收入以外的其他收益,通常从偶发的经济业务中取得,属于那种不经过经营过程就能取得或不曾期望获得的收益,如企业接受捐赠或政府补助取得的资产、因其他企业违约收取的罚款、处理固定资产净损益、流动资产价值的变动等。

观察主营业务收入是否与资产负债表的应收账款配比。由此可以观察企业的信用政策,是以赊销为主,还是以现金销售为主。

2. 其他业务收入

分析时应注意其他业务收入与主营业务收入的配比。其他业务收入占主营业务收入的比重不应过大,若比重明显偏高,应关注会计报表附注,检查是否该企业存在关联方交易行为。这种关联方交易主要是企业向关联方企业出租固定资产、出租包装物、出让无形资产(如专利权、商标权、著作权、土地使用权、特许权、非专利技术)的使用权等,尤其是非专利技术,分析这种交易的真实性、合理性。

(二)营业成本项目分析

营业成本是指企业经营活动所发生的实际成本总额,它与营业收入相关,是已经确定了归属期和归属对象的成本。营业成本与营业收入一样,也是影响企业财务成果的重要因素,是利润形成的基础。利润表上反映的营业成本包括主营业务成本和其他业务成本。

1. 主营业务成本

主营业务成本是指企业销售商品、提供劳务等主营业务而发生的实际成本。通过对公司、企业费用项目的分析,会计信息使用者可以对公司、企业费用的发生情况、主要用途、费用规模有一个大致的了解;通过对成本的分析,可以对公司、企业产品成本水平有所了解,与销售价格相对比,还可以分析产品的盈利情况。可见,费用、成本信息和收入信息一样,对报表分析者具有十分重要的意义。

从数量上分析,主营业务成本与主营业务收入配比。将两者之差除以主营业务收入,即得出重要的财务指标——毛利率,并以此结合行业、企业经营生命周期来评价主营业务成本的合理性。

从质量上分析,主营业务成本与不同利益主体的关系。在实际工作中,一些企业为满足小集团的利益,往往利用会计政策职业判断的空间"调控"成本。例如,将主营业务成做资产挂账,导致当期费用低估,资产价值高估,误导会计信息使用者;或者将资产列作费用,导致当期费用高估,资产价值低估,既歪曲了利润数据,也不利于资产管理;或者随意变更成本计算方法和费用分配方法,导致成本数据不准确;等等。

2. 其他业务成本

其他业务成本是指企业除主营业务活动以外的其他业务活动所发生的支出,包括销售材料的成本、出租固定资产的折旧额、出租无形资产的摊销额、出租包装物的成本或摊销额等。采用成本模式计量投资性房地产的企业,其投资性房地产计提的折旧额或摊销额也计入其他业务成本。分析时应注意其他业务收入与其他业务成本的配比。

(三)营业税金及附加项目分析

营业税金及附加是指企业经营活动发生的营业税、消费税、资源税、城市维护建设税和教育费附加等相关税费。分析营业税金及附加时,应将该项目与营业收入配比。因为企业在一定时期内取得的营业收入要按国家规定缴纳各种税金及附加。如果两者不配比,则说明企业有"漏税"之嫌。

一个企业营业税金及附加的高低不仅取决于国家相关的税收政策,还取决于企业自身在纳税筹划中所做的努力,所以,营业税金及附加的高低也是企业战略性纳税筹划实施结果的体现。

(四)期间费用项目分析

期间费用是企业当期发生的全部费用的重要组成部分,包括销售费用、管理费用和财务费用。

销售费用是指企业在销售商品和材料、提供劳务的过程中发生的各种费用。工业企业的采购费用一般计入材料采购成本,但对于小额采购费用等不宜计入采购成本的项目则计入销售费用。销售费用与营业收入配比,通过该比率的行业水平比较,考察其合理性。销售费用与长期待摊费用或待摊费用的配比。

管理费用是指企业为组织和管理生产经营所发生的各种费用。管理费用与销售费用、生产费用等区分的主要依据是费用发生的地点和原因。如销售产品广告费用一般属于销售费用,因为这类广告费用的发生经常是为企业产品销售服务的;而招聘人才的广告费用一般属于管理费用,因为这类广告费用的发生经常是为企业管理服务的。管理费用与营业收入配比及与财务预算配比。

企业的管理费用基本属于固定性费用,在企业业务量一定、收入量一定的情况下,有效地控制、压缩那些固定性行政管理费用,将会给企业带来更多的收益。管理费用数额的大小代表了该企业的经营管理理念和水平。对此,可将其与财务预算的数额比较,分析管理费用的合理性。

财务费用是指企业为筹集生产经营所需资金等而发生的各种与筹资活动相关的费用。在利润表上,"财务费用"项目反映的是利息收入和利息支出、手续费及佣金收入与支出、汇兑损失的净额等,因而,其数额可能是正数,也可能是负数。如果是正数,则表明为净支出;如果为负数,则表明为净收入。财务费用与营业收入配比,通过该比率的行业水平、企业规模以及本企业经营生命周期、历史水平分析,考察其合理性与合法性(如企业之间的私下信贷交易产生的财务费用)财务风险程度。

有大量外汇业务的企业通过分析汇兑损益,掌握外汇市场风险对企业的影响程度。财务费用赤字问题。对于大多数企业而言,财务费用不会出现赤字。这种情况出现在当企业的存款利息收入大于贷款利息费用的时候,如果数额大,也不正常。

二、非经常性损益项目

(一) 投资收益项目分析

利润表中的投资收益是指投资净收益,是企业对外投资所取得的净收益或发生的净损失。投资收益是企业对外投资的结果。企业保持适度规模的对外投资,表明企业具备较高的理财水平。因为,这意味着企业除了正常的生产经营取得利润之外,还有第二条渠道获取收益。

投资收益包括长期股权投资收益和金融资产投资收益。

1. 长期股权投资收益

一般而言,长期股权投资收益是企业在正常的生产经营中所取得的可持续投资收益。长期股权投资收益的会计核算方法包括成本法和权益法。成本法下,长期股权投资按成本计价;权益法下,长期股权投资以初始投资成本计量后,在投资持有期间,根据投资企业享有被投资单位所有者权益的份额变动情况,对投资的账面价值进行调整。两种会计核算方法确认的长期股权投资收益相差很大。

2. 金融资产投资收益

企业拥有的金融资产要求以公允价值计量,企业的金融资产主要包括交易性金融资产、可供出售金融资产和持有至到期投资。

在资产负债表中,企业应将交易性金融资产公允价值的变动计入公允价值变动损益。处置该金融资产时,将其公允价值与初始入账金额之间的差额确认为投资收益,同时将公允价值变动损益转入投资收益。可供出售金融资产在持有期间取得的利息和现金股利,应当计入投资收益。在资产负债表中,可供出售金融资产应当以公允价值计量,且公允价值变动计入资本公积。处置该金融资产时,应将取得的价款与账面价值的差额计入投资收益,同时将资本公积转入投资收益。持有至到期投资在持有期间,企业应采用实际利率法,按照摊余成本和实际利率计算确定利息收入,将利息收入计入投资收益。处置该投资时,应将取得的价款与持有至到期投资账面价值之间的差额计入投资收益。

总之,在金融资产持有期间,公允价值变动并没有计入投资收益,而是分别计入了"公允价值变动损益"科目和"资本公积"科目,只有在处置时才将公允价值变动损益转入投资收益。因此,公允价值计量属性的引入并没有改变投资收益的数额。

投资是通过让渡企业的部分资产而换取的另一项资产,即通过其他单位使用投资者投入的资产所创造的效益后分配取得的或通过投资改善贸易关系等手段达到获取利益的目的。投资收益应与企业对外投资的规模相适应。

(二) 资产减值损失和公允价值变动损益项目分析

1. 资产减值损失

资产减值损失是指企业在资产负债表中,经过对资产的测试,判断资产的可收回金额低于其账面价值而计提的各项资产减值准备所确认的相应损失。该项目反映了企业各项资产发生的减值损失。

利润表中的资产减值损失项目主要包括坏账损失、存货跌价损失、可供出售金融资产减值损失、持有至到期投资减值损失、长期股权投资减值损失、固定资产减值损失、在建工程减值损失、无形资产减值损失等内容。

《企业会计准则》规定,对于采用权益法核算的长期股权投资、固定资产、在建工程和无形资产计提的资产减值准备,其资产减值损失一经确认,在以后会计期间不得转回。这一规定消除了一些企业通过计提秘密准备调节利润的可能,在一定程度上限制了人为操纵利润行为。

对资产减值损失分析时应注意:资产减值损失与资产负债表中相关项目(如存货、长期股权投资、固定资产等)的配比,并考虑企业各项资产减值情况;各项资产减值情况与会计报表附注中相关会计政策配比,分析和评价所采用的相应会计政策的合理性;各项资产减值情况与企业以往情况、市场情况以及企业水平配比,以观察和分析其变动趋势。

2. 公允价值变动损益

公允价值变动损益是指交易性金融资产、交易性金融负债以及采用公允价值模式计量的投资性房地产、衍生工具、套期保值业务等的公允价值变动而形成的、应计入当期损益的利得或损失。该项目反映了企业应当计入当期损益的资产或负债公允价值变动的净损益,如交易性金融资产当期公允价值的变动额、交易性金融负债当期公允价值的变动额。

需要注意的是,资产减值损失和公允价值变动损益均是未实现的利得与损失,在利润表中单独予以披露,可以使企业对财务业绩的揭示更加全面、具体。

(三)营业外收入与营业外支出项目分析

营业外收入与营业外支出是指企业发生的、与日常活动无直接关系的各项收支。它们属于非常项目,必须同时具备以下两个特征:一是引起业务发生的主要原因高度反常,即在企业正常的生产经营过程中一般是不应该发生的;二是业务的发生极其偶然。

1. 营业外收入

营业外收入并不是由企业经营资金耗费所产生的,不需要企业付出代价,实际上是一种纯收入,不可能也不需要与有关费用进行配比。因此,会计处理上,营业外收入与营业收入是有严格界限的。营业外收入主要包括非流动资产处置利得、非货币性资产交换利得、债务重组利得、政府补助、盘盈利得、捐赠利得等。其数额一般很少,如果数额较大,则需要进一步分析,是否为关联方交易,操纵企业利润。

2. 营业外支出

营业外支出是指企业发生的与本企业生产经营无直接关系的各项支出。营业外支出主要包括非流动资产处置损失、非货币性资产交换损失、债务重组损失、公益性捐赠支出、非正常损失、盘亏损失等。需要注意的是,营业外发生的开支,其数额不应过大,否则是不正常的。如果发现一项利得或损失被披露为非常项目,但是又年复一年发生着,就有必要分析公司是否存在故意将经常性损益放入非经常性损益项目之中的行为。

三、综合性损益项目

（一）各项利润类项目分析

各项利润类项目主要包括营业利润、利润总额和净利润。

营业利润反映了企业正常经营活动取得的财务成果，它的大小不仅受营业收入、营业成本以及期间费用的影响，还受资产减值损失、公允价值变动损益和投资收益影响，是综合收益观的体现。

利润总额反映了企业全部活动的财务成果，它不但反映企业的营业利润，而且反映非流动资产处置损益及营业外收支净额等一系列财务数据。

净利润或税后利润是企业所有者最终取得的财务成果，或者说是可供企业所有者分配或使用的财务成果。它是企业正常生产经营、非正常生产经营共同的结果，虽然里面有一些偶然、非正常因素的影响，但毕竟是企业现实的、最终的能力所有者所有的资源。对于净利润项目的分析，在利润总额的基础上，还须考虑所得税费用项目的分析。

利润表报表项目之间的顺序体现出净利润的形成过程，从净利润报表项目到营业收入报表项目的计算过程就是寻找哪些具体要素在影响着企业最终财务成果。从上述分析可以看出，所得税费用、营业外收支净额、投资收益、期间费用、营业税金及附加、营业成本、营业收入都是具体影响要素。

（二）其他综合收益

> **小贴士**
>
> 为实现我国《企业会计准则》与《国际财务报告准则》的趋同，财政部于2009年6月发布的《企业会计准则解释第3号》（财会[2009]8号）结合我国国情，对利润表列报和披露进行了适当调整，全面引入了综合收益的理念，在净利润的基础上，增加其他综合收益，在利润表中增加"其他综合收益"和"综合收益总额"两大项目。

其他综合收益是指企业根据会计准则规定未在损益中确认的各项利得和损失扣除所得税影响后的净额。其他综合收益主要包括扣除所得税影响的可供出售金融资产产生的收益、按照权益法核算的在被投资单位其他综合收益中所享有的收益、现金流量套期工具产生的收益、外币财务报表折算差额等。

相当多的报表使用者比较重视利润表，不重视资产负债表；重视当期收益，不重视潜在收益及长期获利能力。如果将影响企业综合收益的因素——其他综合收益纳入利润表之中，就能改变这一现状。例如，由于原计入资本公积的其他综合收益在相关资产终止确认时将被转出并计入当期损益，相当于企业利润或亏损的"蓄水池"，因此，在有大额其他综合收益的企业中，其他综合收益一旦被释放出来，将对净利润产生巨大的影响。

（三）综合收益总额

综合收益是指企业在一定期间内发生的、与所有者以外的其他各方之间的交易或事项所引起的所有者权益的变动额。综合收益由净利润和其他综合收益两部分构成，其他综合收益加上净利润，即为综合收益总额。

在合并利润表的"综合收益总额"项目下,增加了"归属于母公司所有者的综合收益总额"和"归属于少数股东的综合收益总额"两个项目,分别反映综合收益总额中由母公司所有者所享有的份额和非全资子公司当期综合收益总额中属于少数股东权益的份额,即不属于母公司享有的份额,仍然保持"综合收益总额＝归属于母公司所有者的综合收益总额＋归属于少数股东的综合收益总额"的平衡关系。

综合收益离不开利得和损失两个重要的会计概念。利得是指由企业非日常活动所形成的、会导致所有者权益增加的、与向所有者投入资本无关的经济利益的流入,包括直接计入所有者权益的利得和直接计入当期损益的利得;损失是指由企业非日常活动所发生的、会导致所有者权益减少的、与向所有者分配利润无关的经济利益的流出损失,包括直接计入所有者权益的损失和直接计入当期损益的损失。

直接计入所有者权益的利得和损失是指不应计入当期损益、会导致所有者权益发生增减变动的、与所有者投入资本或者向所有者分配利润无关的利得或者损失,主要包括可供出售金融资产的公允价值变动额、按照权益法核算的在被投资单位其他综合收益中所享有的份额、非投资性房地产转换为采用公允价值模式计量的投资性房地产时的公允价值大于账面价值的差额、现金流量套期中套期工具的公允价值变动额、境外经营外币折算差额等。

直接计入当期损益的利得和损失是指应当计入当期损益、最终会引起所有者权益发生增减变动的、与所有者投入资本或者向所有者分配利润无关的利得或者损失,主要包括公允价值变动损益、非流动资产处置利得与非流动资产处置损失、债务重组利得与债务重组损失、政府补助、非常损失、盘盈利得与盘亏损失、捐赠利得与捐赠支出等。

总之,综合收益和净利润实质上是两种不同的业绩计量模式。净利润计量某一时期已确认且已实现的全部净资产价值变动,而综合收益旨在计量某一时期已确认(包括已实现和未实现的)的全部净资产价值变动。由于综合收益被定义为一定期间净资产的变动,因此综合收益的计量取决于资产、负债的计量。

综合收益与净利润的根本区别在于,综合收益要求确认其他综合收益项目,即未实现的利得和损失。利润表全面引入综合收益的理念后,将有助于全面反映企业的综合收益情况,进一步提高企业会计信息披露的质量,有助于及时、准确地预测企业未来的现金流量,限制企业管理层进行利润操纵的空间,也有助于企业的财务报表使用者分析企业的全面收益情况,从而做出科学的经济决策。

【例 3-1】 关于利润表项目增减变动分析如表 3-3 所示。

表 3-3 利润表项目增减变动分析　　　　　　　　　单位:万元

财务指标	2015 年	2014 年	2013 年
主营业务收入	8 850.50	8 544.07	66 724.30
主营业务收入增长率(%)	3.59	28.05	－82.78
净利润	8 914.70	8 970.10	6 217.30
净利润增长率(%)	－0.62	71.29	－46.75

从表 3-3 可以看出,2013 年该公司主营业务收入为人民币 66 724.3 万元,比上一年同期增长－82.78%;净利润为 6 217.3 万元,比上一年同期增长－46.75%。

2014年该公司主营业务收入为人民币85 440.7万元,比2013年同期增长28.05%;净利润为8 970.1万元,比2013年同期增长71.29%。2015年该公司主营业务收入为人民币8 850.5万元,比2014年同期增长3.59%;净利润为8 914.7万元,比2014年同期增长-0.62%。总体上看,该公司的经营不是很稳定,受市场的影响大,企业在内部管理有效的情况下,其盈利能力仍可得到提高。

【例3-2】某公司各种收入项目结构分析如表3-4所示。

表3-4 收入类项目结构分析

项 目	金额(万元)	比重(%)
主营业务收入	37 101.47	85.57
其他业务收入	117.60	0.27
投资收益	6 120.55	14.11
补贴收入	11.59	0.03
营业外收入	9.25	0.02
收入合计	43 360.46	100.00

从表3-4可以看出,通过对收入结构的分析,可以了解与判断企业的经营方针、方向及效果,进而分析预测企业的持续发展能力。如果一个企业的主营业务收入结构较低或不断下降,其发展潜力和前景显然是值得怀疑的。

第三节 利润表结构分析

报表使用者通过利润表结构分析,可以评价企业受益的不同来源构成,不同业务的盈利水平和获利能力以及对企业总盈利水平的影响方向与影响程度,利润质量。比如,越是依赖主营业务形成的利润,其利润来源越稳定,资本增值的质量越高。利润表的结构分析可以从横向和纵向两个方面进行。

一、利润表横向结构分析

利润表横向结构分析也叫水平分析,主要依据企业的利润表和相关附注资料,以营业利润、利润总额、净利润和综合收益总额等项目展开。分析内容包括分析期各项利润较之前期发生了怎样的变化,是上升还是下降;对企业造成了怎样的影响,是积极的还是消极的。一般通过对连续几个年度利润表数据绝对金额及增减百分比的比较,看出企业经营成果的动态趋势。

【例3-3】某公司2015年和2014年的横向比较利润表项目如表3-5所示。

表3-5 横向比较利润表(部分项目) 单位:万元

项 目	2014年	2015年	增减额	增减百分比(%)
一、营业收入	8 000	10 000	2 000	25.00
减:营业成本	1 770	2 000	230	12.99
营业税金及附加	108	120	12	11.11

续表

项　目	2014年	2015年	增减额	增减百分比(%)
销售费用	162	190	28	17.28
管理费用	80	100	20	25.00
财务费用	20	30	10	50.00
资产减值损失	40	40	0	0.00
加：公允价值变动损益	30	30	0	0.00
投资收益	20	20	0	0.00
二、营业利润	5 870	7 570	1 700	28.96

从表3-5可以看出：

(1) 2015年营业收入增长了25.00%，说明该公司的销售量有所提高。

(2) 2015年营业成本增长了12.99%，说明该公司的成本规模有所扩大，但营业成本的增长幅度小于营业收入的增长幅度，从而可以保证企业盈利。

(3) 财务费用在2015年有大幅增长，是一个值得关注的信息。

二、利润表纵向结构分析

利润表纵向结构分析也叫垂直分析，是将常规形式的利润表换算成结构百分比形式的利润表，即以营业收入总额为共同基数，定为100%，然后再求出表中各项目相对于共同基数的百分比，从而可以了解企业有关销售利润率以及各项费用率的百分比，同时其他各个项目与关键项目之间的比例关系也会更加清晰地显示，可以看出企业财务资源的配置结构。

【例3-4】 某公司2014年和2015年的纵向比较利润表项目如表3-6所示。

表3-6　纵向比较利润表(部分项目)　　　　　　　　　　　　单位：%

项　目	2014年	2015年
一、营业收入	100.00	100.00
减：营业成本	22.13	20.00
营业税金及附加	1.35	1.20
销售费用	2.03	1.90
管理费用	1.00	1.00
财务费用	0.25	0.30
资产减值损失	0.50	0.40
加：公允价值变动损益	0.38	0.30
投资收益	0.25	0.20
二、营业利润	73.38	75.70

从表3-6可以看出：

(1) 营业成本率呈下降趋势，由2014年的22.13%下降到2015年的20.00%，是企业加强内部成本控制所致。

(2) 销售费用、管理费用和财务费用所占比重均没有明显的变化，需要考虑其他参考指标,如同行业平均水平,若本企业高于同行水平,则应查明原因。

(3) 营业利润由 2014 年的 73.38% 上升至 2015 年的 75.7%,是由于营业成本、营业税金及附加、销售费用、管理费用和财务费用比重下降导致的。

本章小结

利润表是反映企业在一定会计期间的经营成果的会计报表,它反映的是该期间的利润情况。本章首先介绍了利润表的概念、分类、结构及作用;其次分别从利润表各个项目组成来具体介绍了利润表的分析过程;最后介绍了利润表的结构分析方法,并通过例题加以展示。

练 习 题

一、单项选择题

1. 下列属于企业收益的是(　　)。
   A. 销售产品收到的货款　　　　　　B. 所有者出资额
   C. 代扣代缴的税款　　　　　　　　D. 包装物押金
2. 在利润表中,收入和费用项目按照(　　)从大到小排序。
   A. 资产的流动性　　　　　　　　　B. 利润质量
   C. 经营活动顺序　　　　　　　　　D. 对利润的贡献程度
3. 企业处置固定资产所产生的经济利益的总流入,应当确认为(　　)。
   A. 主营业务收入　　　　　　　　　B. 营业收入
   C. 营业外支出　　　　　　　　　　D. 营业外收入
4. 在利润表中,能够反映全部经营活动利润的项目是(　　)。
   A. 利润总额　　　　　　　　　　　B. 息税前利润
   C. 营业利润　　　　　　　　　　　D. 净利润

二、多项选择题

1. 企业的基本经济活动根据其发生的频率可以分为(　　)两大类。
   A. 经常性损益　　　　　　　　　　B. 经常性业务
   C. 非经常性业务　　　　　　　　　D. 非经常性损益
   E. 非常项目
2. 主营业务收入包括(　　)。
   A. 销售商品　　　　　　　　　　　B. 提供劳务
   C. 让渡资产使用权　　　　　　　　D. 其他业务收入
   E. 营业外收入
3. 下列选项中,可以增加产品销售收入的有(　　)。
   A. 扩大销售数量　　　　　　　　　B. 提高单位售价
   C. 改善品种结构　　　　　　　　　D. 降低单位成本

E. 减少销售费用

三、判断题

1. 经常性损益具有稳定性和可持续性的特点,是企业的核心收益。（ ）

2. 营业收入和营业成本是影响企业财务成果的最主要因素,是其他所有形式利润的基础。（ ）

3. 利润表的结构分析法是对多个会计期间企业的盈利水平及其变动趋势进行分析,可以肯定成绩,发现问题,并总结良好的经营管理经验。（ ）

4. 综合收益不包括扣除所得税影响后的可供出售金融资产产生的收益。（ ）

第四章　现金流量表分析

学习目标

(1) 了解现金流量表中现金的含义与内容；
(2) 熟悉现金流量表的主要构成内容；
(3) 掌握对现金流量表中各项目的分析。

技能要求

(1) 能够运用比较分析,判断企业现金流量各项目的发展变动趋势；
(2) 能够正确计算现金流量分析的有关指标。

引导案例

杨丽萍公司公布最新财报现金净流量同比增长800%

近日,云南杨丽萍文化传播股份有限公司(以下简称云南文化,代码:831239)在北京召开2015全年业绩路演。据年报,云南文化2015年总资产18 367万元,同比增长约105.12%。现金净流量同样飙升,同比增长约800.68%至1 315万元,净利润达到1 624万元。

云南文化成立于2011年2月18日,以著名舞蹈艺术家杨丽萍为核心,主要业务由定点演出、国内巡演、海外巡演及大型歌舞演出编导业务等构成。目前,公司旗下拥有大型原生态歌舞集《云南映象》、大型衍生态打击乐舞《云南的响声》、大型舞剧《孔雀》和舞蹈剧场《十面埋伏》等作品。2014年10月23日,云南文化成功挂牌新三板,成为首个登陆新三板的文化演艺企业。

云南文化总经理王焱武先生在当天的业绩路演会上表示,从总收入方面来看,2015年是云南文化创造积累的一年,公司主要精力都投入在新剧目《十面埋伏》的编创工作上,1~8月没有更多时间安排全国巡演,9月《十面埋伏》创作完成,开始巡演。

作为积累及创作的一年,2015年年末公司总资产与去年同比增长105.12%,净资产与去年同比增长120.42%。公司经营活动的现金流量净额从2014年同期的459万元增加到1 800万元。另外,不止于在原创内容表演上奠定基础,云南文化在2015年也通过艺人经纪、周边产品销售及收购地产开启外延式的发展步伐。

对于云南文化未来战略,公司表示,2016年云南文化将继续巩固在文化演艺行业所形成的品牌优势,并利用在演艺市场多年形成的资源积累,继续加大剧目创作力度,逐步拓展文化演艺行业相关的舞台布景及道具、影视、艺人经纪及推广等业务,使之成为公司未来的利润增长点。

资料来源:《金融投资报》

从案例可以看出，企业的现金净流量逐年发生明显变化，这种变化对企业发展有何影响呢？

第一节 现金流量表的概念与作用

一、现金流量表的概念

现金流量表是综合反映企业在一定会计期间内有关现金流入与流出情况的会计报表。它是从现金的流入和流出两个方面揭示企业一定期间经营、投资、筹资活动所产生的现金流量。现金流量表分析是财务报表分析的重要组成部分，对于股东、债权人和管理者等都有重要意义。

二、现金流量表中现金的含义与内容

现金流量表是以现金和现金等价物为基础编制的。也就是说，现金流量表中的"现金"包括现金和现金等价物两部分。

（一）现金

现金是指企业的库存现金以及可以随时用于支付的存款。在这里现金是一个广义的概念，与会计核算中的现金有着明显的区别，它包括以下内容。

1. 库存现金

库存现金是指企业存放在财会部门，可随时用于支付的现金。它与"库存现金"账户所核算的内容相同。

2. 银行存款

银行存款是指企业放在银行或其他金融机构，随时可以用于支付的存款。它与"银行存款"账户所核算的内容不完全一致，即应剔除"银行存款"账户核算内容中不能随时用于支付的存款，如定期存款等，而提前通知银行或其他金融机构便可支取的定期存款等，则应包括在现金流量表的现金范围内。

3. 其他货币资金

其他货币资金包括企业存在银行已具特定用途的外埠存款、银行汇票存款、银行本票存款、信用证保证金和信用卡存款等。这部分资金中只有可以随时用于支付的存款才属于现金。

（二）现金等价物

现金等价物是指企业持有的期限短、流动性强、易于转换为已知金额现金、价值变动风险很小的投资。现金等价物虽然不是现金，但其支付能力与现金的差别不大，因此可将其视为现金。一项投资被确认为现金等价物必须同时具备4个条件：期限短、流动性强、易于转换为已知金额现金、价值变动风险很小，通常是指自购买日起3个月内到期的债券投资。

企业管理者将其持有的现金投资于现金等价物项目，目的不在于谋求高于利息流入的风险报酬，而仅仅是利用暂时闲置的资金赚取超过持有现金的收益。企业将现金投资于期限短、流动性强的投资项目的行为，往往是其对现金进行有效管理的一种方式，既可以获得

一定收益,又不妨碍在需要时将其迅速转换为现金。

三、现金流量的概念

(一)现金流量

现金流量是指企业一定时期内现金和现金等价物流入与流出的数量。需要指出的是,现金各种形式之间的转换不形成现金的流入和流出,如企业从银行提取现金;同样,现金与现金等价物之间的转换也不形成现金的流入和流出,如企业用现金购买将于3个月内到期的国库券,并不改变企业的支付能力,不构成报告期的现金流动。

在现金流量表中,将现金流量分为经营活动现金流量、投资活动现金流量和筹资活动现金流量三大类。现金流量表按照经营活动、投资活动和筹资活动进行分类报告,目的是便于报表使用人了解各类活动对企业财务状况的影响,以及估量企业未来的现金流量。

在上述划分的基础上,在现金流量表中,又将每大类活动的现金流量分为现金流入和现金流出两类,即经营活动现金流入和经营活动现金流出、投资活动现金流入和投资活动现金流出、筹资活动现金流入和筹资活动现金流出,每类现金流入和流出又包括若干具体项目。

(二)现金流量总额、净额与现金净流量

现金流量表的各项目一般按报告年度的现金流入或流出的总额反映。所谓"总额",是指流入和流出没有相互抵销的金额,这样做的目的是全面揭示企业现金流量的方向、规模和结构。但是周转快、金额大、期限短的项目应按净额报告,如代客户收取或支付的款项,这些现金流量按总额反映的意义不大,按净额反映更为有用。

现金净流量是指现金流入与现金流出的差额。现金净流量可能是正数,也可能是负数。如果是正数,则为现金净流入;如果是负数,则为现金净流出。现金净流量反映了企业各类活动形成的现金流量的最终结果,即企业在一定时期内,是现金流入大于现金流出,还是现金流出大于现金流入。现金净流量是现金流量表要反映的一个重要指标。

四、现金流量表的作用

现金流量表从经营活动、投资活动和筹资活动3个方面反映企业一定会计期间内现金的流入、流出情况以及现金总额的增减变动情况。报表使用者通过对现金流量表的分析,能够:

(1) 分析企业的现金流量,评价企业产生未来现金净流量的能力;
(2) 评价企业偿还债务、支付投资者利润的能力,谨慎判断企业财务状况;
(3) 分析企业净收益与现金流量间的差异,并解释差异产生的原因;
(4) 通过对现金投资与融资、非现金投资与融资的分析,全面了解企业财务状况。

第二节 现金流量表的结构

为了全面、清晰地反映企业在一定期间内所产生的现金流量,一般企业(以下内容均以一般企业现金流量表为例)现金流量表按照现金流量分类,分为经营活动、投资活动、筹资

活动产生的现金流量,从现金流入和流出两个方面列报各有关现金收支项目和各类活动所产生现金流量净额。对于汇率变动对现金的影响,则作为调节项目,单独列示。各类活动所产生的现金流量净额加上或减去汇率变动对现金的影响额,即得出现金及现金等价物净增加额。

一、现金流量表的格式

现金流量表分为正表和附注两部分,其主要内容的基本格式如表 4-1 和表 4-2 所示。

表 4-1　现金流量表(正表)

编制单位:　　　　　　　　2015 年度　　　　　　　　　　单位:万元

项　　目	金　　额
一、经营活动产生的现金流量	
销售商品、提供劳务收到的现金	
收到的税费返还	
收到的其他与经营活动有关的现金	
(经营活动)现金流入小计	
购买商品、接受劳务支出的现金	
支付给职工以及为职工支付的现金	
支付的各项税费	
支付其他与经营活动有关的现金	
(经营活动)现金流出小计	
经营活动产生的现金流量净额	
二、投资活动产生的现金流量	
收回投资所收到的现金	
处置固定资产、无形资产和其他长期资产收回的现金净额	
收到的其他与投资活动有关的现金	
(投资活动)现金流入小计	
构建固定资产、无形资产和其他长期资产所支付的现金	
投资所支付的现金	
(投资活动)现金流出小计	
投资活动产生的现金流量净额	
三、筹资活动产生的现金流量	
吸收投资收到的现金	
取得借款收到的现金	
(筹资活动)现金流入小计	
偿还债务所支付的现金	
分配股利、利润或偿还利息所支付的现金	
支付其他与筹资活动有关的现金	

续表

项 目	金 额
（筹资活动）现金流出小计	
筹资活动产生的现金流量净额	
四、汇率变动对现金的影响	
五、现金及现金等价物净增加额	
加：年初现金及现金等价物余额	
六、期末现金及现金等价物余额	

表 4-2 现金流量表（附注）

编制单位：　　　　　　　　2015 年度　　　　　　　　单位：万元

	金　额
1. 将净利润调节为经营活动现金流量	
净利润	
加：资产减值准备	
固定资产折旧	
无形资产、长期待摊费用摊销	
处置固定资产、无形资产和其他长期资产的损失（减：收益）	
固定资产报废损失	
公允价值变动损失	
财务费用	
投资损失（减：收益）	
递延所得税资产减少（减：增加）	
递延所得税负债增加（减：减少）	
存货的减少（减：增加）	
经营性应收项目的减少（减：增加）	
经营性应付项目的增加（减：减少）	
其他流动资产项目的净减少（减：增加）	
经营活动产生的现金流量净额	
2. 不涉及现金收支的重大投资和筹资活动	
债务转为资本	
一年内到期的可转换公司债券	
融资租入固定资产	
3. 现金及现金等价物净变动情况	
加：现金的期末余额	
减：现金的期初余额	
加：现金等价物的期末余额	
减：现金等价物的期初余额	
现金及现金等价物净增加额	

二、现金流量表的构成

现金流量表主要回答以下3个问题。

(1) 本期现金从何而来。现金流量表首先要回答的就是本期所取得的现金来自何方。比如,某企业当年共取得现金1 000万元,这1 000万元现金中有多少来自企业的经营活动,又有多少来自企业的投资活动和筹资活动及非常项目;从经营活动中取得的现金,有多少来自销售商品、提供劳务,有多少来自增值税税额等。

(2) 本期现金用向何方。在回答现金的来源后,现金流量表还必须回答现金的运用去向,即企业当年的现金都用到哪里去了。比如,企业在当年现金支出800万元,这800万元中有多少用于企业的经营活动,又有多少用于企业的投资活动和筹资活动。在用于经营活动的现金中,有多少用于购买货物,有多少用于支付借款的利息,有多少用于缴纳税金,有多少用于支付工资,有多少用于支付其他营业费用等。

(3) 现金余额发生了什么变化。现金流量表除了反映现金从何而来、本期现金用向何处以外,还反映本期现金余额的增减变化。比如,某企业当年收到现金1 000万元,这1 000万元现金收入与当年现金支出相抵后,现金增加了200万元。这200万元净增加的现金中,有多少是经营活动带来的,有多少是投资活动带来的,又有多少是筹资活动带来的。

除上述3个方面外,现金流量表还包括其他有关内容,比如,不涉及现金的投资活动和筹资活动等。

现金流量表的构成如表4-3所示。

表4-3 现金流量表的构成

项 目	数 据 关 系
正表部分项目	
一、经营活动 　经营活动现金流入 　经营活动现金流出 　经营活动现金流量净额	此处用"直接法"计算的"经营活动现金流量净额"可与补充资料部分用"间接法"计算的"经营活动现金流量净额"核对
二、投资活动 　投资活动现金流入 　投资活动现金流出 　投资活动现金流量净额	与资产负债表的非经营性资产(长期资产等)有内在联系,但无直接核对关系 与利润表的投资收益有内在联系,但无直接核对关系
三、筹资活动 　筹资活动现金流入 　筹资活动现金流出 　筹资活动现金流量净额	与资产负债表的短期借款、长期负债、所有者权益有内在联系,但无直接核对关系
四、汇率变动对现金的影响	
五、现金及现金等价物净增加额	此处按"流量法"计算的"现金及现金等价物净增加额"=第一项+第二项+第三项+第四项,可与补充资料部分按"存量法"计算的"现金及现金等价物净增加额"核对
六、期末现金及现金等价物余额	期末现金及现金等价物余额=第五项+期初现金及现金等价物余额(一般情况下,此项与资产负债表"货币资金"项目相等)

项　　目	数　据　关　系
附注部分项目	
1. 将净利润调节为经营活动现金流量	经营活动现金净流量＝净利润－非经营活动损益＋非付现费用－（经营性资产增加－经营性负债增加）＝经营利润＋非付现费用－营运资金净增加＝经营活动现金收益－营运资金净增加＝经营活动现金净流量,可与正表部分按"直接法"计算的"经营活动现金流量净额"核对(具体内容见《企业会计准则第31号——现金流量表》应用指南)
2. 当期取得或处置子公司及其他营业单位的有关信息	与其他部分没有核对关系
3. 现金及现金等价物	按"存量法"计算的"现金及现金等价物余额"＝资产负债表现金及现金等价物"期末数"－"期初数",可与正表部分第六项的数额核对

现金流量表的正表部分包括6个项目,其基本数据关系如下:

$$\text{经营活动现金流量净额}+\text{投资活动现金流量净额}+\text{筹资活动现金流量净额}+\text{汇率变动对现金的影响}=\text{现金及现金等价物净增加额}$$

$$\text{期末现金及现金等价物余额}=\text{现金及现金等价物净增加额}+\text{期初现金及现金等价物余额}$$

其中:

$$\text{经营活动现金流量净额}=\text{经营活动现金流入}-\text{经营活动现金流出}$$

$$\text{投资活动现金流量净额}=\text{投资活动现金流入}-\text{投资活动现金流出}$$

$$\text{筹资活动现金流量净额}=\text{筹资活动现金流入}-\text{筹资活动现金流出}$$

现金流量表的补充资料部分包括3项内容。

(1) 将净利润调节为经营活动的现金流量。这部分是根据间接法计算的经营活动现金净流量,其基本数据关系如下:

$$\text{经营活动现金净流量}=\text{净利润}-\text{非经营活动损益}+\text{非付现费用}$$
$$-(\text{经营性资产增加}-\text{经营性负债增加})$$

它与正表部分按"直接法"计算的"经营活动现金流量净额"数额应当相等,可以相互核对。

(2) 不涉及现金收支的重大投资和筹资活动。有些重大投资和筹资活动不涉及现金收支,但是对于报表使用人了解企业的理财活动又很重要,因此在现金流量表中单独列示。它们包括债务转资本、一年内到期的可转换公司债、融资租入固定资产等。其项目可以根据实际情况增减。该部分数额与报表其他部分没有核对关系。

(3) 按"存量法"计算现金及现金等价物净增加额。所谓"存量法"是指根据期初、期末的存量变化计量本期净增加(减少)额的方法。它的对应方法是"流量法",也就是根据本期增加额和本期减少额的差额确定本期净增加额的方法。

存量法:　　　　　本期净增加额＝期末余额－期初余额

流量法:　　　　　本期净增加额＝本期增加－本期减少

"流量法"与"存量法"的计算结果应当一样,可以起到相互核对的作用。

三、现金流量表与企业基本经济活动的关系

企业基本经济活动包括经营活动、投资活动和筹资活动,根据企业基本经济活动的性质及其与现金流量来源的关系,将企业一定期间的现金流量分为经营活动现金流量、投资活动现金流量和筹资活动现金流量。现金流量表综合反映一定会计期间内企业经营活动、投资活动和筹资活动的现金及现金等价物的流入和流出信息。在现金流量表中反映的企业基本经济活动如下。

(一) 经营活动

经营活动是指企业投资活动和筹资活动以外的所有交易与事项。通常,经营活动是指直接进行产品生产、商品销售或劳务提供的活动,它们是企业取得净收益的主要交易和事项。但是,现金流量表中的"经营活动"不限于此,还包括不属于投资活动和筹资活动的其他交易与事项。各类企业由于行业特点不同,对经营活动的认定存在一定的差异。对于工商企业而言,经营活动主要包括销售商品、提供劳务、购买商品、接受劳务、缴纳税金等。

经营活动的现金流入主要包括以下项目:销售商品、提供劳务和收到的税费返还等所收到的现金;经营活动的现金流出主要包括以下项目:购买商品、接受劳务和支付职工工资、缴纳税款等所支出的现金。企业经营活动所产生的现金流量是评价活动企业获取现金能力的一个重要内容,它可以说明企业经营活动对现金流量的影响程度,本质上体现了企业自我创造现金的能力,是分析、评价企业偿债能力、支付能力以及对外部资金依赖性程度等的重要依据。

(二) 投资活动

投资活动是指企业长期资产的购建和不包括在现金等价物范围内的投资及其处置活动。例如,购置设备、处理设备、长期股权投资等。这里的投资活动不仅包括对外投资,还包括对内投资,实际上是企业长期资产的取得和处置活动。长期资产是指固定资产、无形资产、在建工程、其他资产等持有期超过一年或一个营业周期以上的资产。

投资活动的现金流入主要包括收回投资到的现金,分得股利、利润或取得债券利息收入所收到的现金以及处置固定资产、无形资产和其他长期资产所收到的现金;投资活动的现金流出主要包括购建固定资产、无形资产和其他长期资产所支出的现金以及权益性或债权性投资支出的现金等。

在现金等价范围内的投资及其处置活动,不应列入投资活动产生的现金流量中,因为现金等价物已视同现金,此类投资及其处置不会引起现金流量净额的变动。

通过现金流量表提供企业投资活动所产生的现金流量信息,可以分析、评价企业通过投资活动获取现金流量的能力,以及投资活动产生的现金流量对企业现金流量净额的影响程度,还可以了解企业为获得未来收益和现金流量而导致资源转出的程度。

(三) 筹资活动

筹资活动是指导致企业资本及债务规模和构成发生变化的活动。这里所说的资本包括实收资本(股本)和资本溢价(股本溢价);这里所说的债务包括对外举债,如银行借款、发行债券等。筹资活动不包括应付账款的发生和归还应交税金的形成与缴纳等,这些活动属于经营活动。

筹资活动的现金流入主要包括吸收权益性投资收到的现金以及发行债券或借款等收到的现金；筹资活动的现金流出主要包括偿还债务支出的现金，分配股利、利润和偿付利息支出的现金等。通过现金流量表提供企业筹资活动产生的现金流量信息，可以分析、评价企业通过筹资获取现金流量的能力，以及筹资活动产生的现金流量对企业现金流量净额的影响程度。

❀ 小贴士

现金流量表除了反映企业经营活动、投资活动和筹资活动所产生的现金流量外，还以附注方式披露以下几方面内容。

(1) 将净利润调节为经营活动的现金流量的信息。

采用间接法将净利润调节为经营活动的现金流量，这部分内容有助于分析影响经营活动现金流量的因素，从现金流量角度分析评价企业净利润的质量。

(2) 当期取得或处置子公司及其他营业单位的相关信息。

(3) 现金及现金等价物内容的信息。

第三节 现金流量表项目的内容及其分析

现金流量表能提供哪些方面的会计信息？现金流量表如何反映企业的基本经济活动呢？下面对现金流量表项目的内容进行逐项解读。

一、经营活动产生的现金流量

经营活动产生的现金流量是指企业从事经营活动所发生的现金流入和现金流出。列报经营活动现金流量的方法有直接法和间接法两种。我国企业现金流量表正表部分的经营活动现金流量是按照直接法列示的。

❀ 小贴士

直接法是指通过现金流入和现金流出的主要类别直接反映来自企业经营活动的现金流量的报告方法。采用直接法报告现金流量，可以揭示企业经营活动现金流量的来源和用途，有助于预测企业未来的现金流量。企业经营活动产生的现金流入、现金流出是企业最主要的现金收支活动，也是企业最主要的现金来源。

(一) 经营活动现金流入项目分析

工商企业的经营活动现金流入主要包括以下项目。

(1) 销售商品、提供劳务收到的现金：即企业销售商品、提供劳务实际收到的现金（包括向购买者收取的增值税税额）。它既包括本期销售本期收到的现金，也包括前期销售本期收到的现金，但要扣除因销售退回本期支出的现金。例如，收回当期的销货款、收回前期应收账款或应收票据、收到的预收账款等，都增加了企业本期的现金，是现金流量来源。企业销售材料和代购代销业务收到的现金也在本项目中反映。

(2) 收到的税费返还：即企业收到的返还的各种税费，如收到的增值税、消费税、营业税、所得税、教育费附加返还等。

(3) 收到其他与经营活动有关的现金：即除了前几个项目以外，收到其他与经营活动有关的现金，如罚款收入、流动资产损失中由个人赔偿的现金流入等。如果其他现金流入的金额较大，有时在报表中单独增设项目报告。

下面以××电器股份有限公司2015年度现金流量表为例，具体分析现金流量表的有关内容。

××电器股份有限公司是于1992年8月10日在原广东××电器企业集团基础上改组设立的股份有限公司。1993年9月7日，公司向社会公开发行股票并上市交易。其经营范围有家用电器、电机、通信设备及其零配件的生产、制造与销售，上述产品的技术咨询服务，自制模具、设备，酒店管理。主要产品有家用空调、商用空调、大型中央空调、冰箱、微波炉、洗衣机、电暖器、热水器、灶具、消毒柜及日用电器等大小家电和压缩机、电机、磁控管、变压器、漆包线等家电配套产品，拥有中国最大最完整的空调产业链和微波炉产业链，拥有中国最大最完整的小家电产品和厨房用具产业集群。

××电器股份有限公司2015年经营活动产生的现金流量表如表4-4所示。

表4-4　××电器股份有限公司2015年经营活动产生的现金流量　　单位：万元

经营活动产生的现金流量	金　额
销售商品、提供劳务收到的现金	2 046 926.90
收到的税费返还	68 207.99
收到其他与经营活动有关的现金	18 935.29
经营活动现金流入小计	2 134 070.18
购买商品、接受劳务支付的现金	1 400 310.54
支付给职工以及为职工支付的现金	123 190.00
支付的各项税费	63 170.76
支付其他与经营活动有关的现金	384 045.64
经营活动现金流出小计	1 970 716.94
经营活动产生的现金流量净额	163 353.24

2015年，受国内经济增长、居民消费升级、农村城市化进程加快、气候变暖等多种积极因素的影响，家电行业有所回暖。加上电商的强力促销，特别是"双十一"等活动拉起了家电市场一个消费高潮，很多消费需求得以提前释放，从而影响了年底正常的家电市场行情出现了快速的恢复性增长。该股份有限公司本年度冰箱和洗衣机业务，以及空调和压缩机产品销售规模大幅上升，营业总收入较上年同期增长55.98%。

表中显示其经营活动现金流入为2 134 070.18万元，其中"销售商品、提供劳务收到的现金"为2 046 926.90万元，占经营活动现金流入的95.92%，是企业最主要的现金流入。"收到的税费返还"为68 207.99万元，占经营活动现金流入的3.2%，"收到其他与经营活动有关的现金"为18 935.29万元，占经营活动现金流入的0.88%，主要是收取商标许可费、收取物业租赁费、收取政府补贴款、利息收入和索赔罚款收入。

【例4-1】　××电器股份有限公司2013—2015年"销售商品、提供劳务收到的现金""经营活动现金流入""主营业务收入"情况如表4-5所示。

表 4-5　2013—2015 年经营指标状况表　　　　　　　　　　　　单位：万元

项　目	2015 年	2014 年	2013 年
销售商品、提供劳务收到的现金	2 046 926.90	986 413.10	2 382 781.00
经营活动现金流入	2 134 070.18	1 035 974.40	2 591 015.20
主营业务收入	3 329 655.26	2 013 882.92	2 131 360.76

计算各年的销售商品、提供劳务收到的现金占经营活动现金流入的比例和销售商品、提供劳务收到的现金占主营业务收入的比例。

计算结果如表 4-6 所示。

表 4-6　2013—2015 年相关比例指标计算表　　　　　　　　　　单位：%

项　目	2015 年	2014 年	2013 年
销售商品、提供劳务收到的现金占经营活动现金流入的比例	96.00	95.20	92.00
销售商品、提供劳务收到的现金占主营业务收入的比例	62.00	49.00	112.00

可见，该公司销售商品、提供劳务收到的现金占经营活动现金流入的比例由 92.00% 提高到 96.00%，逐年提高，说明企业的主营业务十分突出。2013 年公司销售收入的货币回笼工作是最好的，不仅当年货款回收比例高，而且追回以前年度大量的应收账款。

从该公司资产负债表"应收账款"项目中不难发现，应收账款的期末余额较上年减少了 66 520.92 万元，下降幅度为 4.33%。销售商品、提供劳务收到的现金占主营业务收入的比例为 112.00%，该比率反映了企业的收入质量，一般来讲，该比率越高收入质量越高。当比值小于 1.17 时，说明本期的收入有一部分没有收到现金；当比值大于 1.17 时，说明本期的收入不但全部收到了现金，而且还收回了以前期间的应收款项或预收账款增加。

2014 年公司因受上年同期公司收回小家电业务占用的营运资金的影响，报告期经营活动现金流入与上年同期相比大幅减少。面对更为激烈的市场竞争，企业加大了赊销的比例，销售商品、提供劳务收到的现金占主营业务收入的比例只有 49.00%，现金回笼较少，情况不容乐观。

同时资产负债表的应收账款项目也较上年同期增加了 7.13%，应收票据较上年大幅增加，增幅达 3.7 倍。销售商品、提供劳务收到的现金占主营业务收入的比例为 49.00%。如果比值很小，则说明企业的经营管理中存在一定问题，企业可能存在一定的虚盈实亏现象。现金流入量的减少会影响企业正常的生产经营活动所需营运资金和投资活动所需资金，企业为缓解现金紧张的局面可能会加大借款筹资或减少企业的投资规模。

2015 年企业的经营状况有了明显的改进，主营业务收入大幅提高；同时，企业也加强了货款的回收管理，企业的销售商品、提供劳务收到的现金占主营业务收入的比例为 62.00%，比上年有所提高，说明企业加强了管理，现金流入好于去年，但是也存在一定的问题。企业的应收账款比上年增幅达 59.00%，应收票据增幅为 37.00%，大量资金沉淀在应收款项上，不仅增加了企业的机会成本，影响资金的循环，而且加大了企业发生坏账损失的风险。企业应进一步加强货款的回收工作，尽快收回资金。

(二)经营活动现金流出项目分析

工商企业的经营活动现金流出主要包括以下项目。

(1) 购买商品、接受劳务支付的现金:即企业购买材料、商品及接受劳务实际支付的现金。既包括本期购买活动本期支付的现金(含增值税进项税额),也包括前期购买活动本期偿还应付款的现金,以及预付的购货款项。

(2) 支付给职工以及为职工支付的现金:即实际支付给职工的现金以及为职工支付的现金,包括企业为获得职工提供的服务,本期实际支付的各种形式的报酬,以及其他相关支出,如支付给职工的工资、奖金、各种津贴和补贴等,以及为职工支付的其他费用,如养老、失业等社会保险基金、补充养老保险、住房公积金、支付给职工的住房困难补助等。该项目不包括支付给退休人员和在建工程人员的现金,它们在另外的项目中反映。

(3) 支付的各项税费:即企业按规定支付的各种税费,既包括本期发生并支付的税费,也包括预缴的税费和本期支付前期发生的税费,如支付的教育费附加、印花税、房产税、土地增值税、车船税、营业税、增值税和企业所得税等。

(4) 支付其他与经营活动有关的现金:即除前面几项以外的其他与经营活动有关的现金流出,例如,差旅费支出、业务招待费支出、罚款支出、保险费支出、经营租赁支出等。

对于商业银行而言,经营活动现金流出主要包括客户贷款及垫款净增加额,存放中央银行和同业款项净增加额,支付利息、手续费及佣金的现金等项目。

表 4-4 中××电器股份有限公司 2015 年经营活动产生的现金流量表显示,其经营活动现金流出为 1 970 716.94 万元,其中购买商品、接受劳务支出的现金为 1 400 310.54 万元,占经营活动现金流出的 71.06%,是企业最主要的现金流出。

本年度新增冰箱和洗衣机业务,以及空调和压缩机产品销售规模增长和原材料价格上涨使企业现金支出较上年同期增长较快。支付给职工以及为职工支付的现金为 123 190.00 万元,占经营活动现金流出的 6.25%,主要是支付给职工的工资、奖金、津贴和补贴、职工福利费、社会保险费、住房公积金、工会经费和职工教育经费以及因解除劳动关系给予职工的补偿。此项目比期初增长了 31.53%;支付的各项税费为 63 170.76 万元,占经营活动现金流出的 3.2%;支付其他与经营活动有关的现金为 384 045.64 万元,占经营活动现金流出的 19.49%,主要是管理费用和销售费用项目的现金支出。

总之,经营活动产生的现金流量净额为 163 353.24 万元。主要是公司产销两旺,利润大幅增长,现金回收良好形成的,这也使得公司经营活动产生的现金流量净额较上年增长了 56.59%。

下面以"支付给职工以及为职工支付的现金"项目为例进行以下分析。

【例 4-2】 ××电器股份有限公司 2013—2015 年支付给职工以及为职工支付的现金,如表 4-7 所示。计算各年的增加额和增长率。

表 4-7 2013—2015 年支付给职工以及为职工支付的现金状况　　单位:万元

项　目	2015 年	2014 年	2013 年
支付给职工以及为职工支付的现金	123 190.00	693 13.67	650 87.30

计算结果如表 4-8 所示。

表 4-8 支付给职工以及为职工支付的现金增减变动　　　　　单位：万元

项目	2015年比2014年		2014年比2013年	
	增加额	增长率	增加额	增长率
支付给职工以及为职工支付的现金	53 876.33	77.7%	4 226.37	6.5%

支付给职工以及为职工支付的现金包括工资、奖金、津贴和补贴、职工福利费、社会保险费、住房公积金、工会经费和职工教育经费、因解除劳动关系给予职工的补偿等。

从表中不难发现，公司支付给职工以及为职工支付的现金越来越多，2014年比2013年多支出4 226.37万元，增长了6.5%；2015年比2014年多支出53 876.33万元，增长了77.7%，职工薪酬及福利待遇提高较快。一方面它会增加企业的现金流出，加大企业的成本费用支出；另一方面企业职工薪酬及福利待遇的提高也会激发职工工作的积极性，为企业创造更多的财富。

支付其他与经营活动有关的现金也是企业不容忽视的项目，分析见例4-3。

【例4-3】　××电器股份有限公司2013—2015年支付其他与经营活动有关的现金状况，如表4-9所示。计算各年的增加额和增长率。

表 4-9　2013—2015年支付其他与经营活动有关的现金状况　　　　　单位：万元

项目	2015年	2014年	2013年
管理费用支付的现金	43 538	27 001	44 164
销售费用支付的现金	291 315	179 134	223 940
保证金存款增减净额	33 462	8 033	
其他支出	15 730	53 780	731
合　计	384 045	267 948	268 835

计算结果如表4-10所示。

表 4-10　支付其他与经营活动有关的现金增减变动

项目	2015年比2014年		2014年比2013年	
	增加额(万元)	增长率(%)	增加额(万元)	增长率(%)
管理费用支付的现金	16 537	61	−17 163	−39
销售费用支付的现金	112 181	63	−44 806	−20
保证金存款增减净额	25 429	317		
其他支出	−38 050	71	53 049	7 257
合　计	116 097	43	−887	0.3

其他与经营活动有关的现金主要涉及企业管理费用、销售费用、营业外支出项目中支付的现金，2014年与2013年相比，该项目总额变化不大，但从具体构成项目看，管理费用和销售费用中支付的现金分别降低了39%和20%。公司这两年的主营业务收入基本持平，说明公司精打细算，加强了费用支出控制，但其他支出增幅惊人，增长了72倍，完全抹杀了管理费用、销售费用的控制功绩，企业应查明其他支出的具体构成项目，加强支出控制。

2015年与2014年相比，其他与经营活动有关的现金增长了43%，在主营业务大幅提升的基础上，管理费用、销售费用中支付的现金也有了较大增长，企业应加强管理费用、销售费用的控制，节约资金，否则，大量费用支出的增加会使企业盈利下降，使经营活动的现金净流量减少。

（三）经营活动现金流量净额

经营活动产生的现金流量净额反映经营活动的现金成果，可以被用于投资活动、支付给出资人，或以现金形式持有以应付意外。经营活动产生现金的多少，取决于经营活动现金流入和现金流出的差额。

表4-4中××电器股份有限公司2015年经营活动产生的现金流量表显示，该股份有限公司2015年经营活动产生的现金流量净额为163 353.24万元，其中经营活动现金流入量2 134 070.18万元，经营活动现金流出量为1 970 716.94万元。

小贴士

采用间接法报告的现金流量在现金流量表附注中披露。间接法是在企业当期取得的净利润的基础上，通过对有关项目进行调整，确定出经营活动的现金流量。间接法列报经营活动现金流量可以揭示净利润与净现金流量的差别，有利于分析收益的质量和企业的营运资金管理状况。

现金流量表中经营活动现金流量净额与利润表的净利润是不同的，这是因为影响利润的事项不一定同时发生现金流入、流出。有些收入，增加利润但未发生现金流入。例如，一家公司本期的营业收入有3亿多元，而本期新增应收账款却有2亿多元，这种增加收入及利润但未发生现金流入的事项，是造成两者产生差异的原因之一。有些成本费用，减少利润但并未伴随现金流出。例如，固定资产折旧、无形资产摊销，只是按权责发生制、配比原则要求将这些资产的取得成本，在使用它们的受益期间合理分摊，并不需要付出现金。净利润总括反映公司经营活动、投资活动及筹资活动三大活动的财务成果，而现金流量表上则需要分别反映经营活动、投资活动及筹资活动各项活动的现金流量。

利润表按权责发生制列示了公司一定时期实现的净利润，但未揭示其与现金流量的关系，资产负债表提供了公司货币资金期末与期初的增减变化，但未揭示其变化的原因。现金流量表如同桥梁沟通了上述两表的会计信息，使上市公司的对外会计报表体系进一步完善，向投资者与债权人提供更全面、有用的信息。

如果把现金看作企业日常运作的"血液"，那么现金流量表就好比"验血报告"。企业日常运作的好坏，从这份报表中可以有个初步判断。因为从其他财务报表中，只能掌握公司现金的静态情况，而现金流量表却反映了企业现金流动的动态情况。

在研究现金流量表时，如果再参阅其他报表，那对公司的了解就会更为全面。一个公司是否有足够的现金流入是至关重要的，这不仅关系到其支付股利、偿还债务的能力，还关系到公司的生存和发展。

为了把"净利润"调整成为"经营活动产生的现金流量净额"，需要进行以下两个步骤的调整。

1. 将全部股东净利润调整为经营活动收益

净利润是企业全部活动取得的、按权责发生制计算的损益,它的形成包括经营活动、筹资活动和投资活动3部分。扣除投资活动和筹资活动的损益后,可以得到经营活动的收益。

2. 将"经营活动收益"调整为"经营活动产生的现金流量净额"

"经营活动收益"与"经营活动产生的现金流量净额"的差别是由两个原因造成的:一是某些费用没有支付现金(如折旧),以及某些收入没有取得现金(如应收款);二是经营性资产变动使现金变动而不影响损益,以及经营性负债变动使现金变动而不影响损益。因此,要想将"经营活动收益"调整为"经营活动产生的现金流量净额",需要通过以下步骤:首先,调整不支付现金的费用;其次,调整经营性流动资产净变动;再次,调整经营性流动负债净变动;最后,递延所得税资产(或递延所得税负债),该项目的性质比较特殊,也是一个影响本期利润但不影响现金流量的项目,也有必要进行调整。

二、投资活动产生的现金流量

投资活动是指企业长期资产的购建和不包括在现金等价物范围内的投资及其处置活动。投资活动现金流量是指企业在投资活动中产生的现金流入和现金流出如表4-11所示。

表4-11 ××电器股份有限公司2015年投资活动产生的现金流量　　单位:万元

投资活动产生的现金流量	
收回投资所收到的现金	29 149.76
取得投资收益所收到的现金	3 000.00
处置固定资产、无形资产和其他长期资产所收回的现金净额	7 327.09
投资活动现金流入小计	39 476.85
购建固定资产、无形资产和其他长期资产所支付的现金	118 576.99
投资所支付的现金	25 362.00
投资活动现金流出小计	143 938.99
投资活动产生的现金流量净额	−104 462.14

(一) 投资活动现金流入项目分析

投资活动现金流入主要包括以下项目。

(1) 收回投资收到的现金:即企业出售、转让或到期收回除现金等价物以外的交易性金融资产、持有至到期投资、可供出售金融资产、长期股权投资、投资性房地产等投资收回的现金,但不包含债券性投资收回的利息、收回的非现金资产。

(2) 取得投资收益所收到的现金:即因股权性投资而取得的现金股利、从子公司或合营公司分回利润而收回的现金、因债券性投资而取得的现金利息收入。

(3) 处置固定资产、无形资产和其他长期资产所收回的现金净额:即企业处置固定资产、无形资产和其他长期资产所取得的现金(包括因资产毁损而收到的保险赔偿收入)减去为处置固定资产、无形资产和其他长期资产而支付的有关费用后的净额。由于自然灾害所造成的固定资产等长期资产损失而收到的保险赔偿流入的现金也在本项目中反映。

(4) 收到其他与投资活动有关的现金:即除了前几个项目以外,收到其他与投资活动有关的现金。

表4-11中显示，××电器股份有限公司2015年收回投资所收到的现金29 149.76万元，占投资活动现金流入量的73.84%，主要是公司转让所持有的股权，本次股权转让公司共回收资金2.91亿元；处置固定资产、无形资产和其他长期资产收回的现金净额7 327.09万元，占投资活动现金流入量的18.56%；取得投资收益所收到的现金3 000.00万元，占投资活动现金流入量的7.6%；投资活动现金流入小计为39 476.85万元。

（二）投资活动现金流出项目分析

投资活动现金流出主要包括以下项目。

（1）购建固定资产、无形资产和其他长期资产所支付的现金：即企业购买、建造固定资产，取得无形资产和其他长期投资支付的现金，不包括为购建固定资产、无形资产和其他长期资产而发生的借款利息资本化部分，融资租入固定资产的租赁费，它们属于筹资活动的现金流出。

（2）投资所支付的现金：即企业进行权益性投资和债权性投资所支付的现金。

（3）支付其他与投资活动有关的现金。

表4-11中显示，××电器股份有限公司2015年购建固定资产、无形资产和其他长期资产所支付的现金118 576.99万元，占投资活动现金流出量的82.38%，主要是公司报告期内投资建设购建的固定资产、无形资产投入。

投资所支付的现金25 362.00万元，占投资活动现金流出量的17.62%，主要是公司报告期内买入股份；投资活动现金流出小计为143 938.99万元。

总之，投资活动产生的现金流量净额为-104 462.14万元，投资活动的现金流出增加导致投资活动产生的现金流量净额比上年减少44.80%。投资活动产生的现金流量净额为负值往往是企业扩大规模、追加投资所为，一旦投资转化为生产能力会为企业提供新的利润增长点和现金流量。

下面对购建固定资产、无形资产和其他长期资产所支付的现金作进一步分析。

【例4-4】 2013—2015年购建固定资产、无形资产和其他长期资产所支付的现金状况如表4-12所示。计算各年的增加额和增长率。

表4-12 购建固定资产、无形资产和其他长期资产所支付的现金状况　　单位：万元

项　　目	2015年	2014年	2013年
购建固定资产、无形资产和其他长期资产所支付的现金	118 576.99	83 235.22	149 941.38

计算结果如表4-13所示。

表4-13 购建固定资产、无形资产和其他长期资产所支付的现金增减变动

项　　目	2015年比2014年		2014年比2013年	
	增加额（万元）	增长率（%）	增加额（万元）	增长率（%）
购建固定资产、无形资产和其他长期资产所支付的现金	35 341.77	42	-66 706.16	-45

2013年购建固定资产、无形资产和其他长期资产所支付的现金较多，为1 499 41.38万

元,而且大部分用于经营性资产支出,随着报告期内各主要投资项目的相继完成投产,企业的空调产能增加,规模优势地位进一步巩固。该公司产品销售良好,主营业务收入提升,为公司经营活动现金流入奠定了基础。

同时企业加强了新产品的开发力度,兴建了新的实验大楼,通过软硬件资源的投入和技术人才队伍的建设,保障研发能力的不断提高,为今后产品的发展、材料成本的降低奠定了基础。随着大量在建工程转入固定资产,期末资产负债表中的在建工程价值大大减少,固定资产价值增加,期末固定资产占资产比重有所提升。

随着2013年大部分项目的完工,2014年新增的购建固定资产、无形资产和其他长期资产的项目不多,所支付的现金比上年大幅减少,共减少投入66 706.16万元,而且固定资产项目有些已经完工,还有尚未完工的项目,对提升当年效益,增加现金流入贡献不大,但是这些项目的建成并投入使用,将有力地推动了公司今后自主研发能力的增强,完善企业的产品结构,将主营业务向冰箱、洗衣机业务横向延伸,为公司培育了新的利润增长点。为今后企业的发展,提高经济效益,增加现金流入创造了条件。

2015年企业的经营状况有了较大的变化,主营业务收入大幅增长,利润提高,经营活动的现金流入增加,这其中2014年完成的项目起到了重要作用。2015年购建固定资产、无形资产和其他长期资产所支付的现金大幅增长,比2014年增长了42%。完工项目有的已经为企业带来了经济效益,有的将在今后成为企业更高的经济效益增长的保障。

从上述对该公司的购建固定资产、无形资产和其他长期资产所支付的现金项目的分析中,不难看出,此项支出不仅耗费大量资金,而且对企业影响深远。经营性资产的投入,将有助于企业提高经济效益,对企业长远的发展是有利的,而非经营性资产的投入则不会为企业创造效益。因此,企业应进行全面统筹规划,合理安排支出。

(三) 投资活动现金流量净额

投资活动产生的现金流量净额反映投资活动的现金成果,当企业投资活动现金流量净额为正时,一般是企业投资回收的现金大于投资支出的现金,或者企业出售长期资产所致;当该值为负时,投资流出的现金大于投资流入的现金,是企业规模扩大的重要特征。

处于初创期或成长期的企业,投资活动产生的现金流量净额通常是负数;处于成熟期的企业,投资活动产生的现金流量净额是正负相间的;处于衰退期的企业,投资活动产生的现金流量净额通常是正数。

三、筹资活动产生的现金流量

筹资活动是指导致企业资本及债务规模和构成发生变化的活动。筹资活动现金流量是指企业在筹资活动中产生的现金流入和现金流出。

(一) 筹资活动现金流入项目分析

筹资活动现金流入主要包括以下项目。

(1) 吸收投资收到的现金:即企业收到投资人投入的现金,包括以发行股票、公司债券等方式筹集资金实际收到的款项净额(扣除发行机构的佣金等发行费用,不扣除本企业为发行股票、公司债券等直接支付的审计费和咨询费等,它们在"支付其他与筹资活动有关的现金"项目中反映)。

(2) 取得借款收到的现金：即企业举借各种短期、长期借款收到的现金。

(3) 收到其他与筹资活动有关的现金：即除前几个项目以外的，收到其他与筹资活动有关的现金。××电器股份有限公司2015年筹资活动产生的现金流量如表4-14所示。

表4-14　××电器股份有限公司2015年筹资活动产生的现金流量　　单位：万元

筹资活动产生的现金流量	
取得借款收到的现金	141 738.64
筹资活动现金流入小计	141 738.64
偿还债务所支付的现金	115 200.20
分配股利、利润或偿付利息所支付的现金	47 420.82
筹资活动现金流出小计	162 621.02
筹资活动产生的现金流量净额	−20 882.38

【例4-5】　××电器股份有限公司2013—2015年取得借款收到的现金状况如表4-15所示，计算各年的增加额和增长率。

表4-15　取得借款收到的现金状况　　单位：万元

项　目	2015年	2014年	2013年
取得借款收到的现金	141 738.64	204 657.85	257 222.02

计算结果如表4-16所示。

表4-16　取得借款收到的现金增减变动

项　目	2015年比2014年		2014年比2013年	
	增加额（万元）	增长率（%）	增加额（万元）	增长率（%）
取得借款收到的现金	−62 919.21	−31	−52 564.17	−20

可见，2013年公司投资项目较多，需要大量的资金，因此银行借款较多。

2014年公司的投资规模降低，支出大幅削减，企业短期借款与上年相比减少，下降了20%。

2015年公司的投资规模与上年相比增长较快，同时企业的经营状况良好，产销旺盛，盈利增加，货款回笼工作也好于去年，资金较为充足，短期借款收到的现金减少了31%。

由此可以看出，企业的筹资活动与企业的经营活动、投资活动是分不开的，当企业资金充足时筹资规模就会下降；反之则会上升。企业借款的增加可以缓解资金紧张的局面，但也会给企业未来造成还款的压力，增加财务风险。

在现金流入较充沛的条件下，适当降低借款可以减缓财务压力，降低财务风险。

（二）筹资活动现金流出项目分析

筹资活动现金流出主要包括以下项目。

(1) 偿还债务所支付的现金：即企业以现金偿还的债务本金。

(2) 分配股利、利润或偿付利息支付的现金：即实际支付的现金股利，支付给其他投资单位的利润以及支付的借款利息、债券利息等。

(3) 支付其他与筹资活动有关的现金：即除前几个项目外，支付其他与筹资活动有关的现金，如捐赠现金支出、融资租入固定资产支付的租赁费、发生筹资费用支付的现金、减少注册资本支付的现金等。表4-14中××电器股份有限公司2015年筹资活动产生的现金流量表显示，该公司偿还债务所支付的现金为115 200.20万元，占筹资支出的70.84%；分配股利、利润或偿付利息所支付的现金为47 420.82万元，占筹资支出的29.16%；筹资活动现金流出共计162 621.02万元。

（三）筹资活动现金流量净额

筹资活动产生的现金流量净额反映筹资活动的现金成果，筹资活动产生的现金流量净额变化规律与投资活动相反：处于初创期或成长期的企业，筹资活动现金流量净额通常是正数；处于成熟期的企业，筹资活动现金流量净额是正负相间的；处于衰退期的企业，筹资活动现金流量净额通常是负数。

表4-14中××电器股份有限公司2015年筹资活动产生的现金流量表显示，筹资活动产生的现金流量净额为－20 882.38万元，表明2015年度该股份有限公司筹资活动的现金流出量大于现金流入量。其主要是企业当年大量支付现金股利和利润造成的，并非是该公司处于衰退期。

本 章 小 结

现金流量表反映的内容是企业经营活动、投资活动和筹资活动产生的现金流量。通过对现金流量表的分析，有助于了解企业的偿债能力和营运能力，预测企业未来现金流量，为投资者和债权人决策提供必要信息。本章首先介绍了现金流量表的相关概念及其主要构成内容；其次重点介绍了现金流量表各项目的主要分析指标。为报表使用者判断现金流量各项目的发展变动趋势提供参考。

练 习 题

一、单项选择题

1. 反映企业一定期间现金流入与流出情况的会计报表是(　　)。
   A. 资产负债表　　B. 利润表　　C. 现金流量表　　D. 利润分配表
2. 下列选项中，属于筹资活动现金流量的是(　　)。
   A. 购建固定资产支付的现金　　　　B. 经营租赁支付的现金
   C. 融资租入固定资产的租赁费　　　D. 取得债券利息收入收到的现金
3. 下列选项中，能够引起经营活动现金流量减少的项目是(　　)。
   A. 无形资产摊销　　　　　　　　　B. 销售长期股权投资利得
   C. 存货增加　　　　　　　　　　　D. 应收账款减少
4. "支付给职工以及为职工支付的现金"项目属于(　　)。
   A. 经营活动产生的现金流量　　　　B. 投资活动产生的现金流量
   C. 筹资活动产生的现金流量　　　　D. 生产成本支出

5. "取得借款收到的现金"项目属于( )。
   A. 经营活动产生的现金流量　　　　B. 投资活动产生的现金流量
   C. 筹资活动产生的现金流量　　　　D. 负债

二、多项选择题
1. 其他货币资金包括( )。
   A. 外埠存款　　　　　　　　　　　B. 银行汇票存款
   C. 信用证保证金　　　　　　　　　D. 信用卡存款
2. 一般企业现金流量表按照现金流量分类,分为( )。
   A. 经营活动产生的现金流量　　　　B. 投资活动产生的现金流量
   C. 筹资活动产生的现金流量　　　　D. 其他活动产生的现金流量
3. 经营活动的现金流入主要包括以下( )项目。
   A. 销售商品收到的现金　　　　　　B. 提供劳务收到的现金
   C. 收到税费返还等所收到的现金　　D. 利息收入
4. 经营活动的现金流出主要包括下列( )项目。
   A. 购买商品所支出的现金　　　　　B. 接受劳务所支出的现金
   C. 支付职工工资所支出的现金　　　D. 缴纳税款所支出的现金。
5. 投资活动的现金流入主要包括下列( )项目。
   A. 收回投资收到的现金
   B. 分得股利、利润收到的现金
   C. 取得债券利息收入所收到的现金
   D. 处置固定资产、无形资产和其他长期资产所收到的现金

三、判断题
1. 现金流量表是以现金和现金等价物为基础编制的。　　　　　　　　　　( )
2. 现金流量表中经营活动现金流量净额与利润表的净利润是相同的。　　　( )
3. 利润表按权责发生制列示了公司一定时期实现的净利润,同时也揭示了其与现金流量的关系。　　　　　　　　　　　　　　　　　　　　　　　　　　　　　( )
4. 现金流量表中的"投资活动"不是对外投资的概念,还包括对内投资,实际上是长期资产的取得和处置活动。　　　　　　　　　　　　　　　　　　　　　　( )

第五章 偿债能力分析

学习目标

（1）了解短期偿债能力和长期偿债能力的含义及原理；
（2）熟悉影响短期偿债能力和长期偿债能力的因素；
（3）掌握短期偿债能力和长期偿债能力评价指标的计算与应用。

技能要求

（1）能够运用资产负债表评析企业短期偿债能力的强弱；
（2）能够运用资产负债表和利润表评析企业长期偿债能力的强弱；
（3）能够计算衡量短期偿债能力和长期偿债能力的各项指标。

引导案例

中源家居拟上市：负债率高，企行业竞争力不足

据证监会近期披露的新一批招股书显示，中源家居股份有限公司（以下简称中源家居）拟在上交所上市，拟募集约4.7亿元资金。

近日，证监会网站公布了《中源家居股份有限公司首次公开发行股票招股说明书》，据招股书显示，公司2014年度和2015年度的营业收入分别为31 084.78万元与42 586.67万元，同比增长38.97%和37.00%。2013年至2015年公司净利润分别为672.23万元、2 526.78万元和5 911.77万元。

虽然公司营业收入不断增长，但记者注意到，2013年年末、2014年年末和2015年年末，中源家居合并口径下资产负债率分别为86.18%、74.61%和70.98%。流动比率分别为0.51、0.69和0.83，速动比率分别为0.42、0.58和0.71。对此，业内人士分析指出，其偿债压力较大。此外，由于设计能力及创新能力与同行业企业相比存在差距，中源家居行业竞争力被指不足。

资产负债率是衡量企业负债水平及风险程度的重要标志。受访的一名财务人员指出，一般认为55%的资产负债率为适宜水平，中源家居的资产负债率明显偏高。此外，对比同行业企业，顾家家居在2013年年末、2014年年末的资产负债率分别为45.65%、48.61%，而敏华控股在2013年年末、2014年年末和2015年年末的资产负债率分别为26.55%、26.96%、27.08%，相较之下，中源家居也不容乐观。

资料来源：《中国经营报》

从案例中可以看出，企业的偿债能力堪忧，那么影响企业偿债能力的因素有哪些？资产负债率的分析方法又有哪些？

第一节　偿债能力分析概述

一、偿债能力分析的目的

偿债能力是指企业偿还各种到期债务的能力,它是衡量企业财务实力的一项重要标准。静态地讲,就是用企业资产清偿企业债务的能力;动态地讲,就是用企业资产和经营过程创造的收益偿还债务的能力。对一个企业偿债能力进行分析,对于企业投资者、经营者和债权者都有着十分重要的意义与作用。

(一)帮助投资者进行正确的投资决策

对于投资者来说,企业偿债能力分析可以帮助投资者进行正确的投资决策。一个投资者在决定是否向某企业投资时,他不但考虑企业的盈利能力,而且还考虑企业的偿债能力。因为投资者的投资目的是为了资本的保值和增值,即安全收回投资并获取收益或分得红利。

如果一个企业短期偿债能力较差,即使投资者可得股息率较高,但由于企业支付能力不强或流动性较差,企业投资者实际上无法得到应得的股利;如果一个企业长期偿债能力差,则投资者的资本也可能会收不回来。因此,作为一个投资者,对企业的偿债能力是十分关心的,进行偿债能力分析对保证其资本保值和增值都有重要意义。

(二)有利于企业经营者进行正确的经营决策

对于经营者来说,企业偿债能力分析有利于企业经营者进行正确的经营决策。

企业经营者要保证企业经营目标的实现,必须保证企业生产经营各环节的畅通或顺利进行,而企业各环节畅通的关键在于企业的资金循环与周转速度。企业偿债能力好坏既是对企业资金循环状况的直接反映,又是对企业生产经营各环节的资金循环和周转有着重要的影响。

(三)帮助债权者进行正确的借贷决策

对于债权者来说,企业偿债能力分析可以帮助债权者进行正确的借贷决策。

企业偿债能力强弱直接决定着债权者信贷资金及其利息是否能收回的问题,而及时收回本金并取得较高利息是债权者借贷要考虑的最基本的因素。

任何一个债权者都不愿意将资金借给一个偿债能力很差的企业,债权者在进行借贷决策时,首先必须对借款企业的财务状况,特别是偿债能力状况进行深入、细致的分析,否则将可能会做出错误的决策,不但收不到借贷利息,而且使本金都无法收回。所以说,企业偿债能力分析对债权者有着重要的意义。

(四)有利于正确评价企业的财务状况

企业偿债能力分析,有利于正确评价企业的财务状况。

企业偿债能力状况是企业经营状况和财务状况的综合反映,通过对企业偿债能力分析,可以说明企业的财务状况及其变动情况。只有正确评价企业偿债能力,才能说明企业财务状况变动的原因,并找出企业经营中取得的成绩和存在的问题,提出正确的解决措施。

二、偿债能力分析的内容

企业偿债能力分析的内容受企业负债的内容和偿债所需资产内容的制约。不同的负债其偿还所需要的资产不同，或者说不同的资产可用于偿还的债务也有所区别。一般地说，由于负债可分为流动负债和非流动负债，资产可分为流动资产和非流动资产，因此，偿债能力分析通常被分为短期偿债能力分析和长期偿债能力分析。

第二节 短期偿债能力分析

一、短期偿债能力的影响因素

短期偿债能力是指企业用流动资产偿还流动负债的现金保障程度，或者是指企业在短期债务到期时可以变现为现金用于偿还流动负债的能力。分析一个企业短期偿债能力的强弱，要着眼于研究企业流动资产与流动负债的关系及有关项目的变动情况，一方面要看企业流动资产的多少和质量如何；另一方面要看企业流动负债的多少和质量如何。总的来说，影响企业短期偿债能力的因素有3个。

（一）资产流动性

流动资产质量如何要看其"流动性"如何，资产流动性是指企业资产转换成现金的能力，包括是否能不受损失地转换为现金以及转换需要的时间。能迅速转换为现金的资产，其流动性强；不能转换或者转换现金比较难的资产，其流动性弱。流动资产的流动性从根本上决定了企业偿还流动负债的能力。

（二）企业的经营现金流量水平

现金流量是决定企业偿债能力的重要因素。现金是流动性最强的资产，大多数短期债务都需要现金来偿还，因此现金流入与流出的数量就会直接影响企业的偿债能力。

（三）流动负债的规模与结构

流动负债的规模与债务负担成正比。从流动负债的构成可以看出，企业的一些流动负债是由于财政政策及会计制度等原因形成的；一些流动项目是企业经营结算中所需要的，如业务往来结算中占用的他人资金，这些资金是企业生产经营的结果而不像长期负债是企业决策安排后的结果；还有一些是由于企业短期经营资金不足而借入的。

因此，一般地说，流动负债是所有企业经营过程中都要发生的一种债务。此外，债务偿还的强制紧迫性也是影响的因素。

二、短期偿债能力指标的计算与分析

（一）营运资金

1. 营运资金的计算

营运资金是指流动资产总额减流动负债总额后的剩余部分，也称净营运资本。其计算公式为

$$营运资金 = 流动资产 - 流动负债$$

从上式可看出,营运资金实际上反映的是流动资产可用于归还和抵补流动负债后的余额,营运资金越多,说明企业可用于偿还流动负债的资金越充足,企业的短期偿债能力越强,债权人收回债权的安全性越高。因此,可将营运资金作为衡量企业短期偿债能力的绝对数指标。

【例5-1】 ××电器股份有限公司2015年年末的流动资产是12 094 931.5万元,流动负债是11 262 518.1万元,则计算营运资金:

$$营运资金=12\ 094\ 931.5-11\ 262\ 518.1=832\ 413.4(万元)$$

××电器股份有限公司2015年年末营运资金为832 413.4万元,它是流动资产偿还流动负债后的剩余,说明即使832 413.4万元的流动资产不能变现,仍然可以偿还流动负债。

2. 营运资金的分析

短期债权人希望企业营运资金越多越好,这样可以减少风险。但是营运资金过多也不一定是好事,因为流动资产流动性强、风险小,但获利能力差,过多的流动资产不利于企业提高获利能力。另外流动负债过少说明企业利用无息负债扩大经营规模的能力较差。所以,企业营运资金的规模应适当。

营运资金多少是合理的呢?没有一个统一的标准,甚至同一行业不同企业之间的营运资金都缺乏可比性,因为营运资金与一个企业的经营规模息息相关。在实务中,企业很少单独使用营运资金作为偿债能力分析的指标。

(二) 流动比率

1. 流动比率的计算

流动比率是流动资产除以流动负债的比值,又称为营运资金比率。其计算公式为

$$流动比率=流动资产÷流动负债$$

该比率表明每一元流动负债有多少流动资产来保证偿还,反映了企业流动资产在短期债务到期时可变现用于偿还流动负债的能力。

该比率越高,说明企业短期偿债能力越强,流动负债得到偿还的保障越大,企业财务风险越小;反之则相反。

【例5-2】 ××电器股份有限公司2015年年末的流动资产是12 094 931.5万元,流动负债是11 262 518.1万元,则2015年流动比率为

$$流动比率=12\ 094\ 931.5÷11\ 262\ 518.1≈1.07$$

计算表明,该公司2015年年末每1元流动负债有1.07元的流动资产作保障,但是1.07的流动比率是否能说明偿还短期债务有保障了呢?关键是分析短期债务的合理保障程度是多少。

在实务中,一方面流动资产能否用于偿债,要看它们是否能顺利转换成现金;另一方面有的流动负债也不一定要到期偿还。因此为了使流动比率能够准确地反映企业的短期偿债能力,有时要对计算口径进行调整。

在调整流动资产时,应扣除具有特殊用途的现金、扣除不能随时变现的短期投资、扣除坏账准备和有退货权的应收账款数额、扣除回收期在一年以上的应收款项、扣除超出需要的存货等。

在调整流动负债时,主要是注意"表外负债"。需要偿还的债务不仅仅是报表列示的"流动负债",还应包括长期负债的到期部分以及未列入报表的债务,如与担保有关的或有负债、经营租赁合同中的未来付款承诺等。

2. 流动比率的分析

(1) 从短期债权人的角度看,自然希望流动比率越高越好,但跟营运资金一样,对于企业来说流动比率不一定越高越好。从企业经营角度看,过高的流动比率通常意味着企业闲置现金的持有量过多,必然造成企业机会成本的增加和获利能力的降低。因此,从一般经验看,流动比率为 2 时,认为是比较合适的,此时企业的短期偿债能力较强,对企业的经营也是有利的。

(2) 另外,流动比率越高使企业偿还短期债务的保证程度越强,但这并不等于说企业已有足够的现金或存款用来偿债。流动比率高也可能是存货积压、应收账款增多且收账期延长以及待摊费用和待处理财产损益增加所致,而真正可用来偿债的现金和存款却严重短缺。所以,企业应在分析流动比率的基础上进一步对现金流量加以考察。

(3) 在运用该指标时,应密切结合行业的特点和企业生产经营的特点。一般认为,如果企业的生产经营周期较长,那么,流动比率就可以相应地高一些;如果企业的生产经营周期较短,那么,流动比率就可以相应地低一些。在对该指标进行评价时,应与同行业的其他企业进行比较,与行业的平均水平进行比较。

3. 流动比率的局限性

流动比率有易于理解、计算简单、数据易于获取等优点,但是其评价短期偿债能力的作用是有限的,该指标具有一定局限性。

(1) 流动比率是一个静态指标,只表明在某一时点每一元流动负债的保障程度,即在某一时点流动负债与可用于偿债资产的关系。可是流动资产是不断变化的,流动负债也被不断偿还,又不断产生新的流动负债。所以流动比率很难正确反映企业短期偿债能力。

(2) 流动资产中的存货、应收账款、预付账款等资产变现能力差,影响流动比率指标的评价作用。因此对流动比率评价时可以与流动资产的周转情况相结合,如可利用存货周转率、应收账款周转率等指标加以补充说明。

(三) 速动比率

流动比率虽然可以用来评价流动资产总体的短期偿债能力,但速动比率更能说明资产的变现能力。

1. 速动比率的计算

速动比率是从流动资产中扣除存货部分再除以流动负债的比值,又称变现能力比率。其计算公式为

$$速动比率 = 速动资产 \div 流动负债 = (流动资产 - 存货) \div 流动负债$$

在计算速动比率时,剔除存货的原因如下。

(1) 在流动资产中存货的变现速度最慢。半成品存货要经过加工才能转变成产成品存货;产成品存货出售后,大部分转为应收账款,然后才能收回现金,而能否出售也是不确定的。

(2) 由于某些原因,部分存货可能已经损失报废,但尚未做处理。
(3) 存货估价还存在着成本与合理市价悬殊的问题。
(4) 部分存货可能已抵押给某债权人。

因此,把存货从流动资产中扣除而计算出的速动比率,比流动比率反映的短期偿债能力更加可信。

【例5-3】 ××电器股份有限公司2015年年末的流动资产是12 094 931.5万元,其中存货为947 394.3万元,流动负债是11 262 518.1万元,则计算其速动比率:

$$速动比率=(12\ 094\ 931.5-947\ 394.3)\div 11\ 262\ 518.1\approx 0.99$$

2. 速动比率的分析

(1) 比率越高说明企业短期偿债能力越强,流动负债得到偿还的保障越大,企业财务风险越小;反之则相反。该比率也不能过高,速动资产是流动资产中盈利能力最低的,该指标如果过高,也可能意味着企业的资金沉淀,资金使用效益低下,盈利能力较弱,对企业的生产经营和长远发展不利。

(2) 通常认为正常的速动比率为1,低于1的速动比率被认为是短期偿债能力偏低,但不绝对。因为不同行业的速动比率会有很大差别,并没有统一标准的速动比率。例如,零售商店通常仅采用现金销售而没有赊销的应收账款,因此可以保持一个低于1的速动比率,这不会影响其短期偿债能力。相反一些应收账款较多的企业,速动比率可能要求大于1。

(3) 在运用速动比率分析公司短期偿债能力时,应结合应收账款周转速度指标进行分析,因为其反映了应收账款的变现能力。如果某公司速动比率虽然很高,但应收账款周转速度慢,且它与其他应收款的规模大,变现能力差,那么该公司较为真实的短期偿债能力要比该指标反映的差。

(4) 使用该指标时,也应密切结合行业的特点和企业生产经营的特点。如果企业的生产经营周期较长,那么,速动比率就可以相应地高一些;如果企业的生产经营周期较短,那么,速动比率就可以相应地低一些。

3. 速动比率的局限性

(1) 速动比率只是揭示了速动资产与流动负债的关系,是一个静态指标。

(2) 未考虑应收账款的可回收性和期限,易于被操纵。如果企业的应收账款中,有较大部分不易收回,可能会成为坏账,那么速动比率就不能真实地反映企业的偿债能力。

(3) 各种预付款项及预付费用的变现能力也很差。

(四) 保守速动比率

计算速动比率时,可以去掉一些和当期现金流量无关的项目,这样计算更能反映企业短期偿债能力的指标,如国际上较为流行的保守速动比率。

保守速动比率是指保守速动资产与流动负债的比值,保守速动资产一般是指货币资金、交易性金融资产、应收票据和应收账款净额的总和。其计算公式如下:

$$保守速动比率=(货币资金+交易性金融资产+应收票据+应收账款净额)\div 流动负债$$

【例5-4】 ××电器股份有限公司2015年年末的货币资金为8 881 979.9万元,交易性金融资产为0万元,应收账款为287 921.2万元,应收票据为1 487 980.6万元,流动负债为11 262 518.1万元,则:

保守速动比率=(8 881 979.9+0+287 921.2+1 487 980.6)÷11 262 518.1≈0.95

该公司保守速动比率是高是低,要结合该公司历史资料和行业平均水平来判断。此外,各行业可以根据自身经营特点,确定公式中分子所包括的具体项目。

(五) 现金比率

1. 现金比率的计算

现金比率是指企业的现金类资产与流动负债的比率,反映企业的即时付现能力,即随时可以还债的能力。其计算公式为

现金比率=(货币资金+交易性金融资产)÷流动负债

该比率越高说明企业的短期偿债能力越强。但该比率过高,可能意味着企业拥有过多的获利能力较低的现金类资产,企业的资产未能得到有效的运用,获利能力差。

【例 5-5】 ××电器股份有限公司 2015 年年末的货币资金为 8 881 979.9 万元,交易性金融资产为 0 万元,流动负债为 11 262 518.1 万元,则:

现金比率=(8 881 979.9+0)÷11 262 518.1≈0.79

该指标是高是低也要结合公司历史数据及行业平均水平进行判断。

2. 现金比率的分析

现金比率以现金类资产作为偿付流动负债的基础,但现金持有量过大会对企业资产利用效果产生副作用,该比率不宜过大,相对流动比率和速动比率来说,其作用程度较小,这个指标只具有一定的参考价值。

因为如果要求企业有足够的货币资金、交易性金融资产来偿还其流动负债是不现实的。如果企业短期债务的偿还不得不依赖现金和有价证券,那么其短期偿债能力很可能不是加强,而是削弱了。

该指标是评价企业短期偿债强弱最可信的指标,其主要作用在于评价企业最坏情况下的短期偿债能力。如企业处于财务困境之中;企业的存货和应收账款周转速度很慢;处于投机性较强行业中的企业,如房地产开发企业;对一个新建企业进行贷款决策而对其经营成功的可能性没有把握时。

> **小贴士**
>
> **流动比率、速动比率及现金比率的相互关系**
>
> 流动比率是以全部流动资产作为偿付流动负债的基础计算的指标。它包括了变现能力较差的存货和不能变现的待摊费用,若存货中存在超储积压物资时,会造成企业短期偿债能力较强的假象。速动比率以扣除变现能力较差的存货和不能变现的待摊费用作为偿付流动负债的基础,它弥补了流动比率的不足。现金比率以现金类资产作偿付流动负债的基础,但现金持有量过大会对企业资产利用效果产生副作用,这一指标仅在企业面临财务危机时使用,相对于流动比率和速动比率来说,其作用程度较小。
>
> 资料来源:纳税服务网

三、对企业短期偿债能力的实例分析

短期偿债能力的分析主要有同业比较分析和历史趋势比较分析。

同业比较包括同业先进水平、同业平均水平和竞争对手比较3类,它们的原理是一样的,只是比较标准不同。同业比较分析是指将企业指标的实际值与同行业的平均标准值进行的比较分析。它有两个重要的前提:一是如何确定同类企业;二是如何确定行业标准。

短期偿债能力的历史趋势比较分析是指对企业历史各期流动比率实际值所进行的比较分析。采用的比较标准是过去某一时点的短期偿债能力的实际指标值。比较标准可以是企业历史最好水平,也可以是企业正常经营条件下的实际值。在分析时,经常采用与上年实际指标进行对比。

采用历史趋势比较分析的优点:一是比较基础可靠。历史指标是企业曾经达到的水平,通过比较,可以观察企业偿债能力的变动趋势;二是具有较强的可比性,便于找出问题。其缺点:一是历史指标只能代表过去的实际水平,不能代表合理水平。因此,历史趋势比较分析主要通过比较,揭示差异,分析原因,推断趋势;二是经营环境变动后,也会减弱历史比较的可比性。

根据前面介绍的反映企业短期偿债能力的财务指标。下面以××电器股份有限公司公开公布的2013—2015年财务报表为基础,重点对其2015年的短期偿债能力进行实证举例分析。

(一)××电器股份有限公司短期偿债能力历史趋势比较分析

【例5-6】 依据××电器股份有限公司2013—2015年连续的财务数据进行短期偿债能力分析,表5-1列示了该公司2013—2015年的主要短期偿债能力指标。

表5-1 ××电器股份有限公司2013—2015年的主要短期偿债能力指标

序号	指标名称	2013年	2014年	2015年
1	营运资金	724 130.90	1 175 495.70	832 413.40
2	流动比率	1.08	1.11	1.07
3	速动比率	0.94	1.03	0.99
4	现金比率	0.41	0.50	0.79

(1)从营运资金来看,2014年该公司的营运资金比2013年有所增长,表明其2014年偿付短期债务的总量能力较2013年是上升的。但2015年较2014年又大幅度下降,原因是2015年流动负债增加。还需要通过观察流动比率、速动比率来做进一步的分析。

(2)从表5-1可以看出,该公司流动比率与速动比率2014年比2013年上升,2015年又有所下降。

事实上,该公司2015年流动比率与速动比率下降的主要原因在于其存货周转速度和应收账款周转速度的下降。2015年,该公司的存货周转天数比2014年增加了5天,而且其不含应收票据的应收账款周转天数比2014年增加了4.3天。这两项流动资产周转速度的下降直接导致了该企业短期偿债能力的下降。

(3)从现金比率来看,该公司从2013年到2015年逐年上升,尤其是2015年较2013年上升了38%。原因是2015年货币资金大幅度增加。

综上所述,2013—2015年该公司短期偿债能力先上升后下降,但就流动比率和速动比率来看,波动不大,比较稳定。

(二) ××电器股份有限公司短期偿债能力同业比较分析

【例 5-7】 以××电器股份有限公司连续 3 年的资料为例,结合公司所属行业指标平均值,对××电器股份有限公司短期偿债能力进行同业比较分析(如表 5-2 所示)。

表 5-2　××电器股份有限公司 2013—2015 年短期偿债能力同业比较分析

项　目	流动比率	速动比率	现金比率
行业 2013 年	1.42	1.15	0.39
××电器股份有限公司 2013 年	1.08	0.94	0.41
与行业水平差异值	−0.34	−0.21	0.02
与行业水平差异率(%)	−23.90	−18.30	5.10
行业 2014 年	1.42	1.17	0.67
××电器股份有限公司 2014 年	1.11	1.03	0.50
与行业水平差异值	−0.31	−0.14	−0.17
与行业水平差异率(%)	−21.80	−11.97	−25.40
行业 2015 年	1.52	1.25	1.22
××电器股份有限公司 2015 年	1.07	0.99	0.79
与行业水平差异值	−0.45	−0.26	−0.43
与行业水平差异率(%)	−29.60	−20.80	−35.20

(1) 流动比率分析,从表 5-2 中可以看到,××电器股份有限公司近 3 年的流动比率都低于行业标准值,且差异越来越大,说明企业短期偿债能力低于行业平均水平。

(2) 速动比率分析,从表 5-2 中可以看到,××电器股份有限公司近 3 年的速动比率都低于行业标准值,且 2015 年差异最大,这是因为 2015 年该公司应收账款周转速度较快,应收账款占用额较低。

(3) 现金比率分析,从表 5-2 中可以看出,××电器股份有限公司近 3 年的现金比率逐渐下降,2014 年和 2015 年都低于行业平均水平,说明公司 2015 年现金的存量较少,用现金偿还短期负债的能力较弱。

综上所述,××电器股份有限公司短期偿债能力低于行业平均水平,说明企业无论是货币资金、应收账款还是存货的存量都不多,并且应收账款周转率和存货周转率都高于行业平均水平。

如何加强企业短期偿债能力

一般来说,流动资产越多,企业短期偿债能力越强,在企业常见的流动资产中,根据变现能力由强到弱的顺序通常为货币资金、短期投资、应收账款和应收票据、存货、预付账款以及待摊费用等。

企业之所以短期偿债能力弱,最大的原因是应收账款周转速度过慢,需要加强应收账款的回收,应该对应收账款进行动态分析,加强日常监督和管理。由于企业的存货过多,也导致资金积压,应将公司很快能变现的长期资产出售变成现金,以增加公司的短期偿债能力。

此外,提高现金流量水平,从内部着手减少采购成本和生产成本,加速营业利润,进行市场调研、加强营销策略,改进技术。还应该制定合理的偿债技术划,提高短期偿债能力。

资料来源:高莉《从流动比率谈企业短期偿债能力评价方法之改进》

第三节 长期偿债能力分析

一、长期偿债能力的影响因素

长期偿债能力是企业偿还长期债务的现金保障程度。企业的长期债务是指偿还期在1年和超过1年的一个营业周期以上的负债,包括长期借款、应付债券、长期应付款等。分析一个企业长期偿债能力,主要是为了确定该企业偿还债务本金和支付债务利息的能力。长期偿债能力强弱是衡量企业财务状况稳定与安全程度的重要尺度。

由于长期债务的期限长,企业的长期偿债能力一方面取决于企业资产与负债的比例关系,即资本结构;一方面取决于获利能力。

(一)资本结构

资本结构是指企业各种资本的价值构成及其比例关系,是企业一定时期筹资组合的结果。企业资本结构,或称融资结构,反映的是企业债务与股权的比例关系,它在很大程度上决定着企业的偿债和再融资能力,决定着企业未来的盈利能力,是企业财务状况的一项重要指标。合理的资本结构可以降低融资成本,发挥财务杠杆的调节作用,使企业获得更大的自有资金收益率。

不同来源的资金,成本和风险不同。负债需到期还本付息,否则会面临财务危机,甚至可能导致企业破产,因此债权资金的风险较大;所有者权益作为永久性资本,无须偿还,几乎无风险,是企业稳定性与偿债能力的保障,但其要求的报酬通常高于债务利息,因此成本较高。

综合而言,负债的比重越高,风险越大,不能偿还本息的可能性也越大;而所有者权益的比重越高,企业的稳定性越强,风险也越低,对债务的保障程度也越高。因此企业的资本结构直接影响着企业的长期偿债能力。

(二)获利能力

债权者一般更关心企业的长期存续性,如果某企业具有足够的盈利能力,今后也能从经营中获取足够的现金或从其他的债权人及投资者处筹集新的资金,这样也就不用担心其今后本金和利息的偿付能力。

因此,企业的获利能力是决定企业长期偿债能力的一个非常重要的因素。企业能否有充足的现金流入偿还长期负债,在很大程度上取决于企业的获利能力。一般来说,企业的获利能力越强,长期偿债能力越强;反之,则越弱。

从影响长期偿债能力的两个因素来看,企业的长期偿债能力分析依据主要来源于资产负债表和利润表。

二、利用资产负债表分析长期偿债能力

（一）资产负债率

1. 资产负债率的计算

资产负债率是负债总额与资产总额的百分比，它反映了企业的总资产中有多大比例是通过借债来筹集的，也被称为举债经营比例。这一比率也可以用来衡量企业在清算时保护债权人利益的程度。其计算公式如下：

$$资产负债率 = (负债总额 \div 资产总额) \times 100\%$$

公式中的负债总额不仅包括长期负债，还包括短期负债，其原因在于短期负债作为一个整体，总有一个存量是被企业长期性占用着的，可以视同长期性资金来源的一部分。因此，本着稳健的原则，将短期债务包括在负债总额中是合适的。

公式中的资产总额是扣除累计折旧后的资产净额。

这两项数据均可以在资产负债表中取得（资产负债表中的资产总计即为资产净额）。

【例5-8】 ××电器股份有限公司2015年年末资产总额为16 169 801.6万元，负债总额为11 313 140.8万元，则

$$资产负债率 = (11\ 313\ 140.8 \div 16\ 169\ 801.6) \times 100\% \approx 69.96\%$$

该公司的资产负债率达到69.96%，说明该公司的负债偿还压力较大，负债较多，有资不抵债的风险。

2. 资产负债率的分析

（1）从债权人的角度来看

资产负债率的比值越低表明该企业的长期偿债能力越好。资产负债率低，说明债权人提供的资金所占比例低，企业不能偿债的可能性小，企业的风险主要由股东承担，这对债权人来讲，是十分有利的；同时在企业清算时，资产的变现所得往往低于账面价值，因此该比率越低，债权人所得到的保障程度就越高。

（2）从企业的所有者及经营者的角度来看

由于企业通过举借债务而筹集的资金与企业的自有资金在经营中发挥的效用是相同的，因此只要企业能够保持较好的盈利水平，企业全部资金利润率超过借款利率，那么较大的资产负债率就能给所有者和企业带来较大的利润。

（3）从长远来看

企业的盈利水平也是保障其长期偿债能力的一个因素，过低的资产负债率表明企业的经营过于保守，到底这个比率多大为宜，应结合企业所在行业的平均水平及企业的历史发展状况来观察，不能一概而论。

一般认为，资产负债率的适宜水平是40%～60%。对于经营风险比较高的企业，为减少财务风险应选择比较低的资产负债率；对于经营风险低的企业，为增加股东收益应选择比较高的资产负债率。

> **小贴士**
>
> 我国不同行业的资产负债率不尽相同，交通、运输、电力等基础行业平均为50%左右，

加工业为65%左右,商贸业为80%左右。

英国和美国公司的资产负债率很少超过50%,而亚洲和欧盟企业的资产负债率要明显高于50%,有的成功企业甚至达到70%。

资料来源：中国管理会计网

(二) 产权比率

1. 产权比率的计算

产权比率是负债总额与所有者权益总额之比。对于股份公司来讲,所有者权益即为股东权益,因此这个比率也称债务股权比率。其计算公式为

$$产权比率 = (负债总额 \div 所有者权益总额) \times 100\%$$

【例5-9】 ××电器股份有限公司2015年年末所有者权益总额为4 752 137.6万元,负债总额为11 313 140.8万元,则

$$产权比率 = (11\,313\,140.8 \div 4\,752\,137.6) \times 100\% \approx 238\%$$

产权比率一般认为应当维持在70%～150%,该公司高达238%,说明该公司负债比重很大,远远超过企业所有者权益,这也暗示该公司负债偿还压力大。

2. 产权比率的分析

(1) 产权比率反映了由债权人提供的资本与所有者提供的资本之间的对应关系,从而反映出企业的基本财务结构是否稳定。一般来说,所有者资本大于借入资金较好,但也不能一概而论。

从所有者的角度来看,在通货膨胀加剧时期,企业多举债可以把损失和风险转嫁给债权人;在经济繁荣时期,企业多举债可以获得额外的利润;在经济萎缩时期,企业少借债可以减少利息负担和财务风险。产权比率高,是高风险、高报酬的财务结构;产权比率低,是低风险、低报酬的财务结构。

(2) 该指标同时也反映了债权人投入的资金受到所有者权益保障的程度,或者说企业清算时对债权人利益的保障程度,因为法律规定债权人的清偿顺序列在所有者之前。

(3) 事实上,产权比率与资产负债率有着共同的经济意义,两个指标可以相互补充。与资产负债率一样,对这一指标的评价应结合行业状况和企业的历史经营状况。对债权人来说,一般该比值越低代表其长期偿债能力越强。

(三) 权益乘数

权益乘数是指资产总额与所有者权益总额的比率,它说明企业资产总额与所有者权益总额的倍数关系。其计算公式为

$$权益乘数 = 资产总额 \div 所有者权益总额$$
$$= 1 \div (1 - 资产负债率)$$

权益乘数越大,表明资产中来自权益资金的比重越小,负债比重越大,长期偿债能力越差,财务风险越大;反之则相反。

【例5-10】 ××电器股份有限公司2015年年末所有者权益总额为4 752 137.6万元,资产总额为16 169 801.6万元,则

$$权益乘数 = 16\,169\,801.6 \div 4\,752\,137.6 \approx 3.4$$

权益乘数与资产负债率有着共同的经济意义,两个指标可以相互补充。两者也有区

别,权益乘数强调揭示资产总额与所有者权益总额的倍数关系,倍数越大,说明企业资产对负债的依赖程度越高,风险越大。资产负债率侧重于揭示总资本中有多少是靠负债取得的,说明债权人权益的受保障程度。

(四)有形净值债务率

1. 有形净值债务率的计算

有形净值债务率是企业负债总额与有形净值的百分比。有形净值是所有者权益减去无形资产净值,即所有者所拥有的有形资产的净值。其计算公式为

$$有形净值债务率 = 负债总额 \div (所有者权益 - 无形资产净值) \times 100\%$$

分子分母的数据均可从资产负债表中取得。负债总额与有形资产净值应维持1:1的比例较合适。

【例5-11】 ××电器股份有限公司2015年年末所有者权益总额为4 752 137.6万元,负债总额为11 313 140.8万元,无形资产净值为265 614.4万元,则

$$有形净值债务率 = 11\ 313\ 140.8 \div (4\ 752\ 137.6 - 265\ 614.4) \times 100\% \approx 252.2\%$$

2. 有形净值债务率的分析

(1) 从公式可以看出,有形净值债务率实质上是产权比率指标的延伸,使用产权比率时,必须结合有形净值债务率指标,做进一步分析。

该指标事实上是从更为保守和谨慎的角度来反映企业在清算时债权人的权益受到股东权益保护的程度。它又被称为保守产权比率,原因在于在这里扣除了清算时很难兑现或没有变现价值的商誉、商标、专利权及非专利技术等无形资产的价值。这一比率在企业的无形资产数额较大时更有实用价值。

(2) 对有形净值债务率的其他分析与产权比率相同。有形净值债务率揭示了负债总额与有形资产净值之间的关系,能够计量债权人在企业处于破产清算时能获得多少有形财产保障。从长期偿债能力来讲,指标越低越好。

(3) 有形净值债务率指标最大的特点是在可用于偿还债务的净资产中扣除了无形资产,这主要是由于无形资产的计量缺乏可靠的基础,不可能作为偿还债务的资源。

三、利用利润表分析长期偿债能力

利用资产负债表分析企业长期偿债能力存在局限性。一方面资产负债表反映的是企业某一时点的财务状况,因此这种分析是一种静态的分析;另一方面资产负债表分析未能揭示企业经营业绩与偿还债务支出的关系。偿还债务本金和利息的支出来源于企业收益,因此资本结构分析不能完全说明企业是否有足够能力偿还债务支出,还要结合利润表分析长期偿债能力。

(一)利息保障倍数

1. 利息保障倍数的计算

利息保障倍数指标是指企业经营业务收益与利息费用的比率,用以衡量偿付借款利息的能力,称已获利息倍数。其计算公式如下:

$$利息保障倍数 = 息税前利润 \div 利息费用$$

公式中的"息税前利润"是指利润表中未扣除利息费用和所得税之前的利润。它可以用"利润总额加利息费用"来测算。

公式中的分母"利息费用"是指本期发生的全部应付利息。它不仅包括财务费用中的利息费用,还应包括计入固定资产成本的资本化利息。资本化利息虽然不在利润表中扣除,但仍然是要偿还的。利息保障倍数的重点是衡量企业支付利息的能力,没有足够大的息税前利润,资本化利息的支付就会发生困难。

由于我国现行的利润表中一般不单列利息费用,而是混在"财务费用"之中,外部报表使用者有时可用"财务费用"代替"利息费用",用下述公式来近似地计算:

$$利息保障倍数=(利润总额+财务费用)÷财务费用$$

但要注意由于财务费用中还包括利息收入、手续费支出、汇兑损益等各项内容,在这些项目占比很大时,由此公式计算出的指标值可能与实际值出入较大。

【例5-12】 S公司2015年税前利润总额为10 000万元,利息支出为4 000万元,则利息保障倍数为

$$利息保障倍数=(10\,000+4\,000)÷4\,000=3.5$$

2. 利息保障倍数的分析

(1)利息保障倍数是从利润表方面考察企业长期偿债能力的一项指标。它表明企业的经营收益是所需支付债务利息的多少倍。只要利息保障倍数足够大,就表明企业不能偿付到期利息债务的风险比较小。如果企业的利息债务偿还情况很好,当本金到期时企业也能重新筹集到资金。

因此,对于债权人来讲,该比率越高则表明企业长期偿债能力越强。当然,这一比率过高,很可能就是因为企业负债率过小而造成的,又说明企业的经营过于保守。关于这一方面的分析,可以结合前面对资产负债率、产权比率的分析来理解。

(2)一般公认的利息保障倍数为3,但如何合理确定企业的利息保障倍数,这还需要将该企业的这一指标与其他企业,特别是本行业平均水平进行比较,来分析决定本企业的指标水平。

同时从稳健性的角度出发,最好比较本企业连续几年的该项指标,并选择最低指标年度的数据作为标准。这是因为,企业在经营好的年度要偿债,而在经营不好的年度也要偿还大约同量的债务。某一个年度利润很高,已获利息保障倍数也会很高,但不能年年如此。采用指标最低年度的数据,可保证最低的偿债能力。一般情况下应采纳这一原则,但遇有特殊情况,须结合实际来确定。

(3)与此同时,结合该指标,当企业长期债务比重较大时,可以测算长期债务的偿还能力,测算指标是企业长期债务与营运资金比率,它是用企业的长期债务与营运资金相除计算的。其计算公式如下:

$$长期债务与营运资金比率=长期债务÷(流动资产-流动负债)$$

一般情况下,长期债务不应超过营运资金,即这一比率应小于1。由于长期债务会随时间延续不断转化为流动负债,须动用流动资产来偿还。保持长期债务不超过营运资金,会使长期债权人和短期债权人感到贷款有安全保障。

【例 5-13】 根据××电器股份有限公司资产负债表可以算出,其 2014 年的长期债务与营运资金比率为

长期债务与营运资金比率＝225 896.9÷(12 014 347.9－10 838 852.2)≈19.22%

可见,该公司的此项指标值极高,说明其长期偿债能力是不好的。

(二) 固定支出保障倍数

固定支出保障倍数是利息保障倍数的扩展形式,是从利润表方面评价企业长期偿债能力的又一指标。固定支出保障倍数是指企业经营业务收益与固定支出的比率。其计算公式如下:

固定支出保障倍数＝(税前利润＋固定支出)÷固定支出

这里的固定支出包括利息费用和经营租赁费中的利息部分。其中利息费用包括计入财务费用的利息支出和资本化利息。该指标数额越大,偿债能力越强。该指标用于考察与负债有关的固定支出和经营业务收益的关系,用于衡量企业用经营业务收益偿付固定支出的能力。

【例 5-14】 S 公司 2015 年税前利润总额为 10 000 万元,利息支出为 4 000 万元,租赁费用为 6 000 万元,假设租赁费用中有 1/3 的利息费用,则

固定支出保障倍数＝(10 000＋4 000＋2 000)÷(4 000＋2 000)≈2.67

四、对企业长期偿债能力的实例分析

通过前面学习反映企业长期偿债能力的各项财务指标之后,还是运用历史趋势比较分析与同业比较分析方法,对××电器股份有限公司的长期偿债能力进行实证举例分析。

(一) ××电器股份有限公司长期偿债能力历史趋势比较分析

根据××电器股份有限公司 2013—2015 年的财务数据,可以得到其主要长期偿债能力指标计算分析如表 5-3 所示。

表 5-3　××电器股份有限公司 2013—2015 年主要长期偿债能力指标计算分析

项　目	2013 年	2014 年	2015 年
资产负债率(%)	73	71	70
产权比率(%)	284	252	238
权益乘数	3.87	3.54	3.4
有形净值债务率	3.05	2.67	2.52

注:××电器股份有限公司 2013—2015 年财务费用为负值,说明利息收入大于利息支出,偿付利息支出没有任何问题,故无须计算这几年的利息保障倍数。

(1) 从表 5-3 中可以看出,该公司 2013—2015 年的资产负债率在逐年下降,各年均超过 70%。虽然资产负债率偏高,但波动不大,比较平稳。

该公司流动资产占全部资产比重较高,达 75%,资产流动性较强,可以安排高负债。

(2) 产权比率与权益乘数 2013—2015 年逐年下降,说明企业长期负债逐年减少,但是这两个比率都偏高,表示该公司的负债比重较大,企业长期偿还能力较弱。

(3) 有形净值债务率逐年减少,说明企业债权人在企业处于破产清算时能获得的有形

财产保障越来越多。

综上所述,该企业的负债比重偏高,偿还压力较大,但是2013—2015年在逐年改善,并比较稳定。

(二)××电器股份有限公司长期偿债能力同业比较分析

资产负债率是长期偿债能力分析的核心指标,下面以××电器股份有限公司连续3年的资产负债率为例,与所属行业资产负债率平均值进行比较,进行同业比较分析,如表5-4所示。

表5-4　××电器股份有限公司2013—2015年资产负债率同业比较分析　　单位:%

项　　目	2013年	2014年	2015年
公司资产负债率	73.0	71.0	70.0
行业平均值	56.1	54.9	49.9
与行业差异	16.9	16.1	20.1
与行业差异率	30.1	29.3	40.3

从表5-4可以看出,该公司资产负债率与行业平均值相比也是较高的,2015年比平均水平高了20.1个百分点,长期偿债能力较弱。而且从表5-4还可以看出,2015年行业平均值是比2014年下降的。因此,可以得出这样一个结论,2015年在整个行业的长期偿债能力得到改善的同时,该公司的长期偿债能力却有所下降。

根据以上分析,可以得出以下结论:2015年××电器股份有限公司的长期偿债能力整体情况较差,并低于全国同业平均水平40.3%,说明该公司负债压力大,有可能出现资不抵债的风险。

小贴士

如何加强长期偿债能力

1. 优化资本结构

企业的资本结构是企业筹资决策的核心问题,多数企业主要资金的来源是债权资金,其资本结构不合理,企业过多的借款,造成高额负债,所以必须强化企业资本结构意识。可通过增发新股以募集权益资本,同时可以借鉴国外已有的量化指标,对影响资本结构的数据进行综合整理和分析,从而找出相对合理的优化资本结构的量化标准,指导企业提高长期偿债能力。

2. 提高盈利能力

首先,要合理适度投资和购置资产,在投资前应仔细分析该项目的前景、风险及回报情况,避免盲目投资,同时购置资产时与企业的实际需要相联系,防止固定资产过多占用资金。

其次,要正确地选择经营模式,通过不断的改革和调整,找到适合本公司同时能紧跟市场经营形式。

最后,企业要想盈利,最重要的因素还是人才,有好的人才才能使企业的效益增加,所以要注重人才的培养。

资料来源:唐荣林《对企业偿债能力评估的延伸思考》

第四节 影响偿债能力的表外因素

一、未在财务报告中反映的影响企业短期偿债能力的因素

前述反映企业短期偿债能力的各项财务指标,均是由财务报告中取得的。但利益相关者在对企业的财务状况进行分析时,还应注意那些在财务报告中没有反映出来的影响企业短期偿债能力的因素,才能做出正确的判断。

(一)增强短期偿债能力的表外因素

由于以下几个因素,企业流动资产的实际偿债能力可能比财务报告反映出来的要好些。

1. 企业偿债能力的声誉较好

如果企业偿债能力一贯很好,在银行界及金融市场上有一定的声誉,当其在短期偿债方面发生困难时,可以很快地通过向银行申请贷款、发行债券或股票等方式筹集资金,偿还其短期或到期的长期债务。这个增加企业短期偿债能力的因素,取决于企业自身的信用状况及当时的筹资环境。

2. 企业存有可动用的银行贷款指标

如果企业存有银行已承诺但尚未办理贷款手续的银行贷款限额,则企业的现金可随时增加,其短期偿债能力可随时增强,这一情况有时会在财务状况说明书中有所反映。

3. 企业拥有可以很快变现的长期资产

企业可能有一些长期资产可以迅速变为现金,这将增强企业的短期偿债能力。但企业是否确实拥有可以立刻变现的长期资产很难估计。因为一方面长期资产一般是营运中的资产;另一方面闲置的长期资产一般在短期内不易变现。但某些长期投资项目可以例外,这取决于投资本身的性质。

(二)降低短期偿债能力的表外因素

未在财务报告中反映的降低企业短期偿债能力的因素主要有以下几点。

1. 已贴现的商业票据

企业如果将票据贴现,则贴现方(一般是银行)就对企业具有追索权。如果一旦商业票据被到期拒付,则贴现方就形成了对企业的债权,但企业是按已折扣的票据价值入账,而贴现方拥有全额追索权。按我国现行的《企业会计准则》,企业的或有负债(有可能发生的债务)并不作为负债登记入账,也不在报表中反映。但已办理贴现的商业承兑汇票应作为附注列在资产负债表下端。

2. 为他人提供的担保

企业有可能以自己的一些流动资产为他人提供担保,如为其他企业向金融机构借款提供担保,为其他企业购货或履行有关经济责任提供担保等。这些担保有可能成为企业的负债,降低其偿债能力。

3. 其他未做记录的或有负债

企业还可能有其他未在报表中反映的或有负债,如出售产品可能发生的质量事故赔偿、尚未解决的税额争议、未决诉讼案件和经济纠纷案件等。这些或有负债一旦成为事实上的负债,就会加大企业的偿债负担。

小贴士

能降低公司短期偿债能力的因素主要是或有负债。或有负债是指过去的交易或者事项形成的潜在义务,其存在必须通过未来不确定的事项的发生或者不发生予以证实;或过去的交易或者事项形成的现时义务,履行该义务不是很可能导致经济利益流出上市公司或者该义务的金额不能可靠计量。

常见的或有负债有未决诉讼或未决仲裁,债务担保和产品质量保证等。

资料来源:博思网

二、未在财务报告中反映的影响企业长期偿债能力的因素

企业除了通过上述由利润表、资产负债表中有关项目之间的内在联系计算出来的各种比率来评价和分析企业的长期偿债能力外,还必须重视一些未在财务报表中反映的影响企业长期偿债能力的因素。

(一)长期租赁

当企业急需某种设备或其他资产而又缺乏足够的购买资金时,可以通过租赁的方式解决。财产租赁有两种形式:融资租赁和经营租赁。

(1)融资租赁是由租赁公司垫付资金购买设备租给承租人使用,承租人按合同规定支付租金(包括设备买价、利息、手续费等)。

一般情况下,在承租方付清最后一笔租金后,其所有权归承租方所有,实际上属于变相的分期付款购买固定资产。

因此,在融资租赁形式下租入的固定资产作为企业的固定资产入账,进行管理,相应的租赁费用作为长期负债处理。这种资本化的租赁已经包括在债务比率指标计算之中,在分析长期偿债能力时,已包括了这个因素。

(2)经营租赁不同于融资租赁,它不在资产负债表中反映,只出现在报表附注和利润表的租金项目中。

当企业的经营租赁量比较大、期限比较长或具有经常性时,则构成了一种长期性筹资。这虽然不包括在长期负债之内,但到期时必须支付租金,这会对企业的偿债能力产生影响。因此,如果企业经常发生上述经营租赁业务,应考虑租赁费用对偿债能力的影响。

(二)担保责任

担保项目时间长短不一,有的涉及企业的长期负债,有的涉及企业的短期负债。在分析企业长期偿债能力时,应根据有关资料判断担保责任带来的潜在长期负债问题。

(三)或有事项

或有事项是指过去的交易或事项形成的一种状态,其结果须通过未来不确定事项的发生或不发生予以证实。或有事项分为或有资产和或有负债。或有资产是指过去交易或事

项形成的潜在资产,其存在要通过未来不确定事项的发生或不发生予以证实。

产生或有资产会提高企业的偿债能力;产生或有负债会降低企业的偿债能力。因此,在分析企业的财务报表时,必须充分注意有关或有事项的报表附注披露,以了解未在资产负债表上反映的或有事项,并在评价企业长期偿债能力时,考虑或有事项的潜在影响。同时,应关注是否有资产负债表日后的或有事项。

(四)承诺

承诺是企业对外发出的将要承担的某种经济责任和义务。企业为了经营的需要,常常要做出某些承诺,这种承诺有时会大量增加该企业的潜在负债或承诺义务,而却没有通过资产负债表反映出来。因此,在进行企业长期偿债能力分析时,报表分析者应根据报表附注及其他有关资料等,判断承诺变成真实负债的可能性;判断承诺责任带来的潜在长期负债,并做相应处理。

(五)金融工具

金融工具是指引起一方获得金融资产并引起另一方承担金融负债或享有所有者权益的契约。与偿债能力有关的金融工具主要是债券和金融衍生工具。

金融工具对企业偿债能力的影响主要体现在两方面。

(1) 金融工具的公允价值与账面价值发生重大差异,但并没有在财务报表中或报表附注中揭示。

(2) 未能对金融工具的风险程度恰当披露。

报表使用者在分析企业的长期偿债能力时,要注意结合具有资产负债表表外风险的金融工具记录,综合对企业偿债能力做出判断。

本 章 小 结

企业偿债能力分析包括短期偿债能力分析和长期偿债能力分析。其中短期偿债能力分析的主要财务指标有营运资金、流动比率、速动比率及现金比率等,反映企业偿还流动负债的能力;长期偿债能力分析的主要财务指标有资产负债率、产权比率、权益乘数及利息保障倍数等,反映企业偿还非流动负债的能力。

偿债能力事关企业长期发展,是企业利益相关方关心的重要财务能力之一;同时偿债能力又是衡量企业财务管理水平的核心内容。所以偿债能力的分析应成为现代企业财务分析的核心内容之一。分析企业偿债能力时,常用的分析方法有同业比较分析和历史趋势比较分析。

练 习 题

一、单项选择题

1. 短期偿债能力是借款人以流动资金偿还流动负债的能力,它注重的是( )。
   A. 借款人盈利能力的分析 B. 流动资金变现能力的分析
   C. 资产净利率分析 D. 资产报酬率分析

2. 现金比率是衡量借款人短期偿债能力的一项参考指标,计算现金比率所涉及的要素不包括( )。
  A. 货币资金   B. 易变现的有价证券
  C. 流动负债   D. 资产净利

3. 在计算速动资产时,之所以要扣除存货等项目,是由于( )。
  A. 这些项目价值变动较大   B. 这些项目质量难以保证
  C. 这些项目数量不易确定   D. 这些项目变现能力较差

4. 如果企业的流动比率大于2,则下列说法正确的是( )。
  A. 流动资产大于流动负债   B. 短期偿债能力绝对有保障
  C. 速动比率大于1   D. 已达到合理水平

5. 某企业资产负债率为50%,则权益乘数为( )。
  A. 2   B. 1.5   C. 1   D. 2.5

二、多项选择题

1. 某企业流动比率为2.5,存货与流动负债之比为1.2,则下列说法正确的有( )。
  A. 存货占流动资产的48%   B. 速动比率为1.3
  C. 营运资金大于零   D. 企业的偿债能力很强

2. 下列项目中,属于速动资产的有( )。
  A. 现金   B. 应收账款   C. 固定资产   D. 存货

3. 下列各项指标中,反映短期偿债能力的指标有( )。
  A. 流动比率   B. 速动比率   C. 资产负债率   D. 净资产负债率

4. 下列各项指标中,反映长期偿债能力的指标有( )。
  A. 权益乘数   B. 速动比率   C. 资产负债率   D. 产权比率

5. 资产负债率分析的内容包括( )。
  A. 趋势分析   B. 构成分析   C. 同业比较分析   D. 定量分析

三、判断题

1. 长期偿债能力的强弱是反映借款人财物状况稳定与安全程度的重要标志。( )

2. 对债权人而言,企业的资产负债率越高越好。( )

3. 由于应收账款存在着发生坏账损失及延期收回的可能,因此流动比率最能反映借款人直接偿付流动负债的能力。( )

4. 流动比率越高,反映借款人的短期偿债能力越强,债权人的权益越有保证,风险越小,所以流动比率越高越好。( )

5. 确定企业的利息保障倍数,最好比较企业连续几年的该项指标,并选择最高指标年度的数据作为标准。( )

第六章 营运能力分析

学习目标
(1) 了解营运能力的含义与营运能力分析的目的；
(2) 熟悉影响营运能力的因素；
(3) 掌握营运能力分析的方法。

技能要求
(1) 能够计算评价营运能力的各项财务指标；
(2) 能够运用财务指标分析评析企业营运能力的强弱。

引导案例

甲、乙两家企业的总资产均为 200 万元,其中存货占 10%,毛利率为 20%。甲企业存货周转率为每年 10 次,它的年毛利润为 [(200×10%)×10×20%]＝40 万元；而乙企业存货周转率为每年 20 次,它的年毛利润为 [(200×10%)×20×20%]＝80 万元。虽然占有等量的资源,乙企业由于周转速度快而创造了更多的收益,盈利能力和偿债能力较强。

从这个例子可以看出,企业的营运能力直接影响和关系着企业的偿债能力与盈利能力,从某种程度上来说营运能力是两者的基础,体现着企业的经营绩效。

第一节 营运能力分析概述

企业营运能力主要是指企业营运资产的效率与效益。企业营运资产的效率主要是指资产的周转率或周转速度；企业营运资产的效益通常是指企业的产出额与资产占用额之间的比率。企业营运能力分析就是要通过对反映企业营运资产效率与效益的指标进行计算与分析,评价企业的营运能力,为企业提高经济效益指明方向。

一、营运能力分析的目的

1. 评价企业资产的流动性

企业经营的动机是获取预期收益,当资产处在静止状态时,根本就谈不上收益。当企业运用这些资产进行经营时,才可能产生收益。企业营运能力越强,资产的流动性越高,企业获得预期收益的可能性就越大。

2. 评价企业资产利用的效益

企业营运能力的实质就是要以尽可能少的资产占用、尽可能短的时间周转,生产尽可能多的产品,实现尽可能多的营业收入,创造尽可能多的纯收入。通过企业产出额与资产占用额的比较,可以评价企业资产利用的效率,提高经济效益。

3. 挖掘企业资产利用的潜力

企业营运能力的高低,取决于多种因素,通过企业营运能力分析,可以了解企业资产利用方面存在哪些问题,还有多少潜力可以挖掘,进而采取有效措施,提高企业资产营运能力。

对不同报告使用者,营运能力分析具有不一样的意义。

对股东或投资者而言,通过资产运用效率分析,可以判断企业财务安全性及资产的收益能力,以进行相应的投资决策。

对债权人而言,通过资产运用效率分析,可以判明其债权的物质保障程度或其安全性,从而进行相应的信用决策。

对管理者而言,管理者通过资产运用效率分析,可以发现闲置资产和利用不充分的资产,从而处理闲置资产以节约资金,或提高资产利用效率以改善经营业绩。

二、营运能力分析的内容

企业的营运能力主要取决于其经营资产实现收入的能力。营运能力分析的内容主要如下。

1. 总资产营运能力分析

企业总资产营运能力主要是指企业总资产的效率和效益。通过对总资产周转率和总资产收入率的分析,反映总资产的周转速度和利用效果。

2. 流动资产营运能力分析

流动资产营运能力分析是企业营运能力分析最重要的组成部分。流动资产营运能力分析通过对流动资产周转率、应收账款周转率、存货周转率的分析,揭示流动资产周转速度变动的原因,评价资产的流动性。

3. 固定资产营运能力分析

固定资产营运能力分析通过对固定资产周转率、固定资产收入率的分析,揭示固定资产利用效果和周转速度变动的原因,评价固定资产的营运能力。

第二节 营运能力的分析

一、总资产营运能力分析

总资产营运能力反映企业利用全部资产的效率和效益。总资产的效率是指总资产的周转速度;总资产的效益是指投入或使用总资产获得产出的能力。

资产周转速度是衡量企业营运效率的主要指标。资产周转速度越快,表明资产可供运用的机会越多,使用效率越高;反之,则表明资产利用效率越差。资产周转速度快慢,通常使用资产周转率(次数)和资产周转期(天数)两个指标。

（一）总资产周转率的计算

总资产周转率可以反映出企业总资产的效率，即总资产的周转速度。总资产周转率是指企业一定时期的营业收入与资产总额的比率，它说明企业的总资产在一定时期内（通常为 1 年）周转的次数。其计算公式如下：

$$总资产周转率（次数）=营业收入净额\div平均资产总额$$

式中：

$$平均资产总额=（期初资产总额+期末资产总额）\div2$$

$$营业收入净额=销售收入-销售折扣、销售折让、销货退回等$$

与总资产周转率（次数）相关的另一个指标是总资产周转期（天数）。其计算公式如下：

$$总资产周转期（天数）=计算期（天数）\div总资产周转率（次数）$$

式中：计算期（天数）的确定通常为一年，按 360 天计算。

该指标反映总资产每周转一次需要的时间（天数），指标数值越小，说明总资产的周转速度越快，资产运用的效率越好。

【例 6-1】 ××电器股份有限公司 2015 年年初总资产 15 623 094.8 万元，年末总资产 16 169 801.6 万元，2015 年实现营业收入 9 774 513.7 万元，则

$$平均资产总额=（15\ 623\ 094.8+16\ 169\ 801.6）\div2=15\ 896\ 558.2（万元）$$

$$总资产周转率（次数）=9\ 774\ 513.7\div15\ 896\ 558.2\approx0.61（次）$$

$$总资产周转期（天数）=360\div0.61\approx590（天）$$

（二）总资产周转率指标的分析

（1）总资产周转率考察企业运用全部资产的效率，即企业运用资产赚取收入的能力。也可以理解为 1 元资产投资当期所产生的销售额，产生的销售额越多，说明资产的使用和管理效率越高。

（2）一般来说，总资产周转率越高越好，在销售利润率不变的条件下，周转次数越多说明同样的资产取得的收益越多，资产管理水平越高，企业的营运能力和偿债能力就越强。如果该比率较低，则说明企业利用全部资产进行经营的效率较差。

（3）总资产周转率的高低取决于销售收入和总资产两个因素。如果不同企业之间的资产结构差异过大，或者企业资产中存在大量的对外投资项目，那么，资产周转率指标可比性就存在问题。因为只有投入经营使用的资产才可能产生销售收入。

二、流动资产营运能力分析

流动资产具有周转期短、变现能力强等特点。流动资产营运能力反映流动资产的周转速度。

（一）流动资产周转率分析

1. 流动资产周转率的计算

流动资产周转率是指企业一定时期的营业收入与流动资产平均余额的比率，即企业流动资产在一定时期内（通常为 1 年）周转的次数。流动资产周转率是反映企业流动资产运用效率的指标。其计算公式如下：

流动资产周转率(次数)＝营业收入净额÷平均流动资产总额

式中：

平均流动资产总额＝(期初流动资产＋期末流动资产)÷2

与流动资产周转率(次数)相联系的另一个指标是流动资产周转期(天数)，计算公式：

流动资产周转期(天数)＝计算期(天数)÷流动资产周转率(次数)

该指标说明流动资产每周转一次所用的时间。每周转一次使用的时间越短，则流动资产的周转速度越快，资产的运用效率越好。

【例6-2】　××电器股份有限公司2015年期初流动资产12 014 347.9万元，期末流动资产12 094 931.5万元，2015年实现营业收入9 774 513.7万元，则：

平均流动资产总额＝(12 014 347.9＋12 094 931.5)÷2＝12 054 639.7(万元)

流动资产周转率(次数)＝9 774 513.7/12 054 639.7≈0.8(次)

流动资产周转期(天数)＝360÷0.81≈444(天)

2．流动资产周转率指标的分析

(1) 流动资产周转率反映了企业对流动资产的使用效率，指标数值越大，说明企业流动资产的周转速度越快，资产运用效率越好，进而使企业的偿债能力和盈利能力均得以增强。

(2) 流动资产周转率指标不仅反映流动资产使用效率，同时也影响着企业的盈利水平。企业流动资产周转率越快，周转次数越多，表明企业以相同的流动资产占用实现的主营业务收入越多，说明企业流动资产的运用效率越好，进而使企业的偿债能力和盈利能力均得以增强。反之，则表明企业利用流动资产进行经营活动的能力差，效率较低。

> **小贴士**
>
> **流动资产周转率指标的意义**
>
> 　　流动资产周转率是从企业全部资产中流动性最强的流动资产角度对企业资产的利用效率进行分析，以进一步揭示影响企业资产质量的主要因素。要实现该指标的良性变动，应以营业收入增幅高于流动资产增幅做保证。通过该指标的对比分析，可以促进企业加强内部管理，充分有效地利用流动资产，如降低成本、调动暂时闲置的货币资金用于短期投资创造收益等，还可以促进企业采取措施扩大销售，提高流动资产的综合使用效率。
>
> 　　一般情况下，在较快的周转速度下，流动资产会相对节约，相当于流动资产投入的增加，在一定程度上增强了企业的盈利能力；而周转速度慢，则需要补充流动资金参加周转，会形成资金浪费，降低企业盈利能力。
>
> 资料来源：网络百科

(二) 应收账款周转率分析

1．应收账款周转率的计算

应收账款周转率是指企业一定时期的营业收入与应收账款平均余额的比值，它意味着企业的应收账款在一定时期内(通常为1年)周转的次数。应收账款周转率是反映企业的应收账款运用效率的指标。其计算公式如下：

应收账款周转率(次数)＝营业收入÷应收账款平均余额

应收账款平均余额＝(期初应收账款＋期末应收账款)÷2

与应收账款周转率(次数)相联系的另一个指标是应收账款周转期(天数)。其计算公式如下：

应收账款周转期(天数)＝计算期(天数)(360)÷应收账款周转率(次数)

＝应收账款平均余额×计算期(天数)(360)÷营业收入

注意：公式中的"应收账款"一般包括资产负债表中的"应收账款"和"应收票据"等全部赊销账款在内，且其金额应为扣除"坏账准备"后的期初、期末金额之和的平均数。

【例 6-3】 ××电器股份有限公司 2015 年年初应收账款净值 266 134.8 万元，年末应收账款净值 287 921.2 万元，2015 年年初应收票据 5 048 057.1 万元，年末应收票据 1 487 980.6 万元，2015 年实现营业收入 9 774 513.7 万元，若只考虑应收账款净值，则

应收账款平均余额＝(266 134.8＋287 921.2)÷2＝277 028(万元)

应收账款周转率(次数)＝9 774 513.7÷277 028≈35.3(次)

应收账款周转期(天数)＝360÷35.3≈10.2(天)

该电器股份有限公司因赊销而产生的应收账款主要采用应收票据的形式，因此在计算应收账款的周转率时需要考虑应收票据。则

应收账款平均余额＝(266 134.8＋5 048 057.1＋287 921.2＋1 487 980.6)÷2

＝354 5046.9(万元)

应收账款周转率(次数)＝9 774 513.7÷3 545 046.9≈2.8(次)

应收账款周转期(天数)＝360÷2.8≈128.6(天)

2. 应收账款周转率指标的分析

(1) 应收账款周转率反映了企业应收账款在一定时期内周转的次数。应收账款周转率越高，周转次数越多，则应收账款收回速度越快，企业对资产的使用效率就越高，资产的流动性越强，短期偿债能力也越强。同时，较高的应收账款周转率可有效地减少收款费用和坏账损失，从而相对增加企业流动资产的收益能力。

应收账款周转期反映了企业应收账款周转一次所用的时间。时间越短，应收账款回收速度越快，企业资产使用效率越高，企业资产的流动性就越好。

但是，过快的应收账款周转率可能是由紧缩的信用政策引起的，其结果可能会危及企业的销售增长，损害企业的市场占有率。

(2) 导致应收账款周转率下降的原因有企业的信用政策、客户故意拖延和客户财务困难。

(3) 应收账款是时点指标，易于受季节性、偶然性和人为因素的影响。如由于公司生产经营的季节性原因，使应收账款周转率不能正确反映公司销售的实际情况；某些上市公司在产品销售过程中大量使用分期付款方式；有些公司采取大量收取现金方式进行销售。为了使该指标尽可能接近实际值，计算平均数时应采用尽可能详细的资料。

小贴士

应收账款周转率指标的缺陷

1. 分子的缺陷

应收账款周转率反映的是本年度应收账款转为现金的次数，那么上述公式中的分子应

该是本年应收账款不断收回现金所形成的周转额,而把营业收入作为分子有失偏颇。营业收入既包括赊销额也包括现销额,实质上现销额与应收账款毫不相干,但企业为保守商业机密,会计报表上通常不提供现销、赊销金额。因此,为方便取数,把整个营业收入(不管是现销、赊销)列为分子未尝不可。但关键是营业收入(即便全是赊销)也仅仅是一年(一定时期)的经营成果,而一般很难在同一年(同一时期)全部收回现金。

2. 分母的缺陷

应收账款周转率的分母是应收账款平均余额,即(期初应收账款+期末应收账款)÷2,这里存在着一种假设,计算结果实际意义不大。如某企业上年年底应收账款 100 万元,至本期应收账款余额仍为 100 万元,且不说主营业务收入多少,分子越大越失真,能说明什么情况呢,假设,第一,应收账款根本就没有发生额,这是很有可能的;第二,应收账款发生多次周转,恰好与年初数相同;如第一种假设成立的话,应收账款作为分母计算的结果就根本没有意义,所以采用(期初应收账款+期末应收账款)÷2 的计算方式是不严谨的。

资料来源:网络百科

(三) 存货周转率分析

存货是流动资产的重要组成部分,其质量对企业短期偿债能力有重大影响。存货周转率指标能反映企业存货管理水平的高低,是整个企业管理的一项重要内容。

1. 存货周转率的计算

存货周转率可以用来测定企业存货的变现速度,衡量企业的销售能力及存货是否过量。该指标有两种计算方式。一是以成本为基础的存货周转率,主要用于流动性分析;二是以收入为基础的存货周转率,主要用于盈利性分析。其计算公式分别如下:

$$成本基础的存货周转率(次数)=营业成本÷存货平均余额$$
$$收入基础的存货周转率(次数)=营业收入÷存货平均余额$$

式中:
$$存货平均余额=(期初存货+期末存货)÷2$$

存货周转速度也可用存货周转期(天数)表示,计算公式为

$$成本基础的存货周转期(天数)=计算期(天数)(360 天)÷存货周转率$$
$$=存货平均余额×计算期(天数)÷营业成本$$
$$收入基础的存货周转期(天数)=计算期(天数)(360 天)÷存货周转率$$
$$=存货平均余额×计算期(天数)÷营业收入$$

以成本为基础的存货周转率,可以更切合实际地表现存货的周转状况;而以收入为基础的存货周转期维护了资产运用效率比率各指标计算上的一致性。

【例 6-4】 ××电器股份有限公司 2015 年年初存货 859 909.9 万元,年末存货 947 394.3 万元,2015 年实现营业收入 9 774 513.7 万元,营业成本 6 601 735.4 万元。则

$$存货平均余额=(859 909.9+947 394.3)÷2=903 652.1(万元)$$
$$收入基础的存货周转率(次数)=9 774 513.7÷903 652.1≈10.8(次)$$
$$收入基础的存货周转期(天数)=360÷10.8≈33.3(天)$$
$$成本基础的存货周转率(次数)=6 601 735.4÷903 652.1≈7.3(次)$$
$$成本基础的存货周转期(天数)=360÷7.3≈49.3(天)$$

> **小贴士**
>
> 计算存货周转率时,使用"营业收入"还是"营业成本"作为周转额,看分析的目的。如果分析目的是判断短期偿债能力,应采用营业收入;如果分析目的是评估存货管理业绩,应当使用营业成本。

2. 存货周转率指标的分析

(1) 一般来讲,存货周转率越高,存货周转速度越快,企业的销售能力越强,营运资金占用在存货上的金额也会越少,存货转换为现金或应收账款的速度越快,流动性越强,短期偿债能力也越强,存货的使用效率越好。

(2) 如果企业经营具有较大的季节性,各月存货变动幅度较大,应尽量采用各月或各季度数字进行平均。

(3) 报告使用者在分析存货周转率指标时,应尽可能结合存货的批量因素、季节性变化因素等情况对指标加以理解,同时对存货的结构以及影响存货周转率的重要指标进行分析。

可以通过进一步计算原材料周转率、在产品周转率或产成品存货的周转率,从不同角度、环节上找出存货管理中的问题,在满足企业生产经营需要的同时,尽可能减少经营占用资金,提高企业存货管理水平。

$$材料周转率 = 当期材料消耗额 \div 平均库存材料占用额$$

$$在产品周转率 = 当期完工产品成本 \div 平均在产品成本$$

$$产成品周转率 = 营业成本 \div 平均产成品成本$$

这3个周转率的评价标准与存货评价标准相同,都是周转次数越多越好,周转天数越少越好。通过不同时期存货周转率的比较,可评价存货管理水平,查找出影响存货利用效果变动的原因,不断提高存货管理水平。

(4) 存货周转过快,有可能会因为存货储备不足而影响生产或销售业务的进一步发展,特别是那些供应较紧张的存货。分析时可与本企业历史水平对比,或与同行业一般水平对比。

(5) 当存货周转速度偏低时,可能是多种原因引起的。

导致存货周转速度偏低的原因一般有经营不善,产品滞销;预测存货将升值,而故意囤积居奇,以等待有利时机获取重利;企业销售政策发生变化等。这些原因都会导致平均存货余额升高,存货周转率降低。

(6) 不同行业由于其经营产品的特点不同,存货周转率和周转期会表现出较大的差异。产品生产周期长的行业往往具有较低的存货周转率和较长的存货周转期,如房地产开发行业的存货周转非常缓慢;反之,产品生产周期短的行业具有较高的存货周转率和较短的存货周转期,如零售业的存货周转非常迅速。

(7) 存货计价方法对存货周转率具有较大的影响。在分析企业不同时期或不同企业的存货周转率时,应注意存货计价方法的口径是否一致。

(四)营业周期分析

1. 营业周期的计算

营业周期是指从取得存货开始到销售存货并收回现金为止的时间。存货周转期(天数)是指从购入存货到售出存货平均需要的天数,应收账款周转期(天数)是指从应收账款发生到应收账款收回平均需要的天数,因此,营业周期的长短取决于存货周转期(天数)和应收账款周转期(天数)其计算公式如下:

$$营业周期＝应收账款周转期(天数)＋存货周转期(天数)$$

【例6-5】 ××电器股份有限公司2015年存货周转期(天数)是49.3天(采用成本基础的存货周转期(天数)),应收账款周转期(天数)10.2天(不考虑应收票据),则

$$营业周期＝10.2＋49.3＝59.5(天)$$

在计算分析营业周期指标时,还应注意以下几个问题。

(1) 采用简单方式计算应收账款和存货平均数,可能使应收账款和存货的数据偏低或偏高,从而使营业周期人为缩短或延长。

(2) 采用不同存货计价方法时,由于存货价值不同,而导致不同的存货周转期(天数),从而营业周期也会不同。

(3) 根据销售净额而非赊销净额计算应收账款周转期(天数)时,应收账款周转天数会被低估,从而导致营业周期的缩短。

2. 营业周期指标的分析

(1) 一般情况下,营业周期短,说明资金周转速度快,管理效率高,资产的流动性强,资产的风险降低;营业周期长,说明资金周转速度慢,管理效率低,风险上升。

(2) 营业周期不但可以用于分析和考察企业资产的使用效率与管理水平,而且可以用来补充说明和评价企业的流动性。

营业周期的长短是决定企业流动资产需要水平的重要因素,营业周期越短的企业,流动资产的数量也往往比较少,其流动比率和速动比率往往保持在较低的水平,但由于流动资产的管理效率高,因而从动态的角度看该企业的流动性仍然很强,企业的短期偿债能力仍然有保障。

相反,如果一家企业的营业周期很长,很有可能是应收账款或存货占用资金过多,并且变现能力很差,虽然该企业的流动比率、速动比率都可能很高,但企业的流动性却可能较差。

三、固定资产营运能力分析

固定资产是企业主要的生产手段。固定资产营运能力反映固定资产的利用效率和周转速度。资产利用的直接成果是产品产量或销售量,通过产量(产值)和销售量(销售收入)与股东资产的对比,可以反映出固定资产的利用效率。

(一) 固定资产周转率指标的计算

固定资产周转率是指企业一定时期的营业收入与固定资产平均净值的比率。它是反映企业固定资产周转状况,衡量固定资产运用效率的指标。其计算公式为

$$固定资产周转率(次数)＝营业收入÷固定资产平均净值$$

式中:

$$固定资产平均净值＝(期末固定资产净值＋期初固定资产净值)÷2$$

固定资产净值＝固定资产－累计折旧

固定资产周转期（天数）反映固定资产每周转一次所用的时间。其计算公式如下：

固定资产周转期（天数）＝计算期（天数）÷固定资产周转率（次数）

【例6-6】 ××电器股份有限公司2015年年初固定资产净值1 493 928万元，年末固定资产净值1 543 181.3万元，2015年实现营业收入9 774 513.7万元，则

固定资产平均净值＝（1 493 928＋1 543 181.3）÷2＝1 518 554.7（万元）

固定资产周转率（次数）＝9 774 513.7÷1 518 554.7≈6.4（次）

固定资产周转期（天数）＝360÷6.4≈56.3（天）

（二）固定资产周转率指标的分析

1. 固定资产周转率指标没有绝对的判断标准

一般来说，固定资产周转率越高，表明企业固定资产利用越充分，说明企业固定资产投资得当，固定资产结构分布合理，能够较充分地发挥固定资产的使用效率；反之，则表明固定资产使用效率不高，提供的生产经营成果不多，企业固定资产的营运能力较差。

2. 关注行业特点

固定资产周转率在很大程度上与企业所处行业的资产特点相关，资本密集型行业通常有大量的固定资产，因此固定资产周转率较低；而劳动力密集型行业，则通常具有较高的固定资产周转率。

3. 关注行业周期的影响

由于固定资产很难在短时间内增减，因此，行业周期非常明显的行业和企业，在周期的不同阶段固定资产周转率会表现出较大的差异。

当行业周期处于上行阶段时，固定资产周转因营业收入的快速增长而加快，固定资产周转率提高；反之，当行业周期处于下行阶段时，固定资产周转因营业收入的快速下滑而放缓，固定资产周转率降低。这种周转率的大幅度变化，会给企业和投资者带来较高的风险。

4. 关注大额投资的影响

一些企业在扩张经营规模的过程中，由于一些大型生产线或分厂是一次性巨额投入使用的，短期内产能不能马上释放，因此会导致一段期间内出现异常低的固定资产周转率，分析时不能因此而轻易得出企业固定资产管理不善的结论。如果经过较长时期，固定资产周转率仍然得不到恢复，则很可能说明企业资产规模的扩大并未带来应有的收入，企业投资失误。

5. 关注折旧政策的影响

如果分母用的是固定资产净值，净值会随着时间的推移而减少，在不增加投资的情况下，企业的固定资产周转率会越来越高。固定资产累计折旧的多少在一定程度上受折旧政策的影响，当比较两家采用不同折旧政策的企业时，注意可比性。

6. 固定资产一般采用历史成本入账，需考虑物价变动的影响

如水电企业，固定资产一次性完成并且规模大，使用周期非常长，新的水电企业固定资产周转率指标处于劣势。

第三节　营运能力的评价

一、营运能力的影响因素

一般而言,影响资产营运效率的因素包括表层因素和深层因素两个层面。

(一)影响营运能力的表层因素

影响营运能力的表层因素是营业收入和各营运资产占用额。当资产占用额一定时,营运能力的好坏取决于营业收入的多少。所实现的营业收入越多,则营运能力越好;反之,则反。

当营业收入一定时,营运能力的好坏则取决于资产占用额的多少。所占用的资产额越少营运能力越好;反之,则反。

(二)影响营运能力的深层因素

1. 公司所处的行业及其经营背景

不同的企业由于所处的行业不同,资产占用的规模呈现较大的差异。例如,一般制造业固定资产占总资产的比重较大,而服务业流动资产占总资产的比重较大,这样有关企业分别计算出的周转率指标与其他行业的指标相比,就会有显著的不同。

另外,企业的经营背景不同,其营运能力也会有差异。例如,采用先进的生产和管理技术的企业生产效率高,营运能力就强;反之,生产技术水平落后的企业生产效率低下,其营运能力就差。

2. 公司经营周期

不同的企业由于产品生产和销售的差异性,导致其经营周期的长短不同。经营周期较长的企业,可能是存货比重较大,或者是特定的信用政策致使其应收账款的周转期较长。在分析的时候应该具体判断,不能以周转率的高低来武断评价企业营运能力的强弱,而应考虑其经营周期的影响作用。

3. 公司资产构成及其质量

企业营运能力的强弱还与企业资产的构成及其质量有关。企业的资产大致可分为流动资产和非流动资产两类,应注意这两类资产的合理配置,以及每一项资产在企业价值创造过程中是否能发挥其应有的作用,例如,企业积压的存货、未使用的固定资产,它们不仅不能为企业创造价值,而且还占用管理成本,阻碍企业营运水平的提高,必须得到有效的清理。

4. 企业资金筹措和运用的力度

企业资金的来源无外乎债务资金和权益资金。合理地安排债务资金和权益资金的比例关系,并使用好这些资金,提高资金的使用效率,对增强营运能力具有重要的意义。

5. 企业采用的财务政策

企业所采用的财务政策,决定着企业资产的账面数额。例如,企业的折旧政策、存货的计价政策、资产的减值政策等,都会因影响资产账面值而使周转率指标出现差异。因而企业可能会选择对自己有利的财务政策,来得到较好的营运能力指标,因此在分析时应注意减少或排除企业财务政策的不当干扰。

二、资产营运能力历史趋势比较分析

由于资产周转率指标中的资产数据是一个时点数,极易受偶然因素的干扰,甚至是人为的修饰。因此,要弄清企业资产周转率的真实状况,首先应对其进行趋势分析,即对同一企业的各个时期的资产周转率的变化加以对比分析,以掌握其发展规律和发展趋势。

【例 6-7】 ××电器股份有限公司主要经营家用电器及电子产品零售,根据该公司2013—2015 年连续的财务数据进行资产营运能力分析。

1. 总资产营运能力历史趋势比较分析

根据××电器股份有限公司 2013—2015 年的财务数据,可以得到其总资产周转率计算分析表如表 6-1 所示。

表 6-1　××电器股份有限公司 2013—2015 年总资产周转率计算分析

项　　目	2013 年	2014 年	2015 年
营业收入(万元)	11 862 794.9	13 775 035.8	9 774 513.7
年初总资产(万元)	10 756 690.0	13 370 210.3	15 623 094.8
年末总资产(万元)	13 370 210.3	15 623 094.8	16 169 801.6
平均总资产(万元)	12 063 450.2	14 496 652.6	15 896 558.2
总资产周转率(次)	0.98	0.95	0.61
总资产周转期(天)	367	379	590

由表 6-1 可以看出,××电器股份有限公司的资产营运状况形势有逐渐恶化的趋势,其总资产周转率在 2015 年快速下降,周转一次需要的时间由 2013 年的 367 天上升到 2015 年的 590 天,说明该公司 2013—2015 年资产周转率发生了较大变化。

那么,该公司总资产运营状况恶化的原因是什么呢?

(1) 表层因素。

从表 6-1 可以看出,在 2014 年和 2015 年的资产总额增长幅度较大,其中 2014 年资产的增幅大于营业收入的增幅,2015 年不仅资产大幅度增加,营业收入还大幅度下降,因此总资产周转率就下降了。

(2) 深层因素。

××电器股份有限公司是一家专注于空调产品的大型电器制造商,致力于为全球消费者提供技术领先、品质卓越的空调产品。

行业整体情况:2015 年,世界经济增速为 6 年来最低,国际贸易增速更低,大宗商品价格大幅下跌,国际金融市场震荡加剧,对我国经济造成了直接的影响。据艾肯空调制冷网统计,2015 年中国中央空调市场的整体容量约为 660 亿元,同比下降 9.6%。

该公司受整体经济下行压力,2015 年国内生产家用空调 10 385 万台,同比下降 12%;累计销售 10 660 万台,同比下降 8.6%。

产品更新:2015 年年底,公司投资建设的格力电器杭州智能电器产业园在杭州大江东产业集聚区奠基,该项目是公司在长三角地区建设的首个生产基地,建成后将主要进行家用和商用空调等智能电器的生产。这都使××电器股份有限公司2015年总资产增长。

设备质量：为追求和保障核电产品在技术和质量上的极致，公司成立了核电项目办公室，监控和规范核电体系的运行，并引进先进设备及管理人才，不断完善质量管理水平，进一步提升品牌影响力。因此2015年总资产大幅度增长。

技术更新：截至2015年12月31日，公司累计申请专利20 116项，获得授权专利11 924项。其中，申请发明专利7 043项，获得授权发明专利937项。2015年平均每天约有22项专利问世，比2014年翻了一番。因此2015年××电器股份有限公司无形资产大幅度增长。

2. 固定资产营运能力历史趋势比较分析

根据××电器股份有限公司2013—2015年的财务数据，可以得到其固定资产周转率计算分析表如表6-2所示。

表6-2　××电器股份有限公司2013—2015年固定资产周转率计算分析

项　　目	2013年	2014年	2015年
营业收入（万元）	11 862 794.9	13 775 035.8	9 774 513.7
年初固定资产净值（万元）	1 270 039.4	1 403 413.8	14 939 28.0
年末固定资产净值（万元）	1 403 413.8	14 939 28.0	1 543 181.3
平均固定资产净值（万元）	1 336 726.6	1 448 670.9	1 518 554.7
固定资产周转率（次）	8.9	9.5	6.4
固定资产周转期（天）	40.4	37.9	56.3

从表6-2可以看出，该公司2014年的固定资产周转率较2013年有所提高，可是2015年固定资产周转率大幅度下降，固定资产周转率下降的主要原因是2015年公司营业收入大幅度下降，而固定资产也有一定增加，所以固定资产周转天数从2014年的37.9天上升为2015年的56.3天，从中也可以得到该公司总资产周转率下降的一个重要因素就是固定资产周转率的下降。

3. 流动资产营运能力历史趋势比较分析

（1）根据××电器股份有限公司2013—2015年的财务数据，可以得到其流动资产周转率计算分析表如表6-3所示。

表6-3　××电器股份有限公司2013—2015年流动资产周转率计算分析

项　　目	2013年	2014年	2015年
营业收入（万元）	11 862 794.9	13 775 035.8	9 774 513.7
流动资产年初余额（万元）	8 508 764.5	10 373 252.2	12 014 347.9
流动资产年末余额（万元）	10 373 252.2	12 014 347.9	12 094 931.5
平均流动资产（万元）	9 441 008.4	11 193 800.1	12 054 639.7
流动资产周转率（次）	1.3	1.2	0.8
流动资产周转期（天）	277	300	444

从表6-3可以看出，××电器股份有限公司流动资产周转率在2015年大幅度下降，流动资产周转天数从2013年的277天上升到2015年的444天，变动幅度达到60%。流动资产周转率

下降是导致总资产周转率下降的另一个重要因素,这也代表企业的获利能力存在下降风险。

对流动资产营运能力的下降,需进一步分析。

(2) 根据××电器股份有限公司2013—2015年的财务数据,可以得到其存货周转率计算分析表如表6-4所示。

表6-4　××电器股份有限公司2013—2015年存货周转率计算分析

项　　目	2013年	2014年	2015年
营业收入(万元)	11 862 794.9	13 775 035.8	9 774 513.7
营业成本(万元)	8 038 594	8 802 212.8	6 601 735.4
年初存货(万元)	1 723 504.3	1 312 273	859 909.8
年末存货(万元)	1 312 273	859 909.8	947 394.3
平均存货(万元)	1 517 888.7	1 086 091.4	903 652.1
收入基础的存货周转率(次)	7.8	12.7	10.8
收入基础的存货周期(天)	46.2	28.3	33.3
成本基础的存货周转率(次)	5.3	8.1	7.3
成本基础的存货周期(天)	68	44.4	49.3

从表6-4可以看出,××电器股份有限公司无论是收入基础的存货周转率还是成本基础的存货周转率,2013年至2015年之间不太稳定,2014年较2013年有大幅度提高,因为2014年存货大幅度下降,营业收入大幅度上升,所以2014年存货周转率较2013年涨幅达50%以上。而2015年较2014年营业收入大幅度下降,存货较2014年下降幅度不大,所以2015年存货周转率较2014年有所下降。

(3) 根据××电器股份有限公司2013—2015年的财务数据,可以得到其应收账款周转率计算分析表如表6-5所示。

表6-5　××电器股份有限公司2013—2015年应收账款周转率计算分析

项　　目	2013年	2014年	2015年
营业收入(万元)	11 862 794.9	13 775 035.8	9 774 513.7
年初应收账款(万元)	147 487.3	184 927.5	266 134.8
年末应收账款(万元)	184 927.5	266 134.8	287 921.2
平均应收账款(万元)	166 207.4	225 531.15	277 028.0
年末应收账款占营业收入的比重(%)	1.56	1.93	2.95
应收账款周转率(次)	71.4	61.1	35.3
应收账款周转期(天)	5	5.9	10.2
年初应收票据(万元)	3 429 216.9	4 629 724.2	5 048 057.1
年末应收票据(万元)	4 629 724.2	5 048 057.1	1 487 980.6
平均应收账款(万元)	4 195 677.95	5 064 421.8	3 545 046.9
年末应收票据占营业收入的比重(%)	39	36.6	15.2
应收账款周转率(次)	2.8	2.7	2.8
应收账款周转期(天)	128.6	133.3	128.6

从表6-5可以看出,若不考虑应收票据,企业的应收账款周转率2013—2015年是不断

下降的,尤其是 2015 年下降幅度很大,这主要原因是营业收入的大幅度下降。

可以看出,××电器股份有限公司的应收票据占营业收入的比重很大,表明企业的赊销主要采取商业票据的方式,因此分析应收账款周转率时最好考虑应收票据。

考虑应收票据后的应收账款周转率从 2013 年至 2015 年间保持稳定状态,变化不大,这是因为 2015 年伴随营业收入的下降,企业的应收账款平均余额也下降,下降幅度差不多。而 2014 年伴随营业收入的提高应收账款也提高,所以 2014 年应收账款周转率较 2013 年基本一致。

(4) 根据××电器股份有限公司 2013—2015 年的财务数据,可以得到其营业周期计算分析表如表 6-6 所示。

表 6-6 ××电器股份有限公司 2013—2015 年营业周期计算分析　　单位:天

项　　目	2013 年	2014 年	2015 年
存货周转天数	68.0	44.4	49.3
应收账款周转天数(不考虑应收票据)	5.0	5.9	10.2
应收账款周转天数(考虑应收票据)	128.6	133.3	128.6
营业周期(不考虑应收票据)	73.0	50.3	59.5
营业周期(考虑应收票据)	196.6	177.7	177.9

从表 6-6 可以看出,不考虑应收票据时营业周期 2014 年较 2013 年大幅度下降,说明流动资产管理水平有所上升,原因是存货周转天数下降。2015 年较 2014 年又有小幅度上升,流动资产管理有所下降,原因是存货周转天数与应收账款周转天数都有所上升。

考虑了应收票据后,营业周期 2014 年较 2013 年有所下降,流动资产管理水平有所上升,原因是存货周转天数下降。2015 年较 2014 年营业周期几乎一样,没有太大变化。

三、资产营运能力同业比较分析

同业比较即同行业之间的比较,它可以是与同行业的平均水平相比,也可以是与同行业的先进水平相比。前者反映的是在行业中的一般状况,后者反映的是与行业先进水平的距离或者是在行业中的领先地位。企业实际分析时可根据需要选择比较标准。

【例 6-8】 以××电器有限公司连续 3 年的总资产周转率和流动资产周转率为例,与所属行业指标平均值进行比较,进行同业比较分析,如表 6-7 和表 6-8 所示。

表 6-7　××电器股份有限公司 2013—2015 年总资产周转率同业比较分析

项　　目	2013 年	2014 年	2015 年
公司总资产周转率	0.98	0.88	0.61
行业平均值	0.86	0.95	0.77
与行业水平差异值	0.12	−0.07	−0.16
与行业水平差异率(%)	13.95	−7.4	−20.8

从表 6-7 可以看到,××电器股份有限公司总资产周转率 2014 年、2015 年低于行业平均水平,尤其是 2015 年比行业平均值低了 20.8%。这与 2015 年××电器股份有限公司营业收入大幅度下降有关。

表 6-8　××电器股份有限公司 2013—2015 年流动资产周转率同业比较分析

项　　目	2013 年	2014 年	2015 年
公司流动资产周转率	1.3	1.2	0.8
行业平均值	1.2	1.3	1.2
与行业水平差异值	0.1	−0.1	−0.4
与行业水平差异率(%)	8.3	−7.7	−32.5

从表 6-8 可以看到,××电器股份有限公司流动资产周转率 2015 年较行业平均水平下降了 32.5%,差距比较大,这也就导致了总资产周转率与行业平均水平的差异。

综上所述,2015 年××电器股份有限公司的资产营运能力不是很好,较 2014 年及同行业平均水平都有下降幅度,这是由 2015 年受行业大环境影响营业收入下降及该公司的扩大经营战略使得资产增加导致的,该公司需采取有力措施,改善资产营运能力。

本 章 小 结

企业营运能力主要是指企业营运资产的效率与效益。企业营运资产的效率主要是指资产的周转率或周转速度。企业营运资产的效益通常是指企业的产出额与资产占用额之间的比率。企业的营运能力主要取决于其经营资产实现收入的能力。营运能力分析的内容主要包括总资产营运能力分析、分析指标有总资产周转率和总资产收入率;流动资产营运能力分析,分析指标有流动资产周转率、应收账款周转率及存货周转率等;固定资产营运能力分析,分析的主要指标有固定资产周转率和固定资产收入率。

练 习 题

一、单项选择题

1. 关于营运资金的说法,表述错误的是(　　)。
   A. 营运资金是指流动资产扣除流动负债后的差额
   B. 营运资金周转率=(营运资金平均余额×360)÷主营业务收入净额
   C. 可以用营运资金周转率和周转天数来表示
   D. 反映了营运资金的使用效率
2. 下列不属于流动资产周转率越大所带来的结果的是(　　)。
   A. 企业盈利及偿债能力越强　　　　B. 变现能力越强
   C. 周转速度越快　　　　　　　　　D. 周转天数越多
3. 某企业 2015 年流动资产周转天数为 120 天,应收账款周转天数为 50 天,存货周转天数为 110 天,则该企业营业周期为(　　)天。
   A. 170　　　　B. 230　　　　C. 280　　　　D. 160
4. 某公司 2015 年年初应收账款净值 400 万元,年末应收账款净值 600 万元,2015 年实现营业收入 5 000 万元,每年按 360 天计算,则该公司应收账款周转率为(　　)次。
   A. 10　　　　B. 15　　　　C. 20　　　　D. 16

5. 某公司 2015 年年初存货 1 000 万元,年末存货 800 万元,2015 年实现营业收入 3 600 万元,营业成本 2 700 万元,则该公司以收入为基础的存货周转率为(   )次。
A. 4   B. 3   C. 1   D. 7

二、多项选择题
1. 反映企业营运能力的指标有(   )。
   A. 总资产周转率   B. 固定资产周转率
   C. 流动资产周转率   D. 存货周转率
2. 影响存货周转率的因素有(   )。
   A. 材料周转率   B. 在产品周转率
   C. 总产值生产费   D. 产成品周转率
3. 应收账款周转率越高越好,因为它表明(   )。
   A. 收款迅速   B. 减少坏账损失
   C. 资产流动性高   D. 营业收入增加
4. 存货周转率偏低的原因可能是(   )。
   A. 应收账款增加   B. 降低销售
   C. 产品滞销   D. 销售政策发生变化
5. 反映流动资产周转速度的指标有(   )。
   A. 流动资产周转率   B. 固定资产周转率
   C. 存货周转率   D. 应付账款周转率

三、判断题
1. 营运能力分析的主要目的是分析评价企业资产的利用程度和营运活动。(   )
2. 总资产周转天数是逆指标,越小越好。(   )
3. 企业存货周转率低,说明存货管理效果尚未达到一般平均水平,高则说明企业的存货管理效果好。(   )
4. 资产周转次数越多,周转天数越多,表明资产周转速度越快。(   )
5. 在其他条件不变时,流动资产比重越高,总资产周转速度越快。(   )

获利能力分析

学习目标

(1) 理解获利能力的内涵、意义及内容;
(2) 了解上市公司面临的获利能力压力;
(3) 掌握获利能力指标的计算及分析;
(4) 了解不同行业获利能力指标水平。

技能要求

掌握获利能力分析指标的计算及分析。

引导案例

空中旅游企业提升获利能力的关键

2015年,一条"在未来5年内,低空旅游将形成585亿元的消费规模,带动4.2亿潜在游客消费"的消息在各大媒体出现,还有这几年"空中旅游是蓝海"的说法也在各论坛频繁出现,许多政府、投资人和企业摩拳擦掌,进入了或准备进军空中旅游产业。

根据民航资源网的统计,截至2015年年底,我国共有88条低空游线路,涉及20多个省市。其中,海南省以拥有15条线路居首位,四川省以9条线路位列第二位,浙江省以8条线路位列第三位。

"5年形成585亿元消费",虽然这个数字让人质疑,但这并不是说中国空中旅游没有市场和前途。以下提供空中旅游提升获利能力的关键。

其一,地点,地点是空中旅游企业获利的最关键因素和选择;

其二,市场定位,市场定位包括目标客户人群、价格地位和产品/服务的制定等,宁可少服务几个客户也要保证客户的满意度;

其三,机型选择,如直升机,固定翼包括水上飞机、热气球等;

其四,企业安全管理,这是空中旅游业务成功的保证;

其五,其他业务,如空中广告、飞行培训/体验等;

其六,营销渠道,利用互联网和口碑吸引新客户是最节约成本的,侧重"O2O线上线下"和"互联网+"运行。

以上关键因素是提高获利能力的前提,但真正要成为行业的领头人则必须有规模效应,如缅甸热气球公司和大峡谷Sundance与Papillon公司,当然也可以像Air Methods一样,收购其他成功企业成为行业老大。

第一节 获利能力分析的内涵

获利能力是指企业获取利润的能力,也称为企业的资金或资本增值能力。通常表现为一定时期内企业收益数额的多少及其水平的高低。

一、获利能力分析的含义

利润是企业投资者取得投资收益、债权人收取本息、国家财政税收的资金来源;是企业经营者经营业绩和管理效率、广大职工劳动效率的集中表现;也是影响职工集体福利好坏的重要因素。

所谓获利能力分析就是通过一定的分析方法剖析鉴别、判断企业能获取多大利润数额的能力。它包括企业在一定会计期间内从事生产经营活动的获利能力的分析和企业在较长时期内稳定地获取较高利润能力的分析。

二、获利能力分析的意义

获利能力分析的目的是财务分析主体通过分析企业的获利状况以达到预期的要求。财务分析的主体不同,则获利能力分析的目的也会有相应差异。

(一)获利能力分析对经营者的意义

企业经营管理当局肩负股东委托其管理企业的责任。从企业经营管理当局的角度来看,衡量其经营业绩和发现其经营中存在问题是进行获利能力分析的主要目的。企业经营管理当局的基本任务是通过其努力使企业赚取更多的利润。

各项盈利数据一方面反映企业的获利能力;另一方面也表现着企业管理当局的工作业绩。另外,获利能力是企业各环节经营活动的具体表现,企业经营的好坏都会通过获利能力表现出来。通过对获利能力的深入分析,可以发现经营管理中的重大问题,进而采取措施解决问题,提高企业收益水平。

(二)获利能力分析对债权人的意义

对债权人而言,虽然企业短期偿债能力取决于企业的资产结构状况和变现能力,但是企业流动资产和现金流入量的程度,最终取决于企业的获利规模。因此获利能力的强弱直接影响企业的偿债能力。债权人放债时,势必谨慎审查借债企业的偿债能力,而偿债能力最终取决于获利能力。因此分析企业获利能力对债权人也是非常重要的。

(三)获利能力分析对投资者的意义

投资企业的最终目的是获得更多的利润,对于信用相同或相近的几个企业,投资者总是将资金投向获利能力强的企业。在市场经济条件下,投资者关心企业的获利能力往往更甚于关心企业的其他经营问题,这是因为企业获利能力的增加会提高企业股票的价格。投资者从中将获得股票升值带来的资本收益,也通过分析企业的获利能力为其投资指明方向。

(四)获利能力分析对政府有关部门的意义

从政府税务部门角度出发,其最关心的是纳税人的应纳税款是否能够及时足额上缴国库,而影响纳税人纳税的最关键因素莫过于企业当期是否产生利润了。所以企业的获利能力的强弱是纳税人纳税的直接来源,获利多少直接影响国家财政收入的实现。

🍁 小贴士

一般来说,企业的资产分为固定资产和流动资产。固定资产获利能力强,但是可变现能力弱;流动资产获利能力弱,但是可变现能力强。

如果一个企业固定资产比例高,那它的获利能力就强,可是变现能力差就决定了它的偿债能力弱。相反,如果一个企业流动资产比例高,那它的变现能力就强,所以偿债能力强,并且获利能力就弱。

三、获利能力分析的内容

获利能力分析是企业财务分析中重要的一项内容。对企业获利能力分析主要通过利润率指标来进行。尽管利润额绝对数可以说明企业在一定时期财务状况的增减变动情况及其原因,同时为企业的经营管理指明方向,但是绝对数指标受企业规模或投资总量的影响较大,一方面使不同规模的企业之间不便于比较;另一方面也不能通过一种指标来反映企业一定时期的获利能力。

所以对企业获利能力分析不但包括对企业利润率绝对数的分析,而且包括对企业利润率相对数的分析。从企业经营的不同角度考虑,企业利润率的计算分析主要包括以下方面。

(一) 基本获利能力分析

主要包括销售获利能力、资产获利能力、资本获利能力、社会贡献能力4个方面的分析。通过这些指标的分析,可以得出企业运营资本和资产带来利润的能力。

(二) 针对上市公司的获利能力分析

主要包括每股收益、每股股利、市盈率等指标,通过这些指标的分析,可以得出上市公司的获利能力,进而为投资者提供相关信息。

第二节 上市公司面临的获利压力

一、筹集资金时的获利压力

上市公司的筹资渠道包括负债融资和股权融资。在我国,上市公司负债融资主要包括银行借款和发行债券融资,股权融资主要是发行普通股。

🍁 小贴士

负债融资成本低于股权融资成本,因此,有些企业喜欢选择负债资金;但是,负债的增加又会增加企业的财务风险。企业要协调收益与风险之间的关系,就要选择适当的资金来源和筹资方式。

(1) 负债融资的优点:资金成本较低,能获得财务杠杆利益,保障所有者对企业的控制权。

(2) 负债融资的缺点：财务风险较高，限制条件较多。

　　(3) 股权融资的优点：不需要偿还本金；没有固定的利息负担，财务风险低；能增强企业的实力。

　　(4) 股权融资的缺点：资金成本较高，控制权容易分散。

　　当公司向银行申请贷款，银行出于保证贷款安全性考虑，通常要求公司有一定的财产或物资保证，且经济效益良好。

　　从发行股票和公司债券来看，根据目前我国相关规定，对公司的获利水平也有要求。根据《中华人民共和国证券法》的规定，公司公开发行新股应当具有持续经营能力，财务状况良好。公司上市后，如果公司最近3年连续亏损，暂停其股票上市交易。

　　如果公司最近3年连续亏损，且在其后一个年度内未能恢复盈利，将终止其股票上市交易。如果公司增发融资，除应符合《中华人民共和国证券法》的规定外，公司最近3个会计年度加权平均净资产收益率平均不低于10%，且最近一个会计年度加权平均净资产收益率应不低于10%。

　　从债务融资来看，根据《中华人民共和国证券法》的规定，公司要公开发行债券，其最近3年可分配利润应当足以支付公司债券一年的利息。公司债券上市交易后公司最近两年连续亏损的，暂停债券上市交易。在限期内未能消除亏损的，终止其公司债券上市交易。

二、市场预期压力

　　在资本市场中，一些利益相关者对公司获利能力或增长趋势存在预期，有时甚至为不切实际或激进的预期，公司可能会为满足一些市场预期而承受过度压力。2013年5月28日，一家曾经叱咤风云的以色列电动车制造公司Better Place悄然停止营业，不仅没实现其"改变世界"的梦想，更引发了人们对"换电模式"的集体哀悼。

　　Better Place把6年内来自包括通用电气和摩根士丹利等投资者的8.36亿美元的风险投资以及前后3轮融资得来的绝大部分资金都投入以色列和丹麦市场，建成1 000多个汽车充电站和54个汽车换电站。之后的目标是覆盖非常大的区域(如全欧洲、美国或中国)产生规模效应降低运营成本、统一电池标准，实现获利。Better Place的市场预期非常理想，然而其发展并不顺利。仅就中国而言，Better Place与奇瑞签订了关于"共同开发一款适用于换电解决方案的纯电动车"的合作备忘录，到最后也无疾而终，坚持低速小型电动车路线的奇瑞至今仍采用简单的"现场充电"。

　　2012年4月，Better Place预计到年末有8 000～10 000辆电动车上路。然而，直到破产前，通过销售而在路上行驶的Better Place电动车只有1 400辆。因此，分析上市公司获利能力时，应关注市场预期压力。

三、管理层股权激励

　　股权激励机制可以将公司管理层与上市公司的利益协调起来，在一定程度上解决委托代理问题。但是，股权激励也有其不可忽视的负面影响。

　　首先，在治理层为公司股权激励设定销售业绩或利润指标条件时，管理层可能会为了满足股权激励条件而操纵公司盈利。

其次,股权激励可能会使管理层过分关注股票价格,出于自身股票期权价值的考虑,从而采用激进的会计政策,甚至进行财务舞弊。

据调查,2015年某外资公司的首席执行官在年行使股票期权赚取7.06亿美元后,才准许公司发布业绩预警。目前,股权激励已成为美国公司高管薪酬的一个重要组成部分,中国的上市公司也越来越多地实施各种股权激励方案。因此在分析上市公司的获利能力时,应关注股权激励所带来的负面影响。

小贴士

管理层股权激励是随着公司股权分散和管理技术复杂化,公司为了激励公司管理人员,推行股票期权等形式的股权激励机制。

股权激励(Stockholder's Rights Drive)是一种通过经营者获得公司股权形式给予企业经营者一定的经济权利,使他们能够以股东的身份参与企业决策、分享利润、承担风险,从而勤勉尽责地为公司的长期发展服务的一种激励方法。

四、业绩承诺

上市公司有时可能因某种原因而做出业绩承诺,为了实现所承诺的业绩水平,管理层可能会进行盈余管理或利润操纵。例如,在股权分置体制改革中,许多上市公司为了股改成功,在股改中对上市公司的经营业绩进行承诺,或承诺净利润指标,或承诺净资产收益率指标,还有的承诺分红指标。

如果没有完成指标,大股东就要根据当初的约定条件做出相应的经济补偿。在这种压力下,受大股东影响的上市公司,可能会采用各种手段"兑现"承诺,避免大股东损失。

第三节 评价获利能力指标的计算与分析

××电器股份有限公司主要生产销售空调器、自营空调器出口业务及其相关零配件的进出口业务。表7-1和表7-2所示为该公司2013年至2015年利润表与资产负债表的基本数据资料。

表 7-1 利润表

编制单位:××电器股份有限公司

报 告 日 期	2015/12/31	2014/12/31	2013/12/31
营业收入(万元)	9 774 514	13 775 036	11 862 795
营业成本(万元)	6 601 735	8 802 213	8 038 594
营业税金及附加(万元)	75 189	136 242	95 617
销售费用(万元)	1 550 634	2 889 000	2 250 893
管理费用(万元)	504 875	481 817	508 957
财务费用(万元)	−192 880	−94 224	−13 731
资产减值损失(万元)	8 632	39 842	19 239

续表

报 告 日 期	2015/12/31	2014/12/31	2013/12/31
公允价值变动收益(万元)	−101 032	−138 155	99 056
投资收益(万元)	9 665	72 436	71 734
对联营企业和合营企业的投资收益(万元)	325	−360	286
营业利润(万元)	1 351 618	1 608 923	1 226 301
营业外收入(万元)	140 429	70 606	68 420
营业外支出(万元)	1 105	4 286	5 529
非流动资产处置损失(万元)	912	1 506	378
利润总额(万元)	1 490 942	1 675 243	1 289 192
所得税费用(万元)	228 569	249 948	195 617
净利润(万元)	1 262 373	1 425 295	1 093 576
归属于母公司所有者的净利润(万元)	1 253 244	1 415 517	1 087 067
少数股东损益(万元)	9 129	9 779	6 508
基本每股收益(元)	2.08	4.71	3.61
稀释每股收益(元)	2.08	4.71	3.61
普通股股数(万股)	606 910	302 610	302 929

表 7-2 资产负债表

编制单位：××电器股份有限公司 　　　　　　　　　　　　　　　　　　　单位：万元

报 告 日 期	2015/12/31	2014/12/31	2013/12/31
货币资金	8 881 980	5 454 567	3 854 168
交易性金融资产	—	—	124 611
衍生金融资产	—	8 418	—
应收票据	1 487 981	5 048 057	4 629 724
应收账款	287 921	266 135	184 928
预付款项	84 793	159 149	149 865
应收利息	110 978	124 215	72 956
应收股利	—	—	—
其他应收款	25 402	38 060	34 642
买入返售金融资产	100 000	—	—
存货	947 394	859 910	1 312 273
待处理流动资产损益	—	—	—
一年内到期的非流动资产	—	—	—
其他流动资产	168 483	55 838	10 085
流动资产合计	12 094 931	12 014 348	10 373 252
发放贷款及垫款	787 262	644 170	456 546
可供出售金融资产	270 472	215 010	80 593
持有至到期投资	—	—	—
长期应收款	—	—	—

续表

报 告 日 期	2015/12/31	2014/12/31	2013/12/31
长期股权投资	9 546	9 221	9 757
其他长期投资	—	—	—
投资性房地产	49 154	50 790	50 306
固定资产原值	2 172 292	2 043 087	1 848 414
累计折旧	627 218	547 162	444 312
固定资产净值	1 545 074	1 495 925	1 404 102
固定资产减值准备	1 892	1 997	688
固定资产	1 543 181	1 493 928	1 403 414
在建工程	204 484	125 435	186 168
工程物资	—	—	—
固定资产清理	2 201	772	629
无形资产	265 614	248 029	237 018
开发支出	—	—	—
商誉			
长期待摊费用	818	2 095	4 267
递延所得税资产	876 438	819 296	568 261
其他非流动资产	65 700	—	—
非流动资产合计	4 074 870	3 608 747	2 996 958
资产总计	16 169 802	15 623 095	13 370 210
短期借款	627 666	357 877	331 697
向中央银行借款	800	1 746	3 741
吸收存款及同业存放	56 661	80 651	54 227
拆入资金	—	—	30 000
交易性金融负债	—	—	—
衍生金融负债	118 903	21 570	—
应付票据	742 764	688 196	823 021
应付账款	2 479 427	2 678 495	2 743 449
预收账款	761 960	642 772	1 198 643
卖出回购金融资产款	—	58 600	18 600
应付职工薪酬	169 728	155 050	164 016
应交税费	297 780	830 887	615 749
应付利息	4 839	3 618	2 548
应付股利	71	71	71
其他应付款	260 760	254 638	479 378
一年内到期的非流动负债	240 375	206 149	92 345
其他流动负债	5 500 785	4 858 531	3 091 637

续表

报告日期	2015/12/31	2014/12/31	2013/12/31
流动负债合计	11 262 518	10 838 852	9 649 121
长期借款	—	225 897	137 535
长期递延收益	13 457	8 844	—
递延所得税负债	24 414	25 685	32 894
其他非流动负债	—	—	3 992
非流动负债合计	50 623	271 098	17 4421
负债合计	11 313 141	11 109 950	9 823 543
实收资本(或股本)	601 573	300 787	300 787
资本公积	18 595	319 127	317 611
盈余公积	349 967	295 809	295 809
一般风险准备	20 776	13 636	4 711
未确定的投资损失			
未分配利润	3 773 719	3 484 132	2 539 556
外币报表折算差额			−194
归属于母公司股东权益合计	4 752 138	4 415 265	3 458 281
少数股东权益	104 523	97 880	88 387
所有者权益合计	4 856 661	4 513 145	3 546 668
负债和所有者权益总计	16 169 802	15 623 095	13 370 210

由于获利能力是企业在一定时期获取利润的能力,不论是投资人、债权人还是企业管理人员,都日益重视和关注企业的获利能力。在企业的财务评价体系中,获利能力也位居核心。

一、基本获利能力分析

对非上市公司的获利能力要从销售获利能力、资产获利能力、资本获利能力、社会贡献能力四方面进行分析。

(一) 销售获利能力分析

1. 营业收入利润率

营业收入利润率指标主要包括销售毛利率、销售净利率、营业利润率等。不同的收入利润率其内涵不同,揭示的收入与利润关系不同,分析评价中的作用也不同。

1) 销售毛利率

销售毛利率是销售毛利占营业收入的百分比其计算公式为

$$销售毛利率 = (销售毛利 \div 营业收入净额) \times 100\%$$

式中:销售毛利是指销售净额与营业成本之差;营业收入净额是指销售总额中扣除销售退回、销售折让及销售折扣后的净额。

【例7-1】 ××电器股份有限公司有关资料及销售毛利率的计算如表7-3所示。

表 7-3　××电器股份有限公司销售毛利率的计算

项　　目	2015 年	2014 年	2013 年
营业收入(万元)	9 774 514	13 775 036	11 862 795
营业成本(万元)	6 601 735	8 802 213	8 038 594
销售毛利(万元)	3 172 779	4 972 823	3 824 201
销售毛利率(%)	32.46	36.10	32.24

由表 7-3 可以看出,该公司 2014 年的销售毛利率比 2013 年有一定的提高,表明公司 2014 年的获利能力提高了,2015 年由于营业收入的减少致使销售毛利有所下降。

销售毛利率表示每百元营业收入扣除营业成本后,有多少剩余用于各项期间费用并形成利润。它反映企业营业活动流转额的初始获利能力,单位收入的毛利越高,抵补各项期间费用的能力越强,企业的获利能力也就越高。

销售毛利率指标存在较明显的行业特点。一般来说,营业周期短、固定费用低的行业毛利率水平比较低,如商品零售行业;而营业周期长、固定费用高的行业则要求有较高的毛利率,以弥补其巨大的固定成本,如重工业企业。

因此,分析时除了与本企业的目标毛利率、历史同期毛利率指标相比较之外,还应与同行业平均或先进水平相比较,才能做出较合理的评价。

🍁 小贴士

影响销售毛利率指标的因素有很多,大体可以分成直接因素和间接因素两大类。第一大类为直接因素,主要包括销售数量变动的影响,销售单价变动的影响,单位销售成本变动的影响。第二大类为间接因素,主要包括市场供求变动,成本管理水平,产品构成及其独特性,行业差别等。

2) 销售净利率

销售净利率是净利润占营业收入的百分比。其计算公式为

$$销售净利率=(净利润÷营业收入净额)×100\%$$

销售净利率指标表示每百元营业收入带来的净利润的多少,用以衡量企业营业收入的收益水平。从公式可以看出,净利润与销售净利率成正比关系,而营业收入净额与销售净利率成反比关系,可见企业在增加收入额的同时,必须相应地获得更多的净利润,才能使销售净利率保持不变或有所提高。

因此,通过对销售净利率的变动分析,可以促使企业在扩大销售的同时,注意改进经营管理,提高获利水平。

【例 7-2】　××电器股份有限公司有关资料及销售净利率的计算如表 7-4 所示。

表 7-4　××电器股份有限公司销售净利率的计算

项　　目	2015 年	2014 年	2013 年
净利润(万元)	1 262 373	1 425 295	1 093 576
营业收入(万元)	9 774 514	13 775 036	11 862 795
销售净利率(%)	12.91	10.35	9.22

计算表明，××电器股份有限公司2013年至2015年3年期间的销售净利率是稳步增长的。然而数据显示，2015年营业收入有所下降，但是销售净利率却是不减反增。主要原因还在于销售费用、资产减值损失等期间费用的下降幅度远远超过了营业收入下降的幅度，使得净利润不减反增。

3）营业利润率

营业利润率是指企业的息税前营业利润与营业收净额的比率。其计算公式为

营业利润率＝(息税前营业利润÷营业收入净额)×100%
　　　　　＝[(营业利润＋利息支出净额)÷营业收入净额]×100%

【例7-3】××电器股份有限公司有关资料及营业利润率的计算如表7-5所示。

表7-5　××电器股份有限公司营业利润率的计算

项　目	2015年	2014年	2013年
营业利润(万元)	1 351 618	1 608 923	1 226 301
营业收入(万元)	9 774 514	13 775 036	11 862 795
营业利润率(%)	13.83	11.68	10.34

由表7-5可以看出，该公司2013年至2015年营业利润率稳步增长，这说明该公司的获利水平增加。

营业利润率表示每实现百元营业收入可带来多少营业利润。分子为息税前营业利润，因而反映出企业的融资结构对获利能力的影响，这样便于融资结构不同的企业之间单纯组织开展营业活动形成的获利能力对比分析。

2. 成本费用利润率

成本费用利润率是指利润与各项成本费用的百分比，它反映每百元成本费用支出能获得的利润。其计算公式为

成本费用利润率＝(利润÷成本费用合计)×100%

在评价成本费用开支效果时，必须注意成本费用与利润间的对应关系，即销售毛利与营业成本、营业利润与营业成本、利润总额与税前成本、净利润与税后成本彼此相对应。反映成本费用利润率的指标主要有营业成本利润率、营业成本费用利润率、全部成本费用利润率。

1）营业成本利润率

营业成本利润率是净利润占营业成本的百分比。其计算公式为

营业成本利润率＝(净利润÷营业成本)×100%

【例7-4】××电器股份有限公司有关资料及营业成本利润率的计算如表7-6所示。

表7-6　××电器股份有限公司营业成本利润率的计算

项　目	2015年	2014年	2013年
净利润(万元)	1 262 373	1 425 295	1 093 576
营业成本(万元)	6 601 735	8 802 213	8 038 594
营业成本利润率(%)	19.12	16.19	13.60

由表7-6可以看出，该公司营业成本利润率指标稳步增长，每百元成本费用支出能获得

的利润连年增加,这对利润提高是有益的。

2) 营业成本费用利润率

营业成本费用利润率＝(利润总额÷全部成本费用)×100%

【例 7-5】 ××电器股份有限公司有关资料及营业成本费用利润率的计算如表 7-7 所示。

表 7-7　××电器股份有限公司营业成本费用利润率的计算

项　目	2015 年	2014 年	2013 年
利润总额(万元)	1 490 942	1 675 243	1 289 192
全部成本费用(万元)	8 539 186	12 219 132	10 879 257
营业成本费用利润率(%)	17.46	13.71	11.85

由表 7-7 可以看出,该公司营业成本费用利润率指标也是稳中有增,每百元全部成本费用能获得的利润总额连年增加,总体利润趋势不错。

(二) 资产获利能力分析

资产获利能力是指企业一定时期内投入资产所产生利润的能力。反映资产获利能力的指标主要可分为两大类:总资产利润率和各种具体资产利润率。

1. 总资产利润率

在计算总资产利润率时,分子选用不同的利润计算,反映不同的经济含义,因而总资产利润率详细可分为总资产净利率、资产息税前利润率、资产利润率。因此,在看到各种各样的财务指标时,应注意考虑该指标的计算口径、计算方法等问题。

1) 总资产净利率

总资产净利率是企业净利润与平均总资产的百分比其计算公式为

总资产净利率＝(净利润÷平均总资产)×100%

平均总资产＝(期初资产总额＋期末资产总额)÷2

总资产净利率指标反映投入全部资产后为投资者获取的最终利润情况,表明了企业资产利用的综合效果。

该指标越高,表明企业资产的利用效率越高,利用资产创造的利润越多,表明企业在增加收入和节约资金使用等方面取得了良好的效果。反之,该指标越低,表明企业资产的利用效率不高,企业的获利能力较差,财务管理水平较低。

【例 7-6】 ××电器股份有限公司有关资料及总资产净利率的计算如表 7-8 所示。

表 7-8　××电器股份有限公司总资产净利率的计算

项　目	2015 年	2014 年	2013 年	2012 年
净利润(万元)	1 262 373	1 425 295	1 093 576	
资产总计(万元)	16 169 802	15 623 095	13 370 210	10 756 690
总资产净利率(%)	7.94	9.83	9.07	

由表 7-8 可以看出,××电器股份有限公司 2014 年比 2013 年资产的利用效率高,2014 年利用资产创造的利润多于 2013 年,说明 2014 年公司在增加收入和节约资金使用等方面取得了良好的效果,但 2015 年的总资产净利率有所下降,说明财务管理水平还有待提升。

影响总资产净利率主要因素有产品的价格、单位成本的高低、产品的产量和销售数量、资金占用量等。公司应针对以上这些具体情况分析总资产净利率下降的原因并采取相应措施。

2）资产息税前利润率

资产息税前利润率是企业息税前利润与平均总资产的百分比。其计算公式如下：

$$资产息税前利润率=（息税前利润÷平均总资产）\times 100\%$$

资产息税前利润率指标反映投入全部资产后为投资人和债权人共同获取的利润情况。

2. 流动资产利润率

流动资产利润率反映企业一定时期的利润总额与流动资产平均余额之间的比率，它是反映流动资产利用效果的一个综合性指标。其计算公式如下：

$$流动资产利润率=（利润总额÷流动资产平均余额）\times 100\%$$

一般来说，该指标越大，说明流动资产利用水平越高，流动资产周转越快。在分析指标时，一方面应与该企业的历史水平比较；另一方面应与同行业的平均水平和先进水平比较，了解企业流动资产利用水平的高低。

【例7-7】 ××电器股份有限公司有关资料及流动资产利润率的计算如表7-9所示。

表7-9 ××电器股份有限公司流动资产利润率的计算

项 目	2015年	2014年	2013年	2012年
利润总额（万元）	1 490 942	1 675 243	1 289 192	
流动资产合计（万元）	12 094 931	12 014 348	10 373 252	8 508 765
平均流动资产（万元）	12 054 639.5	11 193 800	9 441 008.5	
流动资产利润率（%）	12.37	14.97	13.66	

由表7-9可以看出，××电器股份有限公司近两年流动资产总额变动不大，2013年到2015年的流动资产利润率先升后降主要源于利润总额的变动。2016年应关注流动资产利用水平和流动资产周转速度。

3. 非流动资产利润率

非流动资产利润率反映企业一定时期的利润总额与非流动资产平均余额之间的比率，它是反映非流动资产利用效果的一个综合性指标。其计算公式如下：

$$非流动资产利润率=（利润总额÷非流动资产平均余额）\times 100\%$$

一般来说，该指标越大，说明非流动资产利用水平越高，非流动资产周转越快。在分析指标时，同样既应与该企业的历史水平比较，也应与同行业的平均水平和先进水平比较，了解企业非流动资产利用水平的高低。

【例7-8】 ××电器股份有限公司有关资料及非流动资产利润率的计算如表7-10所示。

表7-10 ××电器股份有限公司非流动资产利润率的计算

项 目	2015年	2014年	2013年	2012年
利润总额（万元）	1 490 942	1 675 243	1 289 192	
非流动资产合计（万元）	4 074 870	3 608 747	2 996 958	2 247 925
平均非流动资产（万元）	3 841 808.5	3 302 852.5	2 622 441.5	
非流动资产利润率（%）	38.8	50.72	49.16	

由表 7-10 可以看出，××电器股份有限公司 2015 年的非流动资产利润率有所降低，2016 年应加强非流动资产利用水平。

（三）资本获利能力分析

资本获利能力是指企业一定时期内投资者通过投入资本所取得利润的能力。反映资本获利能力的指标主要是净资产收益率，即指企业本期利润与净资产的比率，也称权益净利率，是反映获利能力的核心指标。其计算公式为

$$净资产收益率 = （净利润 \div 平均净资产）\times 100\%$$

式中：平均净资产一般取期初与期末的平均值，该指标越高，反映获利能力越好。

【例 7-9】 ××电器股份有限公司有关资料及净资产收益率的计算如表 7-11 所示。

表 7-11 ××电器股份有限公司净资产收益率的计算

项　目	2015 年	2014 年	2013 年	2012 年
净利润（万元）	1 262 373	1 425 295	1 093 576	
所有者权益（万元）	4 856 661	4 513 145	3 546 668	2 758 020
净资产利润率（%）	26.37	35.37	34.69	

由表 7-11 可以看出，此项指标 2015 年减少了，说明公司的资本获利能力略微有些弱。该指标是企业获利能力的重要标志，关系到投资者对投资的信心。衡量该指标，要看同行业的平均水平、经济景气状况和投资者对风险的承受能力。

🍁 小贴士

净资产收益率的主要优点是可使投资者以此就各种不同产业的获利能力进行比较。投资者不在乎持有的是低利润率的零售业股票，还是高利润率的高科技公司股票，只要这些股票创造的收益率高于平均股东权益收益率就行。

净资产收益率的主要缺点是忽略了公司融资的债务一面，因此不能反映在创造收益时所涉及的风险。高净资产收益率可以是高收益或低股东权益所致，因此，也应关注公司的杠杆操作（即公司的债务/股东权益比率）。

稳健经营的公司，净资产收益率在 10%～25% 不等。大多数投资者喜好净资产收益率为两位数的公司，或至少高于低风险投资如政府债券的收益率。公司获得高股东权益收益率通常会吸引其他人加入同业成为竞争者，并需保持增长及（或）削减成本，以便维持两位数的净资产收益率。

（四）社会贡献能力分析

1. 社会贡献率

社会贡献率是企业社会贡献总额与平均资产总额的比率，它反映了企业占用社会资源所产生的社会经济效益的大小，是社会进行资源有效配置的基本依据。其计算公式为

$$社会贡献率 = （社会贡献总额 \div 平均资产总额）\times 100\%$$

2. 社会积累率

社会积累率是企业上缴的各项财政收入与企业社会贡献总额的比率，计算公式为

社会积累率＝(上缴国家财政收入总额÷企业社会贡献总额)×100％

上缴财政收入总额包括企业依法向财政缴纳的各项税款,如增值税、所得税、消费税、其他税款等。

二、针对上市公司的获利能力分析

由上市公司自身特点所决定,其获利能力除了可以通过一般企业获利能力的指标分析外,还应进行一些特殊指标的分析,特别是一些与公司股票价格或市场价值相关的指标分析,如基本每股收益、市盈率、每股股利、股利支付率等指标。

(一) 基本每股收益

基本每股收益是指净利润扣除优先股股息后的余额与发行在外的普通股股数之比。其计算公式如下:

基本每股收益＝(归属于母公司所有者的净利润－优先股股息)÷
发行在外的普通股股数

该指标从普通股股东的角度反映企业的获利能力,指标值越高,说明获利能力越强,普通股股东可得收益也就越多。

它是测定股票投资价值的重要指标之一,是分析每股价值的一个基础性指标,是综合反映公司获利能力的重要指标,它是公司某一时期净收益与股份数的比率。

该比率反映了每股创造的税后利润,比率越高,表明所创造的利润越多。若公司只有普通股时,净收益是税后净利,股份数是指流通在外的普通股股数。如果公司还有优先股,应从税后净利中扣除分派给优先股股东的利息。

【例7-10】 ××电器股份有限公司有关资料及基本每股收益的计算如表7-12所示。

表7-12 ××电器股份有限公司基本每股收益的计算

项　　目	2015年	2014年	2013年
归属于母公司所有者的净利润(元)	1 253 244	1 415 517	1 087 067
年末普通股股数	601 573	300 787	300 787
基本每股收益(元)	2.08	4.71	3.61

由表7-12可以看出,××电器股份有限公司基本每股收益由2013年的3.61元上涨到2014年的4.71元,说明股东的投资回报在2014年有所增加。但2015年基本每股收益的回落,一方面表现在净利润的降低;更重要的一方面源于2015年普通股股数翻倍增长。

一般的投资者在使用该财务指标时有以下几种方式:通过基本每股收益指标排序用来寻找所谓"绩优股"和"垃圾股";横向比较同行业的基本每股收益来选择龙头企业;纵向比较个股的基本每股收益来判断该公司的成长性。

(二) 市盈率与市净率

1. 市盈率

市盈率是股市分析中常用的指标,它是指普通股每股市价为每股收益的倍数。其计算公式如下:

市盈率＝普通股每股市价÷普通股每股收益

市盈率越高,表示市场对公司的未来越看好。仅从市盈率高低的横向比较来看,高市盈率说明公司能够获得社会信赖,具有良好的前景;反之则结论相反。

市盈率是投资者必须掌握的一个重要财务指标,也称本益比,是股票价格除以每股获利的比率。市盈率反映了在每股获利不变的情况下,当派息率为100%及所得股息没有进行再投资的条件下,经过多少年的投资可以通过股息全部收回。

一般情况下,一只股票市盈率越低,市价相对于股票的获利能力越低,表明投资回收期越短,投资风险就越小,股票的投资价值就越大;反之则结论相反。

小贴士

市盈率是估计普通股价值的最基本、最重要的指标之一。一般认为该比率保持在20～30是正常的,过小说明股价低,风险小,值得购买;过大则说明股价高,风险大,购买时应谨慎。高市盈率股票多为热门股,低市盈率股票可能为冷门股。

2. 市净率

市净率指的是每股市价与每股净资产的比率。其计算公式为

$$市净率 = 每股市价 \div 每股净资产$$

市净率可用于投资分析。每股净资产是股票的账面价值,它是用成本计量的,而每股市价是这些资产的现在价值,它是证券市场上交易的结果。市价高于账面价值时企业资产的质量较好,有发展潜力;反之则资产质量差,没有发展前景。

优质股票的市价都超出每股净资产许多,一般来说市净率达到3,可以树立较好的公司形象。市价低于每股净资产的股票,就像售价低于成本的商品一样,属于"处理品"。当然,"处理品"也不是没有购买价值,问题在于该公司今后是否有转机,或者购入后经过资产重组能否提高获利能力。

净资产的多少是由股份公司经营状况决定的,股份公司的经营业绩越好,其资产增值越快,股票净值就越高,因此股东所拥有的权益也就越多。

一般来说市净率较高的股票,投资价值较高;相反,则投资价值较低。但在判断投资价值时还要考虑当时的市场环境以及公司经营情况、获利能力等因素。

【例7-11】 ××电器股份有限公司与同行业的市盈率、市净率资料及比较如表7-13所示。

表7-13 ××电器股份有限公司市盈率、市净率比较

项 目	市盈率	市净率
××电器股份有限公司	8.10	2.57
美的集团	10.30	2.54
青岛海尔	11.20	2.27

由表7-13可以看出,××电器股份有限公司的市盈率低于同行业,但市净率高于同行业。市盈率较低,说明市价相对于股票的获利能力低,表明投资回收期短,投资风险小,股票的投资价值大。市净率较高,说明公司经营业绩越好,其资产增值快,股票净值高。

(三) 每股股利

每股股利是指现金股利总额与期末普通股股份总数之比。其计算公式为

每股股利＝股利总额÷期末普通股股份总数

每股股利是反映股份公司每一普通股获得股利多少的一个指标，指标值越大表明获利能力越强。影响每股股利多少的因素主要是企业股利发放政策与利润分配政策。如果企业为扩大再生产、增强企业后劲而多留利，每股股利就少；反之则多。

【例 7-12】 ××电器股份有限公司每股股利的计算如表 7-14 所示。

表 7-14 ××电器股份有限公司每股股利的计算

项　　目	2015 年	2014 年	2013 年
股利总额（万元）	902 360	902 360	451 180
期末普通股总数（万股）	601 573	300 787	300 787
每股股利（元）	1.50	3.00	1.50

由表 7-14 可以看出，××电器股份有限公司 2014 年每股股利提高了 2 倍，表明每股获利能力增强了。然而 2015 年的每股股利下降主要基于普通股股数近 2 倍的增长所致。

（四）股利支付率

股利支付率是指普通股净收益中股利所占的比重，它反映公司的股利分配政策和支付股利的能力。其计算公式为

股利支付率＝（普通股每股股利÷普通股每股收益）×100%

【例 7-13】 ××电器股份有限公司有关资料及股利支付率的计算如表 7-15 所示。

表 7-15 ××电器股份有限公司股利支付率的计算

项　　目	2015 年	2014 年	2013 年
每股股利（元）	1.50	3.00	1.50
基本每股收益（元）	2.08	4.71	3.61
股利支付率（%）	72.11	63.69	41.55

每股股利是指实际发放给普通股股东的股利总额与流通股数的比值。股利发放率反映了企业的股利政策，其高低要根据企业对资金需要量的具体情况而定，没有一个固定的衡量标准。股利发放率高低主要取决于价格与收益比率和股利支付率。

一般来说，长期投资者比较注重价格与收益比率，而短期投资者则比较注重股利支付率。股利支付率与获利状况并不存在必然的联系。

小贴士

一般来说，公司发放股利越多，股利的分配率越高，因而对股东和潜在的投资者的吸引力越大，也就越有利于建立良好的公司信誉。

一方面，由于投资者对公司的信任，会使公司股票供不应求，从而使公司股票市价上升。公司股票的市价越高，对公司吸引投资、再融资越有利。另一方面，过高的股利分配率政策，一是会使公司的留存收益减少；二是如果公司要维持高股利分配政策而对外大量举债，会增加资金成本，最终必定会影响公司的未来收益和股东权益。

股利支付率是股利政策的核心。确定股利支付率，首先要弄清公司在满足未来发展所需的资本支出需求和营运资本需求，有多少现金可用于发放股利；其次考察公司所能获得

的投资项目的效益如何。如果现金充裕,投资项目的效益又很好,则应少发或不发股利;如果现金充裕但投资项目效益较差,则应多发股利。

三、综合分析

综合上述××电器股份有限公司获利能力分析,考虑2015年现状,预测未来发展面临的挑战或风险以及建议如下。

(一)××电器股份有限公司未来的风险

1. 宏观经济波动及政策调控带来的风险

经济发展呈现新常态,从高速发展转为中高速发展。受宏观经济放缓的影响,消费者的需求也将随之下降,家电市场的需求可能出现疲软。因宏观经济环境变化和政策调整可能使得劳动力、水、电、气等生产要素成本出现波动,加之家电补贴政策的退出及新政尚未明确,将对公司产品的生产销售带来新的挑战。

2. 行业竞争及营销变革带来的风险

在互联网经济及新的商业模式的冲击下,××电器股份有限公司作为家电行业的龙头领军企业,尽管竞争优势明显,但受国内外家电企业的竞争日益加剧,智能家电发展日新月异,各种新技术、新材料不断涌现,加之家电行业的不规范甚至恶性竞争,对公司的经营业绩和财务状况可能带来挑战。

3. 大宗原材料价格及出口汇率波动带来的风险

××电器股份有限公司对铜材、钢材、铝材等大宗原材料的需求较大,若原材料价格出现较大波动,且受市场竞争恶劣的影响,产品的售价难以同步消化成本波动影响,进而对公司的经营业绩可能产生影响。此外,公司产品远销全球世界各地,随着海外市场的不断开拓,公司出口额日益增长,若汇率出现大幅波动,公司将面临汇兑损失风险。

(二)××电器股份有限公司未来发展展望及建议

××电器股份有限公司应继续以空调产业为支柱,大力开拓发展新能源、生活电器、工业制品、模具、手机、自动化设备等新兴产业,将××电器股份有限公司从单纯的家电制造企业向新能源行业及装备制造企业进行产业拓宽,打造成为有较强核心竞争力的、有自主知识产权的、管理先进的国际一流企业,实现多元化稳健发展。

在坚持创新驱动、智能转型、强化基础、绿色发展,推动产业结构向中高端转型的大背景下,××电器股份有限公司应坚定不移地走技术创新的道路。在功能上不断细化,让健康环保的空调概念在产品中扎根;技术上坚持节能高效和低碳环保,打造出具有超强用户体验的产品。同时,建议公司充分发挥大规模高水平的上游配套资源优势,大力实施以"转型升级共创绿色未来"为主题的下游产业链发展战略,通过垂直整合,发展以新能源、通信电子、资源再生等为主的下游产业链。

未来公司的经营发展侧重点如下。

(1)秉承"××电器股份有限公司用科技改变生活,××电器股份有限公司用科技创造生活"的科技理念,加快速度改变技术创新思维,布局智能家居大数据中心,加强智能家居产品及系统搭建的研发力度。

(2) 传承空调产品的开发流程,完善手机、智能装备产品、核电等应用新能源产品的开发流程,实现产品的全生命周期管理。

(3) 在暖通设备领域加大产品开发,把产品系统化,通过××电器股份有限公司掌控的压缩机技术实现节能环保。

(4) 生活电器产品开发规划上,主要完善、扩充生活电器产品类型,主要从环保桶、吸尘器、榨汁机、电烤箱等新产品类型扩充。

(5) 创新研发精益设计理念,以项目为中心实行项目团队负责制,将工艺、结构、外观等不同专业人员组建项目团队。将产品研发前移,强化概念设计,使用精益设计等手法实现产品最优化。

本 章 小 结

本章主要介绍了获利能力分析的内涵,分析了上市公司面临的获利压力,详细介绍了企业获利能力的分析主要通过利润率指标来进行,主要包括销售利润率、销售毛利率等指标,通过这些指标的分析可以得出销售商品带来利润的能力;总资产净利率和净资产收益率等指标,这些指标反映公司运营资本和资产带来利润的能力;每股收益、每股股利、市盈率等指标,这些是仅针对上市公司获利能力分析的指标。通过比较不同行业获利能力指标水平,为投资者提供相关信息。

练 习 题

一、单项选择题

1. 下列有关收益结构的分析,可以帮助我们了解哪些是获利大的产品、哪些产品应淘汰的是(   )。
   A. 收益的收支结构   B. 收益的业务结构
   C. 收益的主要项目结构   D. 以上都不是

2. 下列属于企业收益的是(   )。
   A. 销售产品收到的货款   B. 所有者出资额
   C. 代扣代缴的税款   D. 包装物押金

3. 在一般情况下市盈率越高,公司前景(   )。
   A. 越好   B. 越差   C. 不受影响   D. 难以确定

4. 下列财务比率中,投资者可能最关注的是(   )。
   A. 流动比率   B. 现金比率   C. 存货比率   D. 资本金收益率

5. 下列反映企业获利能力的指标是(   )。
   A. 产权比率   B. 利息保障倍数
   C. 资产增值率   D. 销售净利率

6. 反映资产本质的一个重要特征是(   )。
   A. 有形性   B. 有价值   C. 收益性   D. 有用性

7. 资产收益转化为经营收益的关键环节是(   )。
   A. 产品出售　　　B. 收回货款　　　C. 资金周转　　　D. 资金运用
8. 最能概括企业经营对获利的影响的一项是(   )。
   A. 对获利水平的影响　　　　　　　B. 对获利持久性的影响
   C. 对财务安全性的影响　　　　　　D. 以上都不是
9. 多步式结构损益表体现了收益的(   )。
   A. 主要项目的结构　　　　　　　　B. 收支结构
   C. 业务结构　　　　　　　　　　　D. 总体结构
10. 通过损益表各项目增减差异及差异百分比的分析，可以了解企业利润变化的(   )。
    A. 内部原因　　　B. 外部原因　　　C. 深层原因　　　D. 表层原因

二、多项选择题

1. 计算成本费用利润率指标的营业成本费用包括(   )。
   A. 制造费用　　　B. 销售费用　　　C. 管理费用　　　D. 财务费用
2. 影响企业主营业务利润的有(   )。
   A. 业务量　　　　　　　　　　　　B. 单位售价
   C. 单位产品成本　　　　　　　　　D. 产品销售费用
   E. 产品销售税金
3. 反映企业获利能力的指标有(   )。
   A. 销售净利率　　　　　　　　　　B. 总资产利润率
   C. 股东权益报酬率　　　　　　　　D. 总资产周转率
   E. 产权比率
4. 引起企业经营及利润变化的外部原因有(   )。
   A. 国际环境变化　　　　　　　　　B. 国家宏观政策调整
   C. 规章制度不健全　　　　　　　　D. 市场机制不完善
   E. 决策失误
5. 引起利润变化的表层原因有(   )。
   A. 销售成本上升　　　　　　　　　B. 管理费用加大
   C. 营业外损失增多　　　　　　　　D. 决策失误
   E. 成本控制不力
6. 下列选项中，可以增加产品销售收入的有(   )。
   A. 扩大销售数量　　　　　　　　　B. 提高单位售价
   C. 改善品种结构　　　　　　　　　D. 降低单位成本
   E. 减少销售费用

三、判断题

1. 影响每股股利多少的因素，除了获利大小外，还取决于企业的股利发放方针。
   (   )
2. 股利支付率的高低水平没有具体的衡量标准，而且企业与企业之间也没有什么可比性。
   (   )

3. 每股市价是股票的账面价值,它是用成本计算的,每股净资产是这些资产的现在价值,它是证券市场上交易的结果。 ( )

4. 一般来说,市盈率指标越低,表明该股票的投资风险越大。 ( )

5. 每股收益越高,意味着股东可以从公司分得的股利越高。 ( )

实 训 题

1. 请说明在计算普通股每股股利时,普通股股利总额可以只采用什么形式?为什么?

2. 某公司2015年销售收入为144万元,税后净利为14.4万元,资产总额为90万元,负债总额为27万元。

要求:计算总资产净利率、净资产报酬率。

3. 某股份有限公司本年度的净利润为500万元,流通在外的总股数为105万股,其中优先股为5万股,本年度公司分配股利80万元,其中优先股股利为10万元。

要求:

(1) 计算该公司本年度的每股盈余。

(2) 计算该公司本年度普通股每股股利。

4. 公司获利能力应从哪些方面分析?

第八章 财务综合分析

学习目标

(1) 理解财务综合分析的含义、特点和内容；
(2) 理解杜邦财务分析法产生的意义；
(3) 掌握杜邦财务分析法的内容、特点及指标体系；
(4) 理解综合评分分析法的意义、发展；掌握基本综合评分分析法的评价原理；
(5) 了解雷达图分析法的指标内容及图形的绘制。

技能要求

(1) 掌握杜邦财务分析法的指标体系及其相互关系；
(2) 掌握杜邦财务分析法和因素分析法的结合；
(3) 会使用综合评分分析法对公司进行综合评价。

引导案例

2015年年初,一家名为MovieFone的网上售票公司拟与英国的一家大型娱乐公司——Wembley公司的子公司投资合作,拟建立一个合资企业,开发电影自动售票服务及硬件系统。

2015年5月,该公司主要围绕电影自动售票服务及硬件系统投资经营,并争取在几年内逐步形成规模较大的现金流和持续稳定的投资收益。为此该公司制定了规划：2016年以后,以资本扩张为主,通过资本扩张进一步壮大公司规模,主营业务在同行业处于领先地位,并继续寻找机会不断向朝阳产业和新兴产业扩张,保持企业的成长性和利润的增长,总资产规模达到30亿元以上,主营业务收入达到5亿元以上,净资产收益率达到6%以上。

面对该公司的雄心壮志,一方面我们希望"有志者事竟成";另一方面也应保留一份清醒,借助于会计报表综合分析的方法与技巧,透过以往的财务资料来分析其未来的成长性,为此以下问题在分析中是不可避免的。

公司净资产收益率怎样？有无上升的空间？
什么因素变动对企业盈利能力产生决定作用？
公司资产利用率如何？对企业净收益的影响有多大？
该公司成长能力如何？是否具备投资价值？

本章将以此为背景,探讨包含以上诸问题在内的有关会计报表综合分析的问题。

第一节　财务综合分析概述

前面章节中已经介绍了企业偿债能力、营运能力和获利能力以及现金流量表等各种财务分析指标,但单独分析任何一项财务指标,就像盲人摸象一样,难以全面评价企业的经营状况与财务成果。要想对企业财务状况和经营成果有一个总体的评价与分析,就必须进行相互关联的综合分析并采用适当的标准进行全面评价,以实现全面、综合地了解企业经营状况和财务成果,并对企业经济效益做出客观、公正的评价。

所谓财务综合分析就是将企业营运能力、偿债能力和获利能力等方面的分析,纳入一个有机的分析系统之中,全面地对企业财务状况、经营状况进行解剖和分析,从而对企业经济效益做出较为准确的评价与判断。

一、财务综合分析的特点

财务综合分析的特点体现在其对财务指标体系的要求上。一个健全有效的财务综合指标体系必须具备3个基本素质,即必须具有以下特点。

(一)评价指标要全面

这里指所设置的评价指标,要尽可能涵盖偿债能力、营运能力和获利能力等各方面的考核要求。

(二)主辅指标功能要匹配

在综合分析中要强调两个方面。

(1) 在确立营运能力、偿债能力和获利能力等诸方面评价的主要指标与辅助指标的同时,进一步明晰总体结构中各项指标的主辅地位。

(2) 不同范畴的主要考核指标所反映的企业经营状况、财务状况的不同侧面与不同层次的信息有机统一,应当能够全面而翔实地揭示企业经营理财的实绩。

(三)满足多方面信息需求

这要求评价指标体系必须能够提供多层次、多角度的信息资源,设置的指标评价体系既要能满足企业内部管理当局实施决策的需要,又要能满足外部投资者和政府管理机构凭以决策及实施宏观调控的要求。

二、财务综合分析的内容

财务综合分析是站在全局的角度进行的分析,它至少应该包括以下两个方面的内容。

(一)财务目标与财务环节相互关联的综合分析

企业的财务管理的目标是企业价值最大化,而企业价值增长的核心在于资本收益能力的提高,而资本收益能力受企业各方面、各环节财务状况的影响。

这一分析正是要以净资产收益率为核心,并通过对净资产收益率的分解,找出企业经营各环节对其影响及其程度,从而综合评价企业各环节几个方面的经营业绩。杜邦财务分析体系是进行这一分析的最基本方法。

（二）企业经营业绩的综合分析

虽然财务目标与财务环节的联系分析可以解决单项指标分析或单方面分析给评价带来的困难，但由于没能用某一单项计量手段给相关联指标以综合评价，因此，往往难以准确地做出公司经营改善与否的定量结论。

企业经营业绩综合分析评价是从解决这一问题出发，利用综合评分法对各项重要的财务指标完成情况进行定量分析，最后以唯一的综合指数或综合分数高低来评价企业的经营业绩。综合评分法正是这一内容的体现。财务综合分析的方法主要有3种：杜邦财务分析法和沃尔综合评分法以及雷达图分析法。

第二节　杜邦财务分析法

一、杜邦财务分析法的产生及其意义

运用趋势分析法和财务比率分析法，虽然可以了解企业各方面的财务状况，但是不能反映企业各方面财务状况之间的关系。企业的财务状况是一个完整的系统，内部各因素都是相互依存、相互作用的，任何一个因素的变动都会引起企业整体财务状况的改变。

因此，财务分析者在进行财务状况综合分析时，必须深入了解企业财务状况内部的各项因素及其相互之间的关系，这样才能比较全面地揭示企业财务状况的全貌。

杜邦财务分析法利用几种主要的财务比率之间的关系来综合分析企业的财务状况，是一种比较实用的财务比率分析体系。这种分析方法首先由美国杜邦公司的经理创立并首先在杜邦公司成功运用，称为杜邦系统（The Du Pont System），它是利用财务指标间的内在联系，对企业综合经营理财能力及经济效益进行系统分析评价的方法。

杜邦财务分析法是一种分解财务比率的方法，从评价企业绩效最具综合性和代表性的净资产收益率指标出发，利用各主要财务比率指标间的内在有机联系，对企业财务状况及经济效益进行综合系统分析评价；并将指标进行层层分解至企业最基本生产要素的使用、成本与费用的构成和企业风险，从而满足经营者通过财务分析进行绩效评价的需要，在经营目标发生异动时能及时查明原因并加以修正。

财务管理是公司管理的重要组成部分，公司的管理层负有实现企业价值最大化的责任。管理层需要一套实用有效的财务分析体系，据此评价和判断企业的经营绩效、经营风险、财务状况及获利能力等，美国杜邦公司创造的杜邦财务分析法正是这样一种实用的财务分析体系。

二、杜邦财务分析法的具体内容

杜邦财务分析法主要反映以下主要的财务比率之间的关系。

$$净资产收益率＝销售净利率\times总资产周转率\times权益乘数$$

式中：

$$净资产收益率＝净利润\div平均净资产＝权益乘数\times总资产净利率$$

权益乘数＝1÷（1－资产负债率）
资产负债率＝负债总额÷资产总额
总资产净利率＝销售净利率×总资产周转率
销售净利率＝净利润÷主营业务收入净额
总资产周转率＝主营业务收入净额÷资产总额

指标关系描述如图 8-1 所示。

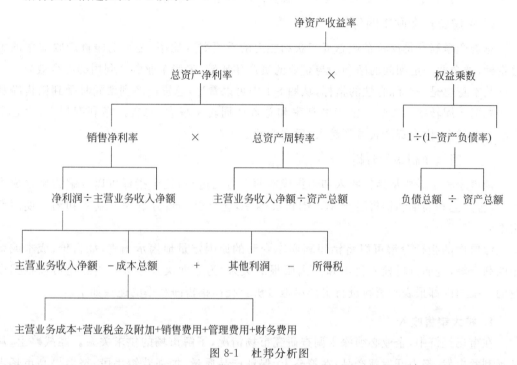

图 8-1　杜邦分析图

可见，杜邦财务分析法是一种分解财务比率的方法，从评价企业绩效最具综合性和代表性的净资产收益率指标出发，利用各主要财务比率指标间的内在有机联系，对企业财务状况及经济效益进行综合系统分析评价。

该体系以净资产收益率为龙头，以总资产净利率和权益乘数为核心，重点揭示企业获利能力及权益乘数对净资产收益率的影响，以及各相关指标间的相互影响作用关系。

该体系层层分解至企业最基本生产要素的使用、成本与费用的构成和企业风险，揭示指标变动的原因和趋势，满足经营者通过财务分析进行绩效评价需要，在经营目标发生异动时能及时查明原因并加以修正，为企业经营决策和投资决策指明方向。

小贴士

从企业绩效评价的角度来看，杜邦财务分析法只包括财务方面的信息，不能全面反映企业的实力，且对短期以及过去的财务结果非常重视，而忽视了长期价值以及其他可能发生的潜在状况。

三、杜邦财务分析法的要点

（一）净资产收益率的分析

净资产收益率是一个综合性极强、最有代表性的财务比率，它是杜邦财务分析法的核心。企业财务管理的目标之一就是实现股东财富最大化，净资产收益率正是反映了股东投入净资产的获利水平。决定因素主要是总资产净利率和权益乘数。

（二）总资产净利率的分析

总资产净利率是反映企业总资产获利能力的重要财务比率，是影响净资产收益率的关键指标，把企业一定期间的净利润与企业的资产相比较，表明企业资产利用的综合效果。

其本身也是一个综合性的指标，从图 8-1 中可以看出，总资产净利率同时受到销售净利率和总资产周转率的影响。销售净利率和总资产周转率越大，总资产净利率越大；而总资产净利率越大，则净资产收益率越大；反之亦然。

（三）销售净利率的分析

销售净利率需要从销售收入和销售成本两个方面进行，这个指标可以分解为销售成本率、销售其他利润率和销售税金率。销售成本率，还可进一步分解为毛利率和销售期间费用率。

深层次的指标分解可以将销售利润率变动的原因定量地揭示出来，如售价、成本或费用的高低等，进而分析投入付出和产出回报的关系，为企业决策服务。当然还可以根据企业的一系列内部报表和资料进行更详尽地分析。提高销售净利率的途径如下。

1. 扩大销售收入

在市场经济中，企业必须深入调查研究市场情况，了解市场的供求关系。在战略上，从长远利益出发，努力开发新产品；在策略上，保证产品质量，加强营销手段，努力提高市场占有率。

2. 降低成本费用

加强成本费用控制，降低耗费，增加利润。从杜邦系统中，可以分析企业的成本费用结构是否合理，以便发现企业在成本费用管理方面存在的问题，为加强成本费用管理提供依据。

企业要想在激烈的竞争中立于不败之地，不仅要在营销与产品质量上下功夫，还要尽可能降低产品的成本，这样才能增强产品在市场上的竞争力。同时要严格控制企业的管理费用、财务费用等各种期间费用，降低耗费，增加利润。

这里尤其要研究分析企业的利息费用与利润总额之间的关系，如果企业所承担的利息费用太多，就应当进一步分析企业的资金结构是否合理，负债比率是否过高，不合理的资金结构当然会影响到所有者的收益。

（四）总资产周转率的分析

总资产周转率是反映企业通过资产运营实现销售收入能力的指标。影响总资产周转率的一个重要因素是资产总额，还需要对影响资产周转的各因素进行分析。

1. 分析资产结构的合理性

分析企业的资产结构是否合理,即流动资产与非流动资产的比例是否合理。资产结构实际上反映了企业资产的流动性,它不仅关系到企业的偿债能力,也会影响到企业的获利能力。

一般来说,如果企业流动资产中货币资金占的比重过大,就应当分析企业现金持有量是否合理,有无现金闲置现象,因为过量的现金会影响企业的获利能力;如果企业流动资产中存货与应收账款过多,就会占用大量的资金,影响企业的资金周转。

2. 分析资产周转情况

结合销售收入,分析企业的资产周转情况。资产周转速度直接影响到企业的获利能力,如果企业资产周转较慢,就会占用大量资金,增加资金成本,减少企业的利润。资产周转情况的分析,不仅要分析企业总资产周转率,更要分析企业的存货周转率与应收账款周转率,并将其周转情况与资金占用情况结合分析。

除了对资产的各构成部分从占用量上是否合理进行分析外,还可以通过对流动资产周转率、存货周转率、应收账款周转率等有关资产组成部分使用效率的分析,判明影响资产周转的问题出在哪里。

(五)权益乘数的分析

权益乘数表示企业负债程度,受资产负债率影响。企业负债程度越高,负债比率越大,权益乘数越高,说明企业有较高的负债程度,给企业带来较多的杠杆利益,同时也给企业带来了较多的风险。权益乘数对净资产收益率具有倍率影响,反映了财务杠杆对利润水平的影响。

财务杠杆具有正反两方面的作用。在收益较好的经营周期,它可以使股东获得的潜在报酬增加,但股东要承担因负债增加而引起的风险;在收益不好的经营周期,则可能使股东潜在的报酬下降。

当然,从投资者角度而言,只要资产报酬率高于借贷资本利息率,负债比率越高越好。企业的经营者则应全面考虑,在制定借入资本决策时,必须充分估计预期的利润和增加的风险,在两者之间权衡,从而做出正确决策。

在资产总额不变的条件下,适度开展负债经营,可以减少所有者权益所占的份额,达到提高净资产收益率的目的。最终不断把"蛋糕做大",促进企业成长,拓宽企业发展空间。

总之,从杜邦系统可以看出,企业的获利能力涉及生产经营活动的方方面面。企业净资产收益率与企业的筹资结构、销售规模、成本水平、资产管理等因素密切相关,这些因素构成一个完整的系统,系统内部各因素之间相互作用。

只有协调好系统内部各个因素之间的关系,才能使净资产收益率提高,从而实现股东财富最大化的理财目标。

【例 8-1】 A 公司销售净利率 3%,资产周转率 7,权益乘数 2;B 公司销售净利率 7%,资产周转率 3,权益乘数 3。计算两公司的总资产净利率和净资产收益率,并分析两公司的经营理念和获利途径。

A 公司:

$$总资产净利率 = 3\% \times 7 = 21\%$$

$$净资产收益率 = 21\% \times 2 = 42\%$$

B公司：

$$总资产净利率 = 7\% \times 3 = 21\%$$
$$净资产收益率 = 21\% \times 3 = 63\%$$

分析：虽然两公司总资产净利率相同，但可通过计算得出A公司资产负债率＝50%，B公司资产负债率＝67%，这说明B公司的负债比率高于A公司，能够用更多他人的钱做自己的事，B公司的财务杠杆利用程度高于A公司，但财务风险更大。同时，通过计算也可得知A公司资产周转天数＝360÷7＝51.42（天），时间短于B公司的资产周转天数120天，这说明A公司资产利用效率高于B公司。

也就是说，在两公司总资产净利率相同的情况下，B公司负债较高，因而利用财务杠杆获得了更高的收益；而A公司靠提高内部资产利用率得到的收益比B公司高。

【例8-2】已知某公司2015年会计报表的相关资料如表8-1所示。

表8-1　某公司会计报表相关资料　　　　　　　　　　单位：万元

资产负债表项目	年初数	年末数
资产	8 000	10 000
负债	4 500	6 000
所有者权益	3 500	4 000
利润表项目	上年数	本年数
营业收入	（略）	20 000
净利润	（略）	500

要求：计算杜邦财务分析法中的净资产收益率、总资产净利率和销售净利率，并验证三者之间的关系。

解：（1）净资产收益率

$$净资产收益率 = 500 \div [(3\,500 + 4\,000) \div 2] \times 100\% = 13.33\%$$

（2）总资产净利率

$$总资产净利率 = 500 \div [(8\,000 + 10\,000) \div 2] \times 100\% = 5.556\%$$

（3）销售净利率

$$销售净利率 = (500 \div 20\,000) \times 100\% = 2.5\%$$

（4）总资产周转率

$$总资产周转率 = 20\,000 \div [(8\,000 + 10\,000) \div 2] = 2.222（次）$$

（5）权益乘数

$$权益乘数 = [(10\,000 + 8\,000) \div 2] \div [(4\,000 + 3\,500) \div 2] = 2.41$$

$$净资产收益率 = 销售净利率 \times 总资产周转率 \times 权益乘数$$
$$= 2.5\% \times 2.222 \times 2.41 = 13.33\%$$

四、杜邦体系与因素分析法的结合

因素分析法又称连环替代法，是在财务指标对比分析确定差异的基础上，利用各种影响因素的顺序替代，从数值上测定各个相关因素对有关财务指标差异的影响程度的一种方法。这种分析方法首先确定某个指标的影响因素及相互关系;其次依次把其中一个当作可变因素进行替换;最后再分别找出每个因素对差异的影响程度。

可以利用因素分析法计算净资产收益率的差异,并分别计算总资产周转率、销售净利率及权益乘数对其影响的程度,从而有利于企业抓住关键因素,加以改进,而这是杜邦财务分析法本身不能解决的。

【例 8-3】 某公司 2015 年(基期)、2016 年(报告期)的财务数据如表 8-2 所示,请利用因素分析法分析各个因素的影响大小和影响方向。

表 8-2 某公司的财务数据

指 标 名 称	2015 年	2016 年
销售净利率(%)	17.62	18.83
总资产周转率(次/年)	0.80	1.12
权益乘数	2.37	2.06
净资产收益率(%)	33.41	43.44

该分析中从属指标与总指标之间的基本关系是

$$净资产收益率=销售净利率\times 总资产周转率\times 权益乘数$$

下面利用因素分析法分析各个因素的影响大小和影响方向:

(1) 销售净利率的影响 =(报告期销售净利率－基期销售净利率)
　　　　　　　　　　　×基期总资产周转率×基期权益乘数
　　　　　　　　　　　=(18.83%－17.62%)×0.80×2.37
　　　　　　　　　　　=2.29%

(2) 总资产周转率的影响=报告期销售净利率×(报告期总资产周转率
　　　　　　　　　　　－基期总资产周转率)×基期权益乘数
　　　　　　　　　　　=18.83%×(1.12－0.80)×2.37
　　　　　　　　　　　=14.28%

(3) 权益乘数的影响=报告期销售净利率×报告期总资产周转率×(报告期权益乘数
　　　　　　　　　　－基期权益乘数)
　　　　　　　　　　=18.83%×1.12×(2.06－2.37)
　　　　　　　　　　=－6.54%

(4) 净资产收益率的变化=报告期净资产收益率－基期净资产收益率
　　　　　　　　　　　=销售净利率的影响＋总资产周转率的影响
　　　　　　　　　　　＋权益乘数的影响
　　　　　　　　　　　=43.44%－33.41%
　　　　　　　　　　　=2.29%＋14.28%＋(－6.54%)
　　　　　　　　　　　=10.03%

综合以上分析可以看到,某公司的净资产收益率 2016 年相对 2015 年升高了 10.03 个百分点,其中由于销售净利率的提高使净资产收益率提高了 2.29 个百分点,而由于总资产周转率的速度加快,使净资产收益率提高了 14.28 个百分点。由于权益乘数的下降,使得净资产收益率下降了 6.54 个百分点,该因素对净资产收益率的下降影响较大,需要进一步分析原因。

综上所述,杜邦财务分析法以净资产收益率为主线,将公司在某一时期的经营成果以及资产营运状况全面联系起来,层层分解、逐步深入,构成一个完整的分析体系。它既能够帮助管理者发现公司财务和经营管理中存在的问题,又能够为改善公司经营管理提供十分有价值的信息,因而得到普遍认可,也在实际工作中得到了广泛的应用。

但就像小贴士里提到的局限性,从公司绩效评价的角度评价分析时,杜邦财务分析法只包括财务方面的信息,不能全面反映公司的实力,因此还存在以下主要缺陷。

(1) 对短期财务结果过分重视,可能助长公司管理层的短期行为,忽略公司长期的价值创造。

(2) 财务指标反映的是公司过去的经营业绩,在反映未来的公司财务状况方面有一定的局限性。在目前的信息时代,顾客、供应商、雇员、技术创新等因素对公司经营业绩的影响越来越大,而杜邦财务分析法在这些方面却存在一定的弊端。

(3) 在目前的市场环境中,企业的无形知识资产对提高企业长期竞争力至关重要,杜邦财务分析法却不能解决无形资产的估值问题。

第三节 综合评分分析法

一、沃尔综合评分分析法的产生与意义

财务比率反映了企业财务报表各项目之间的对应关系,以此来揭示企业财务状况。但是,一项财务比率只能反映企业某一方面的财务状况。

为了进行综合的财务分析,可以编制财务比率汇总表,将反映企业财务状况的各类财务比率集中在一张表中,能够清晰明了地反映出企业各方面的财务状况。并且,在编制财务比率汇总表时,可以结合比较分析法,将企业财务状况的综合分析与比较分析相结合。

(一) 传统横向比较法的缺点

横向比较是将本企业的财务比率与同行业平均财务比率或同行业先进的财务比率进行横向比较,可以了解到企业在同行业中所处的水平,以便综合评价企业的财务状况。这种评价方法尽管在企业综合财务分析中也经常使用,但是它存在以下两个缺点。

(1) 它需要找到同行业的平均财务比率或同行业先进的财务比率等资料作为参考标准,但在实际工作中,这些资料有时可能难以找到。

(2) 这种比较分析法只能定性地描述企业的财务状况,如比同行业的平均水平略好、与同行业的平均水平相当或略差,而不能用定量的方式来评价企业的财务状况究竟处于何种程度。

(二) 沃尔综合评分分析法的产生

沃尔评分法又叫沃尔综合评分分析法,它通过对选定的多项财务比率进行评分,然后计算综合得分,并据此评价企业综合的财务状况。由于创造这种方法的先驱者之一是亚历山大·沃尔,因此被称作沃尔评分法。亚历山大·沃尔在21世纪初出版的《信用晴雨表研究》和《财务报表比率分析》中提出了信用能力指数的概念,把若干个财务比率用线性关系结合起来,以此评价企业的信用水平。

沃尔在他的分析体系中,选择了7种财务比率,并分别给定了其在总评价中所占的权重和标准值,用公司的实际值与标准值的比,计算标准系数,标准系数与权重的乘积就是指标得分,最后计算7种指标的得分总计,得出对这个公司的综合评价结果。

【例8-4】 已经知道甲公司的7种财务指标的实际值,用沃尔综合评分分析法对该公司的财务状况进行综合评价,如表8-3所示。

表8-3 甲公司财务状况综合评价表

财务比率	权重(1)	标准值(2)	实际值(3)	标准系数(4)=(3)÷(2)	评分(5)=(1)×(4)
流动比率	25	2.00	2.33	1.17	29.25
权益比(净资产÷负债)	25	1.50	0.88	0.59	14.75
资产÷固定资产	15	2.50	3.33	1.33	19.95
存货周转率	10	8.00	12.00	1.50	15.00
应收账款周转率	10	6.00	10.00	1.70	17.00
固定资产周转率	10	4.00	2.66	0.67	6.70
净资产周转率	5	3.00	1.63	0.54	2.70
合计	100				105.35

小贴士

沃尔综合评分分析法可能会存在数据来源不确定性或不可靠性,此外通过对7项数据的测试评分评价公司整体,还存在一定的局限性。

二、沃尔综合评分分析法的发展及完善

沃尔综合评分分析法从理论和实际应用上都有其弱点,首先就是未能证明为什么要选择这7个指标,而不是更多或更少些,或者选择别的财务比率,这7个指标是否有代表性,以及未能证明每个指标所占比重的合理性,这个问题至今仍然没有从理论上解决。

另外,在给每个指标评分时,没有规定上限和下限,会导致个别指标异常时对总分造成不合理的影响。为了克服沃尔综合评分分析法的弱点,人们在实际使用过程中,逐渐对其发展和完善。现代综合评分法一般包括以下7个方面的内容。

1. 选定评价企业财务状况的财务比率

在选择财务比率时,一要具有全面性,要求反映企业偿债能力、营运能力和获利能力的三类财务比率都应包括在内;二要具有代表性,即要选择能够说明问题的重要的财务比率;三要具有变化方向的一致性,即当财务比率增大时,表示财务状况的改善;反之,财务比率减小时,表示财务状况的恶化。

2. 确定其标准评分值

根据各项财务比率的重要程度,确定其标准评分值,即重要性系数。

各项财务比率的标准评分值之和应等于100分。各项财务比率评分值的确定是财务比率综合评分分析法的一个重要问题,它直接影响到企业财务状况的评分多少。

对各项财务比率的重要程度,不同的分析者会有不同的认识,但是一般来说,应根据企

业的经营活动的性质、生产经营规模、市场情况和分析者的分析目的等因素来确定。

3. 确定分值的上下限

确定各项财务比率评分值的上限和下限,即最高评分值和最低评分值。这主要是为了避免个别财务比率的异常给总分造成不合理的影响。

4. 确定各项财务比率的标准值

财务比率的标准只是各项财务比率在本企业现实条件下最理想的数值,也即最优值。财务比率的标准值,通常可以参照同行业的平均水平,并经过调整后确定。

5. 计算实际值

计算企业在一定时期各项财务比率的实际值。

6. 确定关系比率

计算出各项财务比率实际值与标准值的比率,即关系比率。关系比率等于财务比率的实际值除以标准值。

7. 计算出各项财务比率的实际得分

各项财务比率的实际得分是关系比率与标准评分值的乘积,每项财务比率的得分都不得超过上限或下限,各项财务比率实际得分的合计数就是企业财务状况综合得分。企业财务状况综合得分的高低反映了企业财务状况的好坏。

如果综合得分等于或接近于 100 分,说明企业的财务状况是良好的,达到了预先确定的标准;如果综合得分低于 100 分很多,说明企业的财务状况较差,应当采取适当的措施加以改善;如果综合得分超过 100 分,说明企业的财务状况很理想。

该方法下的综合评分表如表 8-4 所示。

表 8-4 综合评分表

财务比率	评分值 (1)	标准值 (2)	实际值 (3)	关系比值 (4)=(3)÷(2)	实际得分 (5)=(1)×(4)
流动比率	10	2			
速动比率	10	1.2			
资产/负债	12	2.1			
存货周转率	10	6.5			
应收账款周转率	8	13			
总资产周转率	10	2.1			
资产报酬率	15	31.5%			
净资产收益率	15	58.33%			
销售净利率	10	15%			
合计	100				

三、沃尔综合评分分析法的进一步修正

上述综合评分分析法从技术上讲仍然有一个问题,就是某一个指标严重异常时,会对总评分产生不合逻辑的重大影响。这个毛病是由相对比率与比重相"乘"引起的。财务比

率提高一倍,其评分增加 100%;而降低一倍,其评分只减少 50%。

另外,现代社会与沃尔的时代相比,已有很大变化。一般认为企业财务评价的内容主要是获利能力,其次是偿债能力,此外还应有成长能力。

上述综合评分分析法没有成长能力指标。3 种能力指标之间大致可按 5:3:2 来分配比重。获利能力的主要指标是总资产净利率、销售净利率和净资产报酬率,虽然净资产报酬率非常重要,但前面两个指标已经分别使用了净资产和净利,为减少重复影响,3 个指标可按 2:2:1 安排。

偿债能力有 4 个常用指标,成长能力有 3 个常用指标(都是本年增加额与上年实际的比值)。如果仍以 100 分为总评分,则评分的标准分配如表 8-5 所示。

表 8-5 综合评分标准

指 标	权重	标准比率（%）	行业最高比率（%）	最高评分（分）	最低评分（分）	每分比率的差（%）
盈利能力：						
总资产净利率	20	10	20	30	10	1.0
销售净利率	20	4	20	30	10	1.6
净资产收益率	10	16	20	15	5	0.8
偿债能力：						
自有资本比率	8	40	100	12	4	15
流动比率	8	150	450	12	4	75
应收账款周转率	8	600	1 200	12	4	150
存货周转率	8	800	1 200	12	4	100
成长能力：						
销售增长率	6	15	30	9	3	5.0
净利润增长率	6	10	20	9	3	3.3
人均净利增长率	6	10	20	9	3	3.3
合　　计	100			150	50	

标准比率应以本行业的平均数为基础,适当进行理论修正。在给每个指标评分时,应规定上限和下限,以减少个别指标异常对总分造成的不合理影响。上限可定为正常评分值的 1.5 倍,下限可定为正常评分值的 1/2。

此外,给分时不采用"乘"的关系,而采用"加"或"减"的关系来处理。例如,总资产净利率的标准比率为 10%,标准评分为 20 分;行业最高比率为 20%,最高评分为 30 分,则每分的财务比率差为 1%([20%-10%]/[30 分-20 分])。

总资产净利率每提高 1.0%,多给 1 分,但该项得分最多不能超过 30 分。

根据这种方法,仍对上述甲公司的财务状况重新进行综合评价,得 86.66 分,如表 8-6 所示。甲公司是一个中等偏下水平企业。

表 8-6　甲公司财务情况综合评分　　　　　　　　　　　　　单位：%

指　　标	实际比率(1)	标准比率(2)	差异(3)=(1)−(2)	每分比率(4)	调整分(5)=(3)÷(4)	标准评分值(6)	得分(7)=(5)+(6)
盈利能力：							
总资产净利率	7.4	10	−2.6	1.0	−2.60	20	17.40
销售净利率	4.5	4	0.5	1.6	0.31	20	20.31
净资产收益率	14.9	16	−1.1	0.8	−1.38	10	8.62
偿债能力：							
自有资本比率	49	40	9	15	0.60	8	8.60
流动比率	233	150	83	75	1.11	8	9.11
应收账款周转率	1 000	600	400	150	2.67	8	10.67
存货周转率	1 200	800	400	100	4.00	8	12.00
成长能力：							
销售增长率	5	15	−10	5.0	−2.00	6	4.00
净利润增长率	−15	10	−25	3.3	−7.57	6	−1.57
人均净利增长率	−18	10	−28	3.3	−8.48	6	−2.48
合　　计						100	86.66

综合评价分析法的关键技术是"标准评分值"的确定和"标准比率"的建立。只有长期连续实践，不断修正，才能取得较好效果。

四、我国综合评分分析法的具体应用

综合评分分析法是财务报告分析与业绩评价的一种重要方法，已经被我国国有公司广泛应用。国务院国有资产监督管理委员会发布的《中央企业综合绩效评价实施细则》对综合评分分析法的程序、方法及其应用做出了详细的规定和说明。下面借鉴这些做法对综合评分分析法加以解释和说明。

（一）选择业绩评价指标

国务院国有资产监督管理委员会提供的公司综合绩效评价指标包含了 22 个财务绩效定量评价指标和 8 个管理绩效定性评价指标，具体如表 8-7 所示。

1. 盈利能力状况的基本指标及修正指标

（1）净资产收益率是公司利用平均净资产得到净利润的能力，计算公式为

$$净资产收益率＝（净利润÷平均净资产）×100\%$$

式中：

$$平均净资产＝（年初所有者权益＋年末所有者权益）÷2$$

（2）总资产报酬率是衡量公司利用全部资产的获利能力，计算公式为

$$总资产报酬率＝（利润总额＋利息支出）÷平均资产总额×100\%$$

式中：

$$平均资产总额＝（年初资产总额＋年末资产总额）÷2$$

(3) 销售(营业)利润率=(营业利润÷营业收入净额)×100%。

(4) 盈余现金保障倍数=经营活动现金流量净额÷净利润。

表 8-7　公司综合绩效评价指标体系

评价内容	财务绩效定量评价指标		管理绩效定性评价指标
	基本指标	修正指标	
盈利能力状况	净资产收益率	销售(营业)利润率	战略管理 发展创新 经营决策 风险控制 基础管理 人力资源 行业影响 社会贡献
		盈余现金保障倍数	
	总资产报酬率	成本费用利润率	
		资本收益率	
资产质量状况	总资产周转率	不良资产比率	
		流动资产周转率	
	应收账款周转率	资产现金回收率	
债务风险状况	资产负债率	速动比率	
		现金流动负债比率	
	已获利息倍数	带息负债比率	
		或有负债比率	
经营增长状况	销售(营业)增长率	销售(营业)利润增长率	
		总资产增长率	
	资本保值增值率	技术投入比率	

(5) 成本费用利润率=(利润总额÷成本费用总额)×100%,式中:成本费用总额=营业成本+营业税金及附加+销售费用+管理费用+财务费用。

(6) 资本收益率=(净利润÷平均资本)×100%,式中:平均资本=[(年初实收资本+年初资本公积)+(年末实收资本+年末资本公积)]÷2。

2. 资产质量状况的基本指标及修正指标

(1) 总资产周转率(次)=营业收入净额÷平均资产总额。

(2) 应收账款周转率(次)=营业收入净额÷应收账款平均余额,式中:应收账款平均余额=(期初应收账款余额+期末应收账款余额)÷2,应收账款余额=应收账款净额+应收账款的坏账准备。

(3) 不良资产比率=(资产减值准备余额+应提未提和应摊未摊的潜亏挂账+未处理资产损失)÷(资产总额+资产减值准备余额)×100%。

(4) 流动资产周转率(次)=营业收入净额÷平均流动资产总额,式中:平均流动资产总额=(年初流动资产总额+年末流动资产总额)÷2。

(5) 资产现金回收率=(经营活动现金流量净额÷平均资产总额)×100%。

3. 债务风险状况的基本指标及修正指标

(1) 资产负债率=(负债总额÷资产总额)×100%。

(2) 已获利息倍数=(利润总额+利息费用)÷利息费用。

(3) 速动比率=(速动资产÷流动负债)×100%,式中:速动资产=流动资产-存货。

（4）现金流动负债比率＝（经营活动现金流量净额÷流动负债）×100%。

（5）带息负债比率＝（短期借款＋一年内到期的长期负债＋长期借款＋应付债券＋应付利息）÷负债总额×100%。

（6）或有负债比率＝（或有负债余额÷所有者权益）×100%，式中：或有负债余额＝已贴现承兑汇票＋担保余额＋贴现与担保外的被诉事项金额＋其他或有负债。

4. 经营增长状况的基本指标及修正指标

（1）销售（营业）增长率＝（本期营业收入总额－上期营业收入总额）÷上期营业收入总额×100%。

（2）资本保值增值率＝（扣除客观增减因素的期末所有者权益÷期初所有者权益）×100%。

（3）销售（营业）利润增长率＝（本期营业利润总额－上期营业利润总额）÷上期营业利润总额×100%。

（4）总资产增长率＝（期末资产总额－期初资产总额）÷期初资产总额×100%。

（5）技术投入比率＝（本年科技支出合计÷营业收入净额）×100%。

根据上述公式，A上市公司2015年各项财务绩效指标如表8-8所示。

表8-8　A上市公司2015年各项财务绩效指标

评价内容	基本指标	2015年	修正指标	2015年
盈利能力状况	净资产收益率	12%	销售（营业）利润率	8%
			盈余现金保障倍数	2
	总资产报酬率	9%	成本费用利润率	8%
			资本收益率	44%
资产质量状况	总资产周转率	1	不良资产比率	2.2%
	应收账款周转率	37	流动资产周转率	5%
			资产现金回收	12%
债务风险状况	资产负债率	46%	速动比率	35%
			现金流动负债比率	42%
	已获利息倍数	8.7	带息负债比率	45%
			或有负债比率	5%
经营增长状况	销售（营业）增长率	10%	销售（营业）利润增长率	－10%
	资本保值增值率	109%	总资产增长率	13%
			技术投入比率	0.7%

（二）确定各项经济指标的标准值及标准系数

为了准确评价公司财务绩效，根据不同公司类型及指标分类情况规定了不同的经济指标标准值。评价标准以评价年度全国国有企业会计报表数据为基础，将各行业及不同规模企业经济运行状况划分计算为5个水平值。

优秀值表示行业的最高水平；良好值表示行业的较高水平；平均值表示行业的总体水

平;较低值表示行业的较低水平;较差值表示行业的最差水平。

1. 财务绩效基本指标标准值及标准系数

基本指标评价的参照水平即标准值分5档,由财政部定期制定,具体规定为优秀值及以上的标准系数为1;良好值及以上的标准系数为0.8;平均值及以上的标准系数为0.6;较低值及以上的标准系数为0.4;较差值及以上的标准系数为0.2;较差值以下的标准系数为0。不同行业、不同规模的公司有不同的标准值。表8-9所示为公司财务绩效基本指标标准值。

表8-9 公司财务绩效基本指标标准值

评价内容	基本指标	优秀(1)	良好(0.8)	平均(0.6)	较低(0.4)	较差(0.2)
盈利能力状况	净资产收益率	13.8	10.3	6.4	2.7	−0.9
	总资产报酬率	9.1	7.3	4.0	2.2	0.0
资产质量状况	总资产周转率	1.1	0.9	0.7	0.6	0.5
	应收账款周转率	8.6	6.8	4.2	2.9	1.7
债务风险状况	资产负债率	40.2	53.4	62.1	74.8	84.7
	已获利息倍数	5.7	3.4	2.3	1.7	0.9
经营增长状况	销售(营业)增长率	35.7	27.5	18.3	14.2	3.5
	资本保值增值率	111.7	109.2	106.1	102.4	98.3

2. 财务绩效修正指标标准值及修正系数

基本财务绩效指标有较强的概括性,但还不够全面和系统。为了更加全面完整地评价公司绩效,财政部另外设置了4类14项修正指标,根据修正指标的高低计算修正系数,用得出的系数去修正基本指标得分。公司财务绩效修正指标标准值如表8-10所示。

表8-10 公司财务绩效修正指标标准值

评价内容	修正指标	优秀(1)	良好(0.8)	平均(0.6)	较低(0.4)	较差(0.2)
盈利能力状况	销售(营业)利润率	20.9	18.4	15.0	11.4	7.0
	盈余现金保障倍数	6.4	3.5	1.0	−0.5	−2.3
	成本费用利润率	10.9	7.8	4.7	0.4	−3.3
	资本收益率	16.3	10.4	5.9	0.7	−1.2
资产质量状况	不良资产比率	0.6	2.4	5.0	7.2	11.5
	流动资产周转率	1.8	1.4	1.0	0.8	0.6
	资产现金回收率	10.6	9.2	4.4	1.5	0.3
债务风险状况	速动比率	105.3	87.1	59.3	42.7	26.7
	现金流动负债比率	18.3	14.3	7.5	4.1	1.8
	带息负债比率	21.7	30.5	42.1	55.2	70.4
	或有负债比率	0.4	1.3	6.1	14.7	23.8
经营增长状况	销售(营业)利润增长率	37.6	29.1	21.1	4.5	−5.7
	总资产增长率	22.3	16.7	10.5	3.5	−1.9
	技术投入比率	4.3	2.4	1.5	0.8	0.0

(三)确定各项经济指标的权数

一般来说,指标的权数根据评价目的和指标的重要程度确定。表 8-11 所示是公司综合绩效评价指标体系中各类及各项经济指标的权数。

表 8-11 公司综合绩效评价指标及权数

评价内容与权数(100)		财务绩效定量指标(权重70%)				管理绩效定性指标(权重30%)
		基本指标	权数(100)	修正指标	权数(100)	评价指标(权数100)
盈利能力状况	34	净资产收益率	20	销售(营业)利润率	10	战略管理 18 发展创新 15 经营决策 16 风险控制 13 基础管理 14 人力资源 8 行业影响 8 社会贡献 8
		总资产报酬率	14	盈余现金保障倍数	9	
				成本费用利润率	8	
				资本收益率	7	
资产质量状况	22	总资产周转率	10	不良资产比率	9	
		应收账款周转率	12	流动资产周转率	7	
				资产现金回收率	6	
债务风险状况	22	资产负债率	12	速动比率	6	
		已获利息倍数	10	现金流动负债比率	6	
				带息负债比率	5	
				或有负债比率	5	
经营增长状况	22	销售(营业)增长率	12	销售(营业)利润增长率	10	
		资本保值增值率	10	总资产增长率	7	
				技术投入比率	5	

(四)各类指标得分计算

1. 财务绩效基本指标得分计算

基本指标反映公司的基本情况,是对公司绩效的初步评价。基于功效系数法计分原理,将评价指标实际值与行业评价标准值对照,按照规定的计分公式计算各项基本指标得分。

1) 单项指标得分的计算

单项基本指标得分 = 本档基础分 + 本档调整分

本档基础分 = 指标权数 × 本档标准系数

本档调整分 = (实际值 − 本档标准值) ÷ (上档标准值 − 本档标准值)
× (上档基础分 − 本档基础分)

式中:(实际值 − 本档标准值) ÷ (上档标准值 − 本档标准值)为功效系数,上档基础分 = 指标权数 × 上档标准系数。

本档标准值是指上下两档标准值中居于较低等级的一档。

【例 8-5】 甲公司 2015 年总资产报酬率为 6.81%,该总资产报酬率已超过平均水平 4%。因此可以得到平均档基础分;若它处于良好档 7.3% 和平均档 4% 之间,则需要调整。

本档标准系数为 0.6，上档标准系数为 0.8。

本档基础分＝指标权数×本档标准系数＝14×0.6＝8.4(分)

本档调整分＝(实际值－本档标准值)÷(上档标准值－本档标准值)
　　　　　×(上档基础分－本档基础分)
　　　　＝(6.81%－4%)÷(7.3%－4%)×(14×0.8－14×0.6)
　　　　＝2.38(分)

总资产报酬率指标得分＝8.4＋2.38＝10.78(分)

其他基本指标得分的计算方法与此相同，此处不再举例。

2) 基本指标总分的计算

$$分类指标得分＝\sum 类内各项基本指标得分$$

$$基本指标总分＝\sum 各类基本指标得分$$

A 上市公司 2015 年单项基本指标得分的计算结果、分类指标得分和基本指标总分如表 8-12 所示。

表 8-12　A 上市公司 2015 年财务绩效指标表　　　　　　　　　　　单位：分

类　　别	基 本 指 标	权数	单项指标得分	分类指标得分
盈利能力状况	净资产收益率	20	7	31
	总资产报酬率	14	14	
资产质量状况	总资产周转率	10	10	22
	应收账款周转率	12	12	
债务风险状况	资产负债率	12	12	22
	已获利息倍数	10	10	
经营增长状况	销售(营业)增长率	12	4	12
	资本保值增值率	10	8	
基本指标总分				90

2. 财务绩效修正指标修正系数计算

对于基本指标得分的修正是按照指标类别得分进行的，需要计算分类综合修正系数。分类综合修正系数由单项指标修正系数加权平均所得，而单项指标修正系数由基本指标评价分数和修正指标实际值组成。

1) 单项指标修正系数的计算

某指标单项修正系数＝1.0＋(本档标准系数＋功效系数
　　　　　　　　　　　×0.2－该部分基本指标分析系数)

式中：单项修正系数控制修正幅度为 0.7～1.3。

下面以盈余现金保障倍数为例说明单项指标修正系数的计算。

(1) 标准系数的确定。已知 A 上市公司盈余现金保障倍数为 1.25，表 8-10 中该指标的实际值介于 3.5 良好和 1.0 平均之间，其标准系数应为 0.6。

(2) 功效系数的计算。

功效系数＝(实际值－本档标准值)÷(上档标准值－本档标准值)

盈余现金保障倍数指标的功效系数＝(1.25－1)÷(3.5－1)＝0.1

(3) 分类基本指标分析系数的计算。

$$某类基本指标分析系数＝该类基本指标得分÷该类指标权数$$

根据表 8-12 可知，A 上市公司盈利能力状况类基本指标得分 31 分，其权数为 34，则

$$盈利能力基本指标分析系数＝31÷34＝0.92≈1$$

根据以上结果，可以计算出盈余现金保障倍数指标的修正系数为

$$盈余现金保障倍数指标的修正系数＝1＋(0.6＋0.1×0.2－1)＝0.62$$

在计算修正指标单项修正系数的过程中，对于一些特殊情况的规定如下。

① 如果修正指标实际值达到优秀值以上，其单项修正系数的计算公式如下：

$$单项修正系数＝1.2＋本档标准系数－该部分基本指标分析系数$$

② 如果修正指标实际值处于较差值以下，其单项修正系数的计算公式如下：

$$单项修正系数＝1.0－该部分基本指标分析系数$$

③ 如果资产负债率≥100％，指标得 0 分；其他情况按照规定的公式计分。

④ 如果盈余现金保障倍数分子为正数，分母为负数，单项修正系数确定为 1.1；如果分子为负数，分母为正数，单项修正系数确定为 0.9；如果分子分母同为负数，单项修正系数确定为 0.8。

⑤ 如果不良资产比率≥100％或分母为负数，单项修正系数确定为 0.8。

⑥ 对于销售(营业)利润增长率指标，如果上年营业利润为负数，本年为正数，单项修正系数为 1.1；如果上年营业利润为零，本年为正数，或者上年为负数，本年为零，单项修正系数确定为 1.0。

⑦ 如果个别指标难以确定行业标准，该指标单项修正系数确定为 1.0。

按照以上方法，可以计算出销售(营业)利润率、成本费用利润率和资本收益率，3 项修正指标的单项修正系数分别为 0.318、0.989、1.200。

2) 分类综合修正系数的计算

$$分类综合修正系数＝\sum 类内单项指标的加权修正系数$$

式中：

$$单项指标的加权修正系数＝单项指标修正系数×该项指标在类内指标中的权数$$

例如，成本费用利润率指标属于盈利能力指标，其权数为 8，盈利能力类指标总权数为 34，则

$$成本费用利润率指标的加权修正系数＝0.989×8×34＝0.23$$

盈利能力类修正指标共有 4 项，已计算出成本费用利润率指标的加权修正系数为 0.23，销售(营业)利润率指标的单项修正系数为 0.318，根据单项修正系数控制修正幅度为 0.7～1.3，0.318 远远小于 0.7，可以忽略不计，不考虑。

同样，盈余现金保障倍数指标的修正系数为 0.62，小于 0.7，也可以忽略不计。资本收益率指标的加权修正系数为 0.25，则盈利能力类综合修正系数＝0.23＋0.25＝0.48。

其他类别指标的综合修正系数计算方法与上述方法相同，此处不再一一列举。

3. 修正后得分的计算

$$修正后得分＝\sum (分类综合修正系数×分类基本指标得分)$$

A 上市公司各类基本指标得分和分类综合修正系数如表 8-13 所示,通过该表可计算出修正后定量指标的总分。

表 8-13　A 上市公司修正后得分的计算

项　　目	类别修正系数	基本指标得分	修正后得分
盈利能力状况	0.7	31.4	21.1
资产质量状况	1.21	21.7	26.3
债务风险状况	0.6	22.0	13.2
经营增长状况	0.6	11.7	6.5
修正后定量指标总分			67.1

4. 管理绩效定性评价指标的计分方法

1) 管理绩效定性评价指标的内容

管理绩效定性评价指标的计分一般通过专家评议打分形式完成,聘请的专家应不少于 7 名;评议专家应当在充分了解企业管理绩效状况的基础上,对照评价参考标准,采取综合分析判断法,对企业管理绩效指标做出分析评议,评判各项指标所处的水平档次,并直接给出评价分数。表 8-14 所示是一名评议专家给出的各项管理绩效定性评价指标的等级。

表 8-14　管理绩效定性评价指标等级表

评议指标	权数	等级(参数)				
		优	良	中	低	差
战略管理	18		√			
发展创新	15	√				
经营决策	16		√			
风险控制	13		√			
基础管理	14			√		
人力资源	8		√			
行业影响	8	√				
社会贡献	8		√			

2) 单项评议指标得分

单项评议指标得分 = $\sum$[(每位专家给定的等级参数 × 单项评议指标权数) ÷ 专家人数]

假设有 7 名评议专家,对战略管理指标的评议结果为优秀 4 人,良等 3 人,则

战略管理评议指标得分 = (8×1 + 18×1 + 18×1 + 18×1 + 18×0.8
　　　　　　　　　　　　+ 18×0.8 + 18×0.8) ÷ 7
　　　　　　　　　　　= 15.03

其他指标的计算方法与上述方法相同,此处不再举例。

3) 评议指标总分的计算

评议指标总分 = $\sum$ 单项评议指标分数

前面已计算出战略管理指标分数为 16.46 分,假设其他 7 项指标的单项得分分别为

13、12、11、12、6、8 和 7,则

评议指标总分＝15.03＋13＋12＋11＋12＋6＋8＋7＝84.03(分)

(五) 综合评价得分的计算

按照规定的权数,根据得出的财务绩效定量评价分数和管理绩效定性评价分数,形成综合绩效评价分数。其计算公式为

综合绩效评价分数＝财务绩效定量评价分数×70%＋管理绩效定性评价分数×30%

根据以上有关数据,A上市公司的综合评价得分计算如下:

综合评价得分＝67.1×70%＋84.03×30%＝72.18(分)

得出评价分数后,应当计算年度之间的绩效改进度,以反映公司年度之间经营绩效的变化状况。其计算公式为

绩效改进度＝本期绩效评价分数÷基期绩效评价分数

绩效改进度大于1,说明2公司经营绩效上升;反之若绩效改进度小于1,说明公司经营绩效下滑。

(六) 确定综合评价结果等级

公司综合绩效评价结果以85分、70分、50分、40分作为类型判定的分数线,具体公司综合绩效评价类型与评价级别如表8-15所示。

表8-15　公司综合绩效评价类型与评价级别一览表

评价类别	评价级别	评价得分
优(A)	A++	A++≥95分
	A+	95分＞A+≥90分
	A	90分＞A≥85分
良(B)	B+	85分＞B+≥80分
	B	80分＞B≥75分
	B−	75分＞B−≥70分
中(C)	C	70分＞C≥60分
	C−	60分＞C−≥50分
低(D)	D	50分＞D≥40分
差(E)	E	E＜40分

从表8-15可以看出,A上市公司综合得分72.18分,其综合绩效等级属于良(B−级)。

五、 美国沃尔比重绩效评价指标体系与方法

(一) 美国沃尔比重绩效评价指标体系

美国沃尔比重绩效评价方法是通过公司各项指标与行业平均值的比较分析给予综合评分,并按档次确定其财务水平级别,从而反映企业的经营管理水平在行业中所处的位置。

它比较直观和客观地向投资者反映企业的财务状况的总体水平,揭示其所面临的风险大小和成长空间,美国沃尔比重绩效评价指标体系如表8-16所示。

表 8-16　美国沃尔比重绩效评价指标体系

指标类型	具体指标	重要性系数
偿债能力	(1) 流动比率 (2) 速动比率	0.06 0.05
财务杠杆	(1) 资产负债率 (2) 已获利息倍数	0.06 0.05
盈利能力	(1) 销售净利率 (2) 销售毛利率	0.09 0.05
投资报酬率	(1) 总资产报酬率 (2) 股东权益报酬率	0.08 0.20
经营效率	(1) 流动资产周转率 (2) 营业周期	0.09 0.09
成长性	(1) 3年净利润平均增长率 (2) 3年销售平均增长率	0.09 0.09
合　计		1

(二) 评价方法

美国沃尔比重绩效评价方法的具体步骤如下。

(1) 在确定评价指标体系之后,确定评价标准值。其标准值是依据同行业、同一时期、统一指标而计算出的平均值。

(2) 计算本企业各项财务指标的实际值,将实际值与标准值相比,得出关系比率。

$$关系比率 = 实际值 \div 标准值$$

(3) 计算各项指标的综合系数。这一综合系数可以作为评价财务状况的依据。各项指标的综合系数 = 各项指标的关系比率 × 重要性系数;综合系数的合计数 = $\sum$ 各项指标的综合系数 ≤ 1。

(4) 按 100 分制对某一企业进行综合评分。各项指标的得分 = 该指标的综合系数 × 100,企业综合评分 = 综合系数的合计数 × 100,综合评价结果按 A、B、C、D、E(或优、良、中、低、差)5 档划分如下。

A(优):综合评价得分达到 85 分以上(含 85 分);
B(良):综合评价得分达到 70~85 分(含 70 分);
C(中):综合评价得分达到 50~70 分(含 50 分);
D(低):综合评价得分达到 40~50 分(含 40 分);
E(差):综合评价得分在 40 分以下。

第四节　雷达图分析法

一、简介

雷达图分析法是将主要财务指标汇总,绘制成一张直观的财务分析图,从而达到综合反映企业总体财务状况目的的一种方法。为了充分发挥雷达图的分析功能和作用,通常将被分析的各项财务指标与行业平均水平或与企业自身希望达到的目标指标或历史最高水平比较,从而可以进一步反映企业财务状况的优势或劣势,找出原因及改进措施。

雷达图作为对企业财务能力分析的重要工具,从动态和静态两个方面分析企业的财务状况。静态分析是将企业的各种财务比率与其他相似客户或整个行业的财务比率作横向比较;动态分析是把企业现时的财务比率与先前的财务比率作纵向比较,就可以发现客户财务及经营情况的发展变化方向。

雷达图把纵向和横向的分析比较方法结合起来,综合计算企业的收益性、成长性、安全性、流动性及生产性这五类指标,并做出综合评价。

🍁 小贴士

雷达图分析法(Radarchart)也称综合财务比率分析图法,又可称为戴布拉图、蜘蛛网图、蜘蛛图,是日本企业界对综合实力进行评估而采用的一种财务状况综合评价方法。按这种方法所绘制的财务比率综合图状类似雷达,故得此名。

二、雷达图分析法的"五性分析"

"五性分析"就是从企业的收益性、生产性、资金的流动性、财务状况的安全性和企业的成长性入手,利用反映这"五性"的经济技术指标的实际值与当期同行业指标的平均水平或最好水平进行比较,对企业的收益状况、生产效率、资金结构的合理性和财务状况的安全性,资金的占用与使用效果及企业的成长状况进行全面系统地综合分析,以评价企业的生产经营成果和财务状况的一种分析方法。

企业的"五性"是判断和评价企业是否能够维持继续生存和获得持续稳定发展的基本条件。它的好坏将决定企业在市场激烈竞争中的生死存亡,可以视具体情况选择其中几性或增加几性,也可以对具体考察的内容或指标进行选择或修改。

下面对涉及的5类指标进行说明。

(一)收益性指标

分析收益性指标目的在于观察企业一定时期的收益及获利能力,主要指标含义及计算公式如表 8-17 所示。

表 8-17 企业收益性指标

收益性比率	基本含义	计算公式
资产报酬率	反映企业总资产的利用效果	(净收益+利息费用+所得税)÷平均资产总额
净资产收益率	反映所有者权益回报	税后净利润÷所有者权益
普通股权益报酬率	反映股东权益的报酬	(净利润-优先股股利)÷平均普通股权益
每股收益	反映股东权益的报酬	(净利润-优先股股利)÷普通股股数
股利发放率	反映股东权益的报酬	每股股利÷每股利润
市盈率	反映股东权益的报酬	普通股每股市场价格÷普通股每股利润
销售利润率	反映企业销售收入的收益水平	利税总额÷净销售收入

续表

收益性比率	基本含义	计算公式
销售毛利率	反映企业销售收入的收益水平	销售毛利÷净销售收入
销售净利率	反映企业销售收入的收益水平	净利润÷净销售收入
成本费用利润率	反映企业为取得利润所付代价	（净收益＋利息费用＋所得税）÷成本费用总额

（二）安全性指标

安全性指的是企业经营的安全程度，也可以说是资金调度的安全性。分析安全性指标目的在于观察企业在一定时期内偿债能力，主要指标含义及计算公式如表8-18所示。

表8-18　企业安全性指标

安全性比率	基本含义	计算公式
流动比率	反映企业短期偿债能力和信用状况	流动资产÷流动负债
速动比率	反映企业立刻偿付流动负债的能力	速动资产÷流动负债
资产负债率	反映企业总资产中有多少是负债	负债总额÷资产总额
股东权益比率	反映企业总资产中有多少是所有者权益	所有者权益÷资产总额
利息保障倍数	反映企业经营所得偿付借款利息的能力	（税前利润＋利息费用）÷利息费用

（三）流动性指标

分析流动性指标目的在于观察企业在一定时期内资金周转状况，掌握企业资金的运用效率，主要指标含义及计算公式如表8-19所示。

表8-19　企业流动性指标

流动性比率	基本含义	计算公式
总资产周转率	反映全部资产的使用效率	销售收入÷平均总资产
固定资产周转率	反映全部固定资产的使用效率	销售收入÷平均固定资产
流动资产周转率	反映流动资产的使用效率	销售收入÷平均流动资产
应收账款周转率	反映年度内应收账款的变现速度	销售收入÷平均应收账款
存货周转率	反映存货的变现速度	销售成本÷平均存货

总资产周转率、固定资产周转率、流动资产周转率分别反映全部资产、全部固定资产和流动资产的使用效率，比率越高，说明资产利用率越高，获利能力强；应收账款周转率反映年度内应收账款转为现金的平均次数，比率越高，说明客户催收账款的速度越快，坏账损失的可能性越小；存货周转率越高，说明投入存货至销售收回的平均期间就越短，资金回收快，效率越高。

（四）成长性指标

分析成长性指标目的在于观察企业在一定时期内经营能力的发展变动趋势，一个企业即使收益性高，但成长若不好，也就表明其未来盈利能力下降。

因此，以发展的眼光看企业，动态地分析企业财务资料，对企业评价至关重要。计算这类指标比较简单，如表 8-20 所示。

表 8-20　企业成长性指标

成长性比率	基本含义	计算公式
销售收入增长率	反映销售收入变动趋势	（本期销售收入－前期销售收入）÷前期销售收入
税前利润增长率	反映税前利润变动趋势	（本期税前利润－前期税前利润）÷前期税前利润
固定资产增长率	反映固定资产变动趋势	（本期固定资产净额－前期固定资产净额）÷前期固定资产净额
人员增长率	反映人员变动趋势	（本期职工人数－前期职工人数）÷前期职工人数

（五）生产性指标

分析生产性指标目的在于了解企业在一定时期内客户的生产经营能力、水平和成果的分配，主要指标如表 8-21 所示。

表 8-21　企业生产性指标

生产性比率	基本含义	计算公式
人均销售收入	反映企业人均销售能力	销售收入÷平均职工人数
人均净利润	反映企业经营管理水平	净利润÷平均职工人数
人均资产总额	反映企业生产经营能力	资产总额÷平均职工人数
人均工资	反映企业成果分配状况	工资总额÷平均职工人数

三、雷达图的绘制

上述企业财务能力的"五性分析"结果可以用雷达图表示出来，如图 8-2 所示。

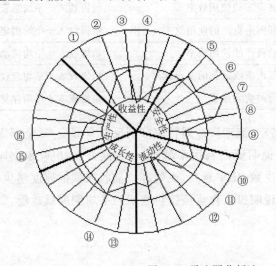

注：收益性：①资产报酬率；②所有者权益报酬率；③销售利税率；④成本费用率。

安全性：⑤流动比率；⑥速动比率；⑦资产负债率；⑧股东权益比率；⑨利息保障倍数。

流动性：⑩总资产周转率；⑪应收账款周转率；⑫存货周转率。

成长性：⑬销售收入增长率；⑭产值增长率。

生产性：⑮人均工资；⑯人均销售收入。

图 8-2　雷达图分析法

雷达图的绘制方法：首先，画出3个同心圆，同心圆的最小圆圈代表同行业平均水平的1/2值或最低水平；中间圆圈代表同行业平均水平，又称标准线；最大圆圈代表同行业先进水平或平均水平的1.5倍。

其次，把这3个圆圈的360度分成5个扇形区，分别代表收益性、安全性、流动性、成长性和生产性指标区域。再次，从5个扇形区的圆心开始以放射线的形式分别画出相应的财务指标线，并标明指标名称及标度，财务指标线的比例尺及同心圆的大小由同行业的水平来决定。

最后，把客户同期的相应指标值用点标在图上，如图8-2所示。以线段依次连接相邻点，形成的多边形折线闭环，就代表了企业的现实财务状况。

小贴士

雷达图的应用价值和特点

（1）描述直观、形象。雷达图为多因素评价方法，适合于在二维平面上直观、形象地反映多个指标的变动规律。通过叠加不同形状的雷达图，可以直接判断整体分布情况及优劣态势。

（2）实现动态分析。雷达图对比性强，实现了对不同评价对象的动态分析，客观、公正地表示出现状及其发展趋势。可以直接判断出各个指标间的差距。

（3）对产业形成轨迹做出科学的描述。在对大量形状各异的雷达图做出动态分析后，评价人员可以根据各指标值的变动区间进行归类处理，归纳出各类型雷达图的属性，形成不同状态下有代表性的系列表，科学地说明现状和发展趋势。

（4）方便管理部门完整、有效地掌握动态依据。雷达图累积不同时点、不同对象的态势并做出动态分析，便于管理部门完整、有效地掌握动态；有针对性地利用信息，定期进行评价，并能简化评价过程，提高工作效率。

（5）易于推广，使评价走向简明、直观、快速，鼓励人们自发地追求质量，具有重大的价值。雷达图为找出影响产业的关键因素提供了简明、直观的依据，不失为一种简洁、快速、有效的评价方法。

依据雷达图可以看出，当指标值处于标准线以内时，说明该指标低于同行业水平，需要加以改进；若接近最小圆圈或处于其内，说明该指标处于极差状态，是客户经营的危险标志；若处于标准线外侧，说明该指标处于较理想状态，是客户的优势所在。

当然，并不是所有指标都处于标准线外侧就是最好，还要具体指标具体分析。

小贴士

在雷达图的绘制上，各指标数轴射向的确定还有很大程度上的主观性，缺乏理论指导。会出现同一组评价对象由于绘制雷达图主观取向不同，得到的雷达图的面积和周长不同，综合评价结果也不同，有时甚至得到完全相反的结果，这是雷达图的评价方法共同存在的问题，还有待进一步发展和完善。

【例8-6】 杜邦财务分析法可以解释指标变动的原因和变动趋势,以及为采取措施指明方向。下面以ABC公司为例,说明杜邦财务分析法的运用。

ABC公司基本财务数据如表8-22所示。

表8-22　ABC公司基本财务数据　　　　　　　　单位:万元

年度	净利润	销售收入	资产总额	负债总额	全部成本
2014年	10 284.04	411 224.01	306 222.94	205 677.07	403 967.43
2015年	12 653.92	757 613.81	330 580.21	215 659.54	736 747.24

该公司2014年至2015年财务比率如表8-23所示。

表8-23　ABC公司财务比率

项　目	2014年	2015年
净资产收益率	0.097	0.112
权益乘数	3.049	2.874
资产净利率	0.032	0.039
销售净利率	0.025	0.017
总资产周转率	1.34	2.29

要求:根据以上资料运用杜邦财务分析法对该公司影响净资产收益率的指标进行分析,并找出企业存在的问题,提出改进意见。

解题思路如下。

1. 对净资产收益率的分析

净资产收益率指标是衡量企业利用资产获取利润能力的指标。净资产收益率充分考虑了筹资方式对企业获利能力的影响,因此它所反映的获利能力是企业经营能力、财务决策和筹资方式等多种因素综合作用的结果。

该公司的净资产收益率在2014年至2015年间出现了一定程度的好转,从2014年的0.097增加至2015年的0.112。

为了进一步对净资产收益率进行财务分析,将净资产收益率分解为权益乘数和资产净利率,以找到问题产生的原因。

净资产收益率分析:

	净资产收益率	=	资产净利率	×	权益乘数
2014年:	0.097	=	0.032	×	3.049
2015年:	0.112	=	0.039	×	2.874

通过分解可以明显地看出,该公司净资产收益率的变动在于资本结构(权益乘数)变动和资产利用效果(资产净利率)变动两方面共同作用的结果。而该公司的资产净利率太低,显示出很差的资产利用效果。

2. 分解分析过程

	净资产收益率	=	资产净利率	×	权益乘数
2014年:	0.097	=	0.032	×	3.049
2015年:	0.112	=	0.039	×	2.874

经过分解表明,净资产收益率的改变是由于资本结构的改变(权益乘数下降),同时资产利用和成本控制出现变动(资产净利率也有改变),那么,继续对资产净利率进行分解:

	资产净利率	=	销售净利率	×	总资产周转率
2014 年:	0.032	=	0.025	×	1.34
2005 年:	0.039	=	0.017	×	2.29

通过分解可以看出,2015 年的总资产周转率有所提高,说明资产的利用得到了比较好的控制,显示出比前一年较好的效果,表明该公司利用其总资产产生销售收入的效率在增加。总资产周转率提高的同时销售净利率的减少阻碍了资产净利率的增加,接着对销售净利率进行分解:

	销售净利率	=	净利润	÷	销售收入
2014 年:	0.025	=	10 284.04	÷	411 224.01
2015 年:	0.017	=	12 653.92	÷	757 613.81

该公司 2015 年大幅度提高了销售收入,但是净利润的提高幅度却很小,分析其原因是成本费用增多,全部成本从 2014 年的 403 967.43 万元增加到 2015 年的 736 747.24 万元,与销售收入的增加幅度大致相当。

通过分解可以看出,杜邦财务分析法有效地解释了指标变动的原因和趋势,为采取应对措施指明了方向。

在本例中,导致销售净利率小的主要原因是全部成本过大,也正是因为全部成本的大幅度提高导致了净利润提高幅度不大,而销售收入大幅度增加,就引起了销售净利率的减少,显示出该公司销售盈利能力的降低。资产净利率的提高应当归功于总资产周转率的提高,销售净利率的减少却起到了阻碍的作用。

该公司下降的权益乘数,说明其资本结构在 2014 年至 2015 年发生了变动,2014 年的权益乘数较 2015 年有所减小。权益乘数越小,企业负债程度越低,偿还债务能力越强,财务风险程度越低。因此,对于该公司,当前最为重要的就是要努力减少各项成本,在控制成本上下力气。同时要保持自己高的总资产周转率。这样,可以使销售净利率得到提高,进而使资产净利率有大的提高。

本 章 小 结

本章主要介绍了财务报告综合分析的含义、特点和内容;详细介绍了杜邦财务分析法的内容、特点及指标体系,综合评分分析法的意义、发展以及基本综合评分法的评价原理;并阐述了雷达图分析法的指标内容及图形的绘制方法。

练 习 题

一、单项选择题

1. 以下指标中作为杜邦财务分析法核心指标的是( )。
　　A. 净资产收益率　　B. 资产负债率　　C. 销售净利率　　D. 总资产周转率

2. 某公司负债总额为 80 万元,资产总额为 100 万元,则该公司的权益乘数为(   )。
   A. 3.2　　　　　　B. 5　　　　　　C. 4　　　　　　D. 0
3. 某公司 2015 年销售净利率为 12%,总资产周转率为 1.2,权益乘数为 2,2016 年销售净利率为 15%,则销售净利率的变动,对公司净资产收益率的影响数是(   )。
   A. 10.2%　　　　B. 8%　　　　　C. 7.2%　　　　D. 5.5%
4. 在沃尔综合评分分析法中不包括的指标是(   )。
   A. 应收账款周转率　　　　　　　B. 存货周转率
   C. 流动比率　　　　　　　　　　D. 净资产收益率
5. 综合评分分析法的关系比值是(   )。
   A. 评分值÷实际值　　　　　　　B. 标准值÷实际值
   C. 标准值÷评分值　　　　　　　D. 实际值÷标准值
6. 某企业上年度和本年度的销售收入分别为 180 万元与 200 万元,则该企业销售收入增长率为(   )。
   A. 11.1%　　　　B. 20%　　　　　C. 5%　　　　　D. 15%
7. 某企业权益乘数高,说明该企业的(   )。
   A. 偿债能力弱　　B. 偿债能力强　　C. 盈利能力强　　D. 营运能力强

二、多项选择题

1. 杜邦财务分析法中影响净资产收益率的指标有(   )。
   A. 流动比率　　　　　　　　　　B. 销售净利率
   C. 总资产周转率　　　　　　　　D. 权益乘数
2. 雷达图分析法的"五性分析"包括(   )。
   A. 生产性　　　B. 安全性　　　C. 成长性　　　D. 收益性
   E. 流动性
3. 综合评分分析法至少应包括(   )。
   A. 偿债能力　　　　　　　　　　B. 盈利能力
   C. 发展能力　　　　　　　　　　D. 职工收入增长水平
4. 下列各项中,可能提高企业净资产收益率指标的措施有(   )。
   A. 提高销售净利润　　　　　　　B. 提高资产负债率
   C. 提高总资产周转率　　　　　　D. 提高流动比率
5. 财务报告的综合分析相对于单项指标的分析,突出特征有(   )。
   A. 综合性　　　B. 指标的相关性　　C. 全面性　　　D. 主辅指标的匹配

三、判断题

1. 雷达图分析法是财务报告分析的基本方法之一。(   )
2. 权益乘数越大,资产负债率越高。(   )
3. 提高企业净资产收益率的措施有提高总资产周转率和资产负债率。(   )
4. 权益乘数的高低取决于企业的资金结构,负债比率越高,权益乘数越低,财务风险越大。(   )
5. 综合评分分析法要考虑各指标的重要性系数作为权数,进行综合评分。(   )

实 训 题

1. 某公司 2015 年年末资产负债表和利润表如下。

资产负债表

2015 年 12 月 31 日　　　　　　　　　　　　　　　　　　　单位：万元

资　产	年初数	年末数	负债及所有者权益	年初数	年末数
货币资金	200	300	短期借款	280	200
应收账款净额	450	560	应付账款	320	350
存货	800	780	长期借款	800	1 000
固定资产净值	2 000	2 200	实收资本	1 500	1 500
无形资产	240	240	盈余公积	790	1 030
总　计	3 690	4 080	总　计	3 690	4 080

利润表

2015 年 12 月　　　　　　　　　　　　　　　　　　　　　　单位：万元

项　目	本期金额
一、营业收入	8 000
减：营业成本	4 000
营业税金及附加	1 000
销售费用	400
管理费用	600
财务费用	200
加：投资收益	20
公允价值变动损益	—
二、营业利润	1 820
加：营业外收入	—
减：营业外支出	—
三、利润总额	1 820
减：所得税费用(税率：40%)	720
四、净利润	1 100

要求：

(1) 计算该公司的销售净利率、总资产净利率、总资产周转率、权益乘数、净资产收益率(凡计算指标涉及资产负债表项目数据均按平均数计算)。

(2) 用文字列出净资产收益率与其他各项指标之间的关系式，用数据加以验证，绘出该公司杜邦财务分析图。

(3) 计算该公司流动比率、速动比率、资产/负债、应收账款周转率、存货周转率，完成下表的填列，并运用综合评分分析法对该公司财务状况做出综合评价。

财务比率	评分值 （1）	标准值 （2）	实际值 （3）	关系比值 （4）=（3）÷（2）	实际得分 （5）=（1）×（4）
流动比率	10	2			
速动比率	10	1.2			
资产/负债	12	2.1			
存货周转率	10	6.5			
应收账款周转率	8	13			
总资产周转率	10	2.1			
资产报酬率	15	31.5%			
净资产收益率	15	58.33%			
销售净利率	10	15%			
合　计	100				

2. 财务报表综合评分分析法的特点和内容有哪些？
3. 杜邦财务分析法的指标体系构成及相互关系如何？
4. 杜邦财务分析法的分析要点有哪些？请简要说明。
5. 说明因素分析法对杜邦财务分析法的贡献。
6. 简述综合评分分析法的演进和发展。
7. 雷达图分析法的"五性"构成。

第九章 财务分析报告的撰写

学习目标
（1）了解财务分析报告的基本内容、结构；
（2）运用财务分析报告的写作技巧。

技能要求
掌握财务分析报告的写作。

引导案例

小张的财务分析报告为什么不被认可

要搞好财务工作，说得形象一点，就要像中国古代的钱币一样，既要做到外圆、中通和内方，又要具备良好的自身素质。说到底就是学会沟通、做事这两件事。

2016年5月20日，华南市场财务人员小张将撰写完毕的财务分析报告与业务部门的孙经理沟通。孙经理仔仔细细地看了财务分析报告，却语重心长地说："你们给我的财务分析报告内容很长，应该说是花了不少心思的。可遗憾的是，我不需要的信息太多，而我真正想获得的信息却太少。"

小张半天不思其解，她认为财务人员每月辛辛苦苦花三四天时间才能将财务分析报告整理、撰写完毕，这财务分析报告原本是要为业务服务的，可事实呢？问题到底出在哪里呢？

你知道上述问题出在哪里吗？其实财务人员应该了解读者对信息的需求，充分领会领导所需要的信息是什么，写好财务分析报告最关键的前提是财务分析人员要尽可能地多与领导沟通，捕获他们"真正需要了解的信息"。

撰写财务分析报告还有很多很多需要学习和注意的问题，下面就开启学习之旅吧！

第一节　财务分析报告的内容

财务分析报告是对企业财务状况、经营结果、资金运作的综合概括和高度反映。

一、财务分析报告的分类

1. 财务分析报告以编写的时间分类

财务分析报告以编写的时间来划分，可分为两种：一种是定期分析报告；另一种是非定期分析报告。定期分析报告又可以分为每日、每周、每旬、每月、每季、每年报告,具体根据公司管理要求而定,有的公司还要进行特定时点分析。非定期分析报告则是根据实际需要,应阅读者的要求编写的。

2. 财务分析报告以编写的内容分类

财务分析报告以编写的内容来划分,可划分为3种。

(1) 综合性分析报告。综合性分析报告是对公司整体运营及财务状况的分析评价。

(2) 专项分析报告。专项分析报告是针对公司运营的一部分如资金流量、成本费用变量等的分析。

(3) 项目分析报告。项目分析报告是对公司的局部或一个独立运作项目的分析。

3. 财务分析报告以报告的使用者分类

财务分析报告以报告的使用者来划分,可以分为两种。

(1) 为企业外部的阅读者服务的财务分析报告。

(2) 为企业管理者进行经营决策服务的财务分析报告。

二、财务分析报告的内容

出于不同的目的撰写的财务分析报告,其包括的内容是有侧重的。如果财务分析报告是为企业管理者服务的,应从该部门管理者需要了解的信息出发,可以对企业的全面财务状况、经营成果和现金流量的质量进行分析,也可以只对有关的成本、费用的变化情况或存货的管理情况、应收账款的管理情况等进行专业分析;如果财务分析报告是为外部的投资人、债权人服务的,一般包括的内容就比较全面。

通常,对企业的全面财务状况、经营成果和现金流量的质量进行分析时,财务分析报告中都要包括偿债能力的分析、盈利能力的分析、营运能力的分析、本企业的变动趋势分析和本企业与所在行业的其他企业的比较分析等内容。

小贴士

不懂得财务分析报告的经营管理者,就好像是一个会投篮而不会得分的球员。

——美国财务学家希金斯

第二节 财务分析报告的撰写方法

撰写财务分析报告,要清楚明白地知道报告阅读的对象,为企业外部和为企业内部管理服务的财务分析报告各有其特点。但不管为哪类阅读者服务的财务分析报告,一般都先要写出以下几个部分的内容。

(1) "报告目录"告诉阅读者本报告所分析的内容及所在页码。

(2) "重要提示"主要是针对本期报告中新增的内容或须加以重大关注的问题事先做出说明,旨在引起阅读者的高度重视。

(3) "报告摘要"是对本期报告内容的高度浓缩,一定要言简意赅,点到为止。

上述3个部分的写作目的,就是让阅读者在最短的时间内,获得对报告的整体性认识以及本期报告中将告知的重大事项。另外,无论是"重要提示",还是"报告摘要"等内容都应在其后标明具体分析所在的页码,以便阅读者及时查阅相应的内容。

财务分析报告在表达方式上可以采取多种手法,如可采用文字处理与图表表达相结合的方法,使其易懂、生动、形象。财务分析报告的行文要尽可能流畅、通顺、简明、精练,避免口语化、冗长化。

下面就为企业外部阅读者服务的财务分析报告和为企业管理者进行经营决策服务的财务分析报告分别阐述它们的撰写方法。

一、为企业外部阅读者服务的财务分析报告的撰写方法

为企业外部阅读者分析、评价企业财务状况、经营成果、存在的问题,判断其发展趋势服务的财务分析报告的撰写一般可以遵循公司简介、综合分析、指标分析、提出问题或评价的基本框架和思路进行撰写。

由于企业外部的财务人员没有亲自参与企业的财务管理工作,对企业的真实情况不甚了解,因此在撰写财务分析报告时,除了要认真研读企业的财务报告外,更要仔细阅读报告附注和有关对外披露的信息,从各个方面了解企业的有关信息资料,力争为报告的阅读者提供一个有价值的财务分析报告。下面给出一个供读者参考的财务报告分析过程。

×上市公司财务报表分析

一、公司简介

介绍公司的基本情况,如公司的设立、主要业务范围、近期的总体经营状况、近期披露的企业重大变动事项以及未来的发展战略情况等。

二、综合分析

1. 资产负债表综合分析

资产负债表综合分析如表9-1和表9-2所示。

表9-1 资产负债表结构百分比及其变动趋势分析

项目	2015年12月31日		2014年12月31日		2013年12月31日	
	金额(元)	比重(%)	金额(元)	比重(%)	金额(元)	比重(%)

结构百分比法是把常规的财务报表换算并编制成结构百分比报表,然后将不同年度的报表逐项比较,查明某一特定项目在不同年度间百分比差额的分析法。

通过这一方法,可以找到某个具体项目在企业资产中的比重,据以得出其变化对企业资产、负债和所有者权益变动的影响程度。

表9-2 资产负债表有关项目变动趋势分析

项目	20015年	2015年比2014年增减百分比(%)	2014年比2013年增减百分比(%)

对资产负债表中各项目以某年为基期,进行增减变动的趋势分析。

2. 利润表综合分析

利润表综合分析如表9-3所示。

表9-3 利润及有关项目变动趋势分析

项目	2015年		2014年		2013年	
	金额(元)	比2014年	金额(元)	比2013年	金额(元)	比2012年

对影响利润的各项目以某年为基期,进行比较分析。

3. 现金流量表综合分析

现金流量表综合分析如表9-4和表9-5所示。

表9-4 现金流入量结构及其变动趋势分析

项目	2015年		2014年		2013年	
	金额(元)	结构百分比(%)	金额(元)	结构百分比(%)	金额(元)	结构百分比(%)
经营活动产生的现金流入量						
投资活动产生的现金流入量						
筹资活动产生的现金流入量						
合计		100		100		100

表9-5 现金流出量结构及其变动趋势分析

项目	2015年		2014年		2013年	
	金额(元)	结构百分比(%)	金额(元)	结构百分比(%)	金额(元)	结构百分比(%)
经营活动产生的现金流出量						
投资活动产生的现金流出量						
筹资活动产生的现金流出量						
合计		100		100		100

1）现金流入构成

通过计算分析现金流入的结构百分比，进而分析现金流量的质量。

2）现金流出构成

通过计算分析现金流出的结构百分比，进而分析现金流量的质量。

3）现金流净额分析

现金流净额分析如图9-1所示。

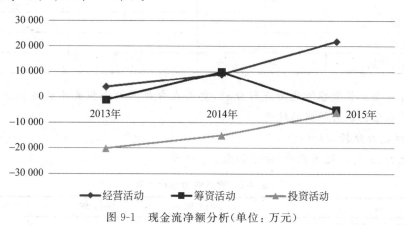

图9-1　现金流净额分析（单位：万元）

通过图9-1中的变化规律分析现金流量的变动情况，并根据原始报表的数据分析其变化原因。以2013年、2014年、2015年该上市公司现金流量的变动情况为例。

以上的综合分析主要运用趋势分析法，通过对公司各年报表项目的比较，发现有关项目的变动趋势，从中得出财务状况、经营成果的变动情况。

如果可以找到所在行业的其他企业的有关报表，对有关的相同项目进行比较，就可以评价该公司在行业中所处的地位，判断其管理水平、竞争实力等的高低。

🍁 小贴士

现在国内许多地方政府还只知道向企业要利润，实际上，国际上最看重、最通行的财务指标已经是现金流量了。

——中国海尔集团张瑞敏

三、财务指标分析

1. 偿债能力分析

1）短期偿债能力分析

短期偿债能力分析如表9-6所示。

表9-6　短期偿债能力指标计算

项　　目	2015 年	2014 年	2013 年
流动比率			
速动比率			
现金比率			

分指标对企业短期偿债能力进行分析,要求在分析时结合报表中的数据进行分析,并得出企业短期偿债能力强弱的结论。

2)长期偿债能力分析

长期偿债能力分析如表 9-7 所示。

表 9-7 长期偿债能力指标计算

项 目	2015 年	2014 年	2013 年
资产负债率(%)			
产权比率(%)			
利息偿付倍数			

分指标对企业长期偿债能力进行分析,要求在分析时结合报表中的数据进行分析,并得出企业长期偿债能力强弱的结论。

2. 营运能力分析

营运能力(或资产运用效率)分析如表 9-8 所示。

表 9-8 营运能力指标计算

项 目	2015 年	2014 年	2013 年
存货周转天数(天)			
存货周转率(次数)			
应收账款周转天数(天)			
应收账款周转率(次数)			
总资产周转率(次数)			

分指标对企业营运能力进行分析,要求在分析时结合报表中的数据进行分析,并得出企业营运能力高低的结论。

3. 获利能力分析

获利能力分析如表 9-9 所示。

表 9-9 获利能力指标计算

项 目	2015 年	2014 年	2013 年
营业毛利率(%)			
营业净利率(%)			
营业利润率(%)			
净资产收益率(%)			
股票获利率(%)			
每股净资产			
每股收益			
市盈率			
市净率			

分指标对企业获利能力进行分析,要求在分析时结合报表中的数据进行分析,并得出企业获利能力高低的结论。其中在对净资产收益率分析时可以通过杜邦财务分析法进行

分解以便更好地为投资者判断投资报酬提供依据。

4．现金流量分析

现金流量分析如表 9-10 所示。

表 9-10　现金流量指标计算

项　目	2015 年	2014 年	2013 年
现金流量与当期债务比率(%)			
债务保障率(%)			
每元销售现金净流量(元)			
全部资产现金回收率(%)			

分指标对企业现金流量的有关指标进行分析，要求在分析时结合报表中的数据进行分析，并得出现金流量质量高低的结论。

四、问题及评价

1．问题

1)

2)

3)……

2．评价

1)

2)

3)……

通过对上述财务报告的分析，对发现的问题进行综合归纳，并对企业的财务状况、经营情况、股东财富的增加以及未来的发展等做出评价。

除了比照上述模式对企业的财务报告进行分析外，也可以对公司情况进行综述后，分别按资产负债表、利润表和现金流量表进行分析，然后得出分析结果。同时，在分析中一定要认真阅读报告附注和有关的信息披露，并全方面地了解报告中没有反映的有关信息资料，从而为报告的阅读者提供准确的评价。

二、为企业管理者进行经营决策服务的财务分析报告的撰写方法

为企业管理者进行经营决策服务的财务分析报告，在撰写过程中要先做好以下几个方面的准备。

（一）明确财务报告是为企业的哪一个部门的管理者服务的

财务报告的写作应因不同的管理者服务而异。比如，提供给财务部领导的分析报告可以专业化一些，而提供给其他部门领导尤其对本专业相当陌生的领导的报告，则要力求通俗一些；同时提供给不同层次阅读对象的分析报告，则要求分析人员在写作时准确把握好报告的框架结构和分析层次，以满足不同阅读者的需要。

再如，报告分析的范围若是某一部门或二级公司，分析的内容可以稍细、具体一些；而分析的对象若是整个集团公司，则文字的分析要力求精练，不能对所有问题面面俱到，而是集中性地抓住几个重点问题进行分析即可。

（二）了解企业管理者对财务信息的需求

要充分领会企业管理者需要的信息是什么，写好财务分析报告的前提是财务分析人员要尽可能多地与企业管理者沟通，捕获他们"真正要了解的信息"，否则花了不少心思，辛辛苦苦做出来的分析报告，由于不能提供企业领导所需要的信息而失去意义。

例如本章开篇引导案例说明的就是这个问题。

（三）积累进行财务分析的素材

1. 建立台账和数据库

通过会计核算形成了会计凭证、会计账簿和会计报表。但是编写财务分析报告仅靠这些凭证、账簿、报表的数据往往是不够的。比如，在分析销售费用与营业收入的比率增长原因时，往往需要分析不同区域、不同商品、不同责任人实现的收入与费用的关系，但这些数据不能从账簿中直接得到。

这就要求分析人员平时就做大量的数据统计工作，对分析的项目按性质、用途、类别、区域、责任人，按月度、季度、年度进行统计，建立台账，以便在编写财务分析报告时有据可查。

2. 关注重要事项

财务人员对经营运行、财务状况中的重大变动事项要勤于做笔录，记载事项发生的时间、计划、预算、责任人及发生变化的各影响因素。必要时马上做出分析判断，并将各类各部门的文件归类归档。

3. 关注企业的经营运行

财务人员应尽可能争取多参加相关会议，了解生产、质量、市场、行政、投资、融资等各类情况。参加会议，听取各方面意见，有利于做出准确的财务分析和评价。

4. 定期收集报表

财务人员除收集会计核算方面的有些数据之外，还应要求公司各相关部门（生产、采购、市场等）及时提交可利用的其他报表，对这些报表要认真审阅，及时发现问题，总结问题，养成多思考、多研究的习惯。

（四）要深刻理解公司经营业务的实质

要深刻领会财务数据背后的业务背景，切实揭示业务过程中存在的问题。财务人员在做分析报告时，由于不了解业务，往往闭门造车，并由此陷入就数据论数据的被动局面，得出来的分析结论常常令人啼笑皆非。

因此，有必要在此强调：各种财务数据并不仅仅是通常意义上数字的简单拼凑和加总，每一个财务数据背后都预示着非常生动的利润的增减、费用的发生、负债的偿还等信息，财务分析人员只有通过对业务的了解和明察，并具备对财务数据敏感性的职业判断，才可以判断出经济业务发生的合理性、合规性。由此写出来的分析报告，才能真正为业务部门提供有用的决策信息。

在做好以上几个方面的准备之后，就可以按照提要段、说明段、分析段、评价段和建议段这 5 个方面的内容要求来撰写报告了，具体说明如下。

1. 提要段

提要段即概括公司综合情况,让财务分析报告接受者对财务分析说明有一个总括的认识。

2. 说明段

说明段是对公司运营及财务现状的介绍。该部分要求文字表述恰当、数据引用准确。对经济指标进行说明时可适当运用绝对数、比较数及复合指标数。特别要关注公司当前运作上的重心,对重要事项要单独反映。

公司在不同阶段、不同月份的工作重点有所不同,所需要的财务分析重点也不同。如公司正进行新产品的投产、市场开发,则公司各阶层就需要有关新产品的成本、回款、利润数据进行分析的财务分析报告。

3. 分析段

分析段是对公司的经营情况进行分析研究。在说明问题的同时还要分析问题,寻找问题的原因和症结,以达到解决问题的目的。财务分析一定要有理有据,要细化分解各项指标,因为有些报告的数据是比较含糊和笼统的,要善于运用表格、图示,突出表达分析的内容。分析问题一定要善于抓住当前要点,多反映公司经营焦点和易于忽视的问题。

4. 评价段

在做出财务说明和分析后,对于经营情况、财务状况、盈利业绩,应该从财务角度给予公正、客观的评价和预测。财务评价不能运用似是而非、可进可退、左右摇摆等不负责任的语言,评价要从正面和反面两方面进行,评价既可以单独分段进行,也可以将评价内容穿插在说明部分和分析部分。

5. 建议段

财务人员在对经营运作、投资决策进行分析形成意见和看法后,要针对存在的问题提出改进建议。值得注意的是,财务分析报告中提出的建议不能太抽象,而要具体化,最好有一套切实可行的方案。

严格地讲,企业内部财务分析报告没有固定的格式和体裁,但要求能够反映要点、分析透彻、有理有据、观点鲜明、符合报送对象的要求。在实际编写分析报告时还要根据具体的目的和要求有所取舍,不一定要全部囊括上述这5部分内容。

小贴士

财务分析报告写作时应注意的几个问题。

(1) 财务分析报告一定要与公司经营业务紧密结合,深刻领会财务数据背后的业务背景,切实揭示业务过程中存在的问题。

(2) 对公司政策尤其是近期来公司大的方针政策有一个准确地把握,在吃透公司政策精神的前提下,在分析中还应尽可能地立足当前,瞄准未来,以使分析报告发挥"导航器"的作用。

(3) 财务人员在平时工作当中,应多一点了解国家宏观经济环境,尤其是尽可能捕捉、搜集同行业竞争对手资料。

(4) 切勿轻易下结论。财务分析人员在报告中的所有结论性词语对报告阅读者的影响相当之大,如果财务人员在分析中草率地下结论,很可能造成误导。

(5) 分析报告的行文要尽可能流畅、通顺、简明、精练,避免口语化、长而不实。

第三节 财务分析报告实例

下面选择两篇对某上市公司财务报表进行分析的财务报告,该报告主要是为企业外部的报告阅读者分析、评价企业经营状况、财务成果、存在问题,判断其发展趋势服务的。该财务分析报告包括目录、摘要和分析 3 个大部分(目录、摘要略)。

【例 9-1】

×股份有限公司财务报表分析

一、公司简介

公司名称:×股份有限公司

股票简称:×股份

股票代码:

×股份有限公司是一家在深圳证券交易所挂牌上市的公司,是全国最大的涤纶长丝生产基地之一,主要生产……

二、综合分析

1. 资产负债表分析

1) 资产负债表纵向比较分析

资产负债表纵向比较分析如表 9-11 和表 9-12 所示。

表 9-11 2013—2015 年资产负债表 单位:万元

项 目	2015-12-31	2014-12-31	2013-12-31
流动资产:			
货币资金	24 737	19 006	17 164
应收票据	877	3 483	3 945
应收账款	4 212	4 799	7 336
其他应收款	3 974	7 869	8 733
预付账款	1 475	3 214	117
存货	38 520	54 997	15 157
流动资产合计	73 794	93 368	52 452
长期投资:			
长期投资合计	500	500	500
固定资产:			
固定资产原价	238 970	226 187	217 062
减:累计折旧	107 659	97 312	85 673

续表

项　　目	2015-12-31	2014-12-31	2013-12-31
固定资产净值	131 311	128 875	131 389
减：固定资产减值准备	14 556	14 556	14 556
固定资产净额	116 755	114 319	116 833
在建工程			25
固定资产合计	116 755	114 319	116 858
无形资产及其他资产合计	6 701	5 384	4 865
资产总计	197 751	213 571	174 676

表 9-12　2013—2015 年资产负债表（续表）　　　　　　　　单位：万元

负债及所有者权益	2015-12-31	2014-12-31	2013-12-31
流动负债：			
短期借款	51 404	51 580	50 631
应付票据	17 285	13 000	
应付账款	25 415	33 193	3 599
预收账款	1 656	7 307	1 423
应付职工薪酬	606	569	559
应付股利	151	151	143
应交税费	−3 442	−6 440	3 951
其他应交款	1 853	849	99
其他应付款	360	339	766
预计负债	450	450	
一年内到期的长期负债	3 500	2 000	
流动负债合计	99 238	102 998	61 171
长期负债：			
长期借款	—	3 500	5 500
长期负债合计		3 500	5 500
负债合计	99 238	106 498	66 671
所有者权益：			
股本	42 115	42 115	42 115
资本公积	52 897	52 897	52 897
盈余公积	7 903	7 903	7 411
未分配利润	−4 402	4 159	1 370
已宣告现金股利	—	—	4 211
所有者权益合计	98 514	107 074	108 005
负债及所有者权益总计	197 751	213 571	174 676

通过表9-11和表9-12可以看出,该公司的财务状况呈波动状态,具体如下。

(1) 资产变动趋势分析。

2013—2015年总资产分别为 174 676 万元、213 571 万元、197 751 万元,2014年的总资产规模最大,2015年比2014年总资产有所下降。总资产中固定资产所占比重最大,2013—2015年分别为 66.9%、53.53%、59.04%,但其金额基本保持稳定。

无形资产及其他资产合计虽然略有上升,但其所占比重较小,其变化对总资产的影响可以忽略;长期资产在最近3年没有变化,均为 500 万元;流动资产 2013—2015 年分别为 52 452 万元、93 368 万元、73 794 万元,呈现出波动状态,所以,总资产的波动在很大程度上是由于流动资产的波动造成的。

在流动资产中,货币资金呈现逐年上升的趋势,应收票据与应收账款呈现逐年下降的趋势,说明该公司的回款比较好,当然也有可能是由该公司改变销售政策造成的,为此应进一步检查报表附注,从中了解应收账款的具体情况;存货 2013—2015 年分别为 15 157 万元、54 997 万元、38 520 万元,呈现出波动状态,这是造成流动资产波动的主要原因。

从 2013—2015 这 3 年的数据可以看出,在 2013 年,存货所占金额及比例最少,应收款项最多,货币资金较少,这表明该公司当年的销货中赊销比例较大;在 2014 年,该公司存货增多,应收款项减少,这表明该公司调整了销售政策,减少了销售中的赊销比例;在 2015 年,存货比 2014 年有所下降,应收款项继续下降,货币资金无论从金额上还是从比重上都增长了很多,这表明该公司在继续减少赊销比例,但同时对存货的管理也加大了力度,减少了存货的库存。不过存货在资产中所占比重较大(在 2015 年占总资产的 19.48%),这一点还是应该引起高度重视的。

(2) 负债变动趋势分析。

2015年比2014年负债规模略有下降,呈现出波动的状态,但从 2013—2015 连续 3 年的资料来看,尽管 2015 年负债金额比 2014 年有所下降,但总体来看负债规模是呈现出上升的趋势。

在负债中,长期负债于2015年均已到期或即将到期转入流动负债;流动负债2015年比2014年有所下降,从这两年的数据来看,增加的幅度非常大。在流动负债中,借款虽呈现出上升趋势,但增加金额不大。

应付票据增加,2015年和2014年分别是 17 285 万元和 13 000 万元;应付账款和其他应付款总金额逐年减少;应交税费是负值,这可能是由于该公司销售不好,存货较多,增值税的进项税额太大引起的,应引起高度重视。

同时在该公司负债中,流动负债的增加已经大大超出流动资产的增加,到 2015 年,该公司的流动资产为 73 794 万元,流动负债为 99 238 万元,流动资产远远低于流动负债,公司短期偿债能力将会受到一定影响。

(3) 所有者权益变动趋势分析。

在所有者权益方面,2013—2015 年连续数据显示,一直呈下降的趋势。未分配利润显示出 2014 年公司处于盈利状态,2015 年则出现亏损,未分配利润出现负值。

2) 资产负债表结构比较

资产负债表结构比较如表9-13和表9-14所示。

表 9-13 2013—2015 年资产负债表结构比较　　　　　　　　　　　　单位：%

项　目	2015-12-31	2014-12-31	2013-12-31
流动资产：			
货币资金	12.51	8.90	9.83
应收票据	0.44	1.63	2.26
应收账款	2.13	2.25	4.20
其他应收款	2.13	2.25	4.20
预付账款	0.75	1.50	0.07
存货	19.48	25.75	8.68
流动资产合计	37.32	43.72	30.03
长期投资：			
长期股权投资	0.25	0.23	0.29
长期投资合计	0.25	0.23	0.29
固定资产：			
固定资产原价	120.84	105.91	124.27
减：累计折旧	54.44	45.56	49.05
固定资产净值	66.40	60.34	75.22
减：固定资产减值准备	7.36	6.82	8.33
固定资产净额	59.04	53.53	66.89
在建工程	—	—	0.01
固定资产合计	59.04	53.53	66.90
无形资产	3.39	2.52	2.79
无形资产及其他资产合计	3.39	2.52	2.79
资产总计	100.00	100.00	100.00

表 9-14 2013—2015 年资产负债表结构比较（续表）　　　　　　　　单位：%

负债及所有者权益	2015-12-31	2014-12-31	2013-12-31
流动负债：			
短期借款	25.99	24.15	28.99
应付票据	8.74	6.09	0.00
应付账款	12.85	15.54	2.06
预收账款	0.84	3.42	0.81
应付职工薪酬	0.31	0.27	0.32
应付股利	0.08	0.07	0.08
应交税费	−1.74	−3.02	2.26
其他应交款	0.94	0.40	0.06
其他应付款	0.18	0.16	0.44
预计负债	0.23	0.21	—

续表

负债及所有者权益	2015-12-31	2014-12-31	2013-12-31
一年内到期的长期负债	1.77	0.94	—
流动负债合计	50.18	48.23	35.02
长期借款	—	1.64	3.15
长期负债合计	—	1.64	3.15
负债合计	50.18	49.87	38.17
所有者权益：			
股本	21.30	19.72	24.11
资本公积	26.75	24.77	30.28
盈余公积	4.00	3.70	4.24
未分配利润	−2.23	1.95	0.78
已宣告现金股利			2.41
所有者权益合计	49.82	50.13	61.83
负债及所有者权益总计	100.00	100.00	100.00

从表 9-13 和表 9-14 可以看出，2015 年，负债比重为 50.18%，所有者权益比重为 49.82%。该公司流动资产与流动负债的比重在 2013 年与 2014 年相比悬殊不太大，但是 2015 年流动负债比流动资产的比重多了 12.86%，这多少会影响到偿债能力。

在流动负债中，应付账款与应付票据从 2013 年到 2015 年的比重分别为 2.06%、21.63%、21.59%，上升的幅度很大，应交税费从 2013 年到 2015 年的比重分别为 2.26%、−3.02%、−1.74%，说明增值税的进项税额增长幅度很大，这很可能是原材料的成本增加了，如果是这样，将会影响到该公司的盈利水平。

2. 利润表分析

1）利润表纵向对比分析

利润表纵向对比分析如表 9-15 所示。

表 9-15　2013—2015 年利润表　　　　　　　　　　　　　　单位：万元

项　　目	2015 年累计	2014 年累计	2013 年累计
一、营业收入	245 550	219 654	150 807
减：营业成本	246 015	208 481	135 064
营业税金及附加	—	505	534
管理费用	2 750	2 297	2 775
财务费用	3 771	3 067	3 585
销售费用	1 565	504	584
资产减值损失	—	—	—
加：公允价值变动损益	—	—	—
投资收益	13	−2	−1 049

续表

项　目	2015年累计	2014年累计	2013年累计
二、营业利润	−8 538	4 798	7 216
加：营业外收入	3	2	8
减：营业外支出	25	450	—
三、利润总额	−8 560	4 350	7 224
减：所得税费用	—	1 070	2 744
四、净利润	−8 560	3 280	4 480
五、每股收益	—	—	—

从表9-15可以看出，该公司2013年和2014年的经营情况处于盈利状态，2013年的净利润为4 480万元，2014年的净利润为3 280万元，2015年的净利润为负值，处于亏损状态。

从2013—2015年的发展趋势看，营业收入一直处于增长的趋势，2014年比2013年增加了68 847万元，增幅45.65%，2015年比2014年增加了25 896万元，增幅11.79%。营业成本也处于增长的趋势，2014年比2013年增加了73 417万元，增幅54.36%，2015年比2014年增加了37 534万元，增幅18%。

由于营业成本的增长较多，造成净利润下降，以致2015年的营业利润亏损。

由于销售费用、管理费用、财务费用的支出也在增加，尤其是销售费用2015年比2014年增加1 061万元，增长了211%，这似乎表明2015年营业利润亏损是由于销售费用增长过快造成的。

再看投资收益从负数转为正数，虽然收益很少，但已经开始盈利。2014年的营业外支出较大，虽然营业外收支项目很可能没有持续性，但也有待分析调查。

总体来说，从2014年开始，成本费用增长过快，该公司的净利润一直在下降，最终导致2015年度发生亏损。成本费用的过快增长应引起高度重视。

2）利润表结构对比分析

利润表结构对比分析如表9-16所示。

表9-16　2013—2015年利润表结构比较　　　　　　　　　　　　单位：%

项　目	2015年	2014年	2013年
一、营业收入	100.00	100.00	100.00
减：营业成本	100.19	94.91	89.56
营业税金及附加	0.00	0.23	0.35
管理费用	1.12	1.05	1.84
财务费用	1.54	1.40	2.38
销售费用	0.64	0.23	0.39
资产减值损失	—	—	—
加：公允价值变动损益	—	—	—
投资收益	0.00	0.00	−0.70
二、营业利润	3.45	2.18	4.78
加：营业外收入	0.00	0.00	0.01

续表

项　　目	2015 年	2014 年	2013 年
减：营业外支出	0.01	0.20	0.00
三、利润总额	−3.50	1.98	4.80
减：所得税费用	0.00	0.49	1.82
四、净利润	−3.50	1.49	2.97

从表 9-16 可以进一步看出，销售费用、管理费用、财务费用尽管金额增长较多，但所占比重并不大，所以对利润的影响不是关键原因。而营业成本 2013 年是 89.56%，2014 年增加到 94.91%，2015 年竟达到 100.19%，直接造成净利润为负值，综上分析，营业成本的增长率超过营业收入的增长率，这是造成该公司 2015 年亏损的最主要原因。

在对资产负债表的分析中显示出存货所占比重过大，材料的进货成本在增加，这都是可能造成营业成本增加的原因，要引起重视。

3. 现金流量表分析

1）现金流量表纵向对比分析

现金流量表纵向对比分析如表 9-17 所示。

表 9-17　2013—2015 汇总现金流量表　　　　　　　　　　　单位：万元

项　　目	2015 年	2014 年	2013 年
现金收入	366 177	318 687	256 275
其中：经营活动的现金收入	294 240	266 646	184 144
投资活动的现金收入	17	61	0
筹资活动的现金收入	71 920	51 980	72 131
现金支出	360 564	316 872	254 979
其中：经营活动的现金支出	268 124	248 639	150 727
投资活动的现金支出	14 246	9 821	5 888
筹资活动的现金支出	78 194	58 412	98 364
现金流量净额	5 613	1 815	1 296

从表 9-17 可以看出，总体上来讲 2013—2015 年连续 3 年的现金收入、现金支出、现金流量净额都呈现出上升的趋势。下面进行连续 3 年现金流量结构对比分析和现金流量趋势对比分析。

2）现金流量结构对比分析

现金流量结构对比分析如表 9-18 和表 9-19 所示。

表 9-18　2013—2015 年现金收入结构表　　　　　　　　　　单位：%

项　　目	2015 年	2014 年	2013 年
经营活动的现金收入	80.35	83.67	71.85
投资活动的现金收入	0.00	0.02	0.00
筹资活动的现金收入	19.64	16.31	28.15
现金收入合计	100.00	100.00	100.00

表 9-19　2013—2015 年 3 年的现金支出结构表　　　　　　　　　　　单位：%

项　目	2015 年	2014 年	2013 年
经营活动的现金支出	74.36	78.47	59.11
投资活动的现金支出	3.95	3.10	2.31
筹资活动的现金支出	21.69	18.43	38.58
现金支出合计	100.00	100.00	100.00

从表 9-18 中可以看出：

在该公司的全部现金收入中，经营活动的现金收入占主要比重，经营活动现金收入在 2013—2014 年上升幅度较大，达 11.82%，2014—2015 年度只下降 3.32%。投资活动的现金收入占的比重非常小，说明投资没有什么回报。筹资活动的现金收入 2013 年最多，占 28.15%，2014 年下降到 16.31%，2015 年有所上升，达到 19.64%。

从表 9-19 中可以看出：

在该公司的全部现金支出中，经营活动的现金支出占主要比重，经营活动现金支出与现金收入相对应，2013—2014 年大幅上升，达 19.36%，2014—2015 年度下降 4.11%。投资活动的支出逐年上升，但比重很小。筹资活动的现金支出 2013 年最多，占 38.58%，2014 年下降到 18.43%，2015 年有所上升，为 21.69%。

3) 现金流量定比与环比分析

现金流量定比与环比分析如表 9-20 和表 9-21 所示。

表 9-20　2013—2015 年现金流量定比分析　　　　　　　　　　　　单位：%

项　目	2015 年	2014 年	2013 年
现金收入	142.88	124.35	100.00
其中：经营活动的现金收入	159.79	144.80	100.00
投资活动的现金收入	—	—	—
筹资活动的现金收入	99.71	72.06	100.00
现金支出	141.41	124.27	100.00
其中：经营活动的现金支出	177.89	164.96	100.00
投资活动的现金支出	241.95	166.80	100.00
筹资活动的现金支出	79.49	59.38	100.00
现金流量净额	433.10	140.05	100.00

表 9-21　2013—2015 年现金流量环比分析　　　　　　　　　　　　单位：%

项　目	2015 年	2014 年	2013 年
现金收入	114.90	124.35	100.00
其中：经营活动的现金收入	110.35	144.80	100.00
投资活动的现金收入	—	—	—
筹资活动的现金收入	138.36	72.06	100.00
现金支出	113.79	124.27	100.00

续表

项 目	2015 年	2014 年	2013 年
其中：经营活动的现金支出	107.84	164.96	100.00
投资活动的现金支出	145.06	166.80	100.00
筹资活动的现金支出	133.87	59.38	100.00
现金流量净额	309.26	140.05	100.00

从表 9-20 中可以看出：

该公司的现金收入在不断增加，2015 年与 2013 年相比增长了 42.88%，其中经营活动现金收入增长要快于总的现金收入增长，增长了 59.79%；投资活动的现金收入太少，可以不计；筹资活动的现金收入减少了，2014 年最少，2015 年又恢复到 2013 年水平。

现金支出也在不断增加，2015 年比 2013 年增长了 41.41%，其中经营活动现金支出增长了 77.89%，超过了经营活动的现金收入的增长速度；投资活动的现金支出增长了 141.95%，说明该公司逐年加大了投资力度；筹资活动的现金支出下降了 20.51%，说明用于还款的现金支出减少了。现金流量净额也在逐年上升，2015 年比 2013 年增长了 3 倍多。

从表 9-21 可以看出：

该公司的现金收入在逐年递增，2015 年比 2013 年增长了 14.90%，2014 年比 2013 年增长了 24.35%。其中，经营活动的现金收入的增幅 2015 年比 2014 年下降了很多，增幅呈现出起伏状态；筹资活动的现金收入的增幅 2014 年呈现负增长，2015 年比 2013 年增长了很多，起伏比较大。

该公司的现金支出也在不断增长，2015 年比 2013 年增长了 13.79%，2014 年比 2013 年增长了 24.27%。其中，经营活动的现金支出 2014 年增幅很大，达到 64.96%，2015 年比 2013 年增加了 7.84%；投资活动的现金支出增幅较大，且稳定增长；筹资活动的现金支出也是波动起伏，2014 年比 2013 年下降了 40.62%，2015 年又比 2013 年上涨了 33.87%。

现金流量净额 2014 年比 2013 年增长了 40.05%，而 2015 年比 2014 年猛增了 3 倍多。

三、营运能力分析

营运能力分析如表 9-22 所示。

表 9-22 营运能力指标 单位：%

指　标	2015 年	2014 年	2013 年
总资产周转率（次数）	1.19	1.12	0.80
流动资产周转率（次数）	2.92	2.99	2.70
应收账款周转率（次数）	36.51	22.32	10.21
存货周转率（次数）	5.26	5.94	7.14
固定资产周转率（次数）	1.05	0.98	0.70

总资产周转率＝主营业务收入÷总资产平均余额

流动资产周转率＝主营业务收入÷流动资产平均余额

应收账款周转率＝主营业务收入÷应收账款平均余额

存货周转率＝主营业务成本÷存货平均余额

固定资产周转率＝主营业务收入÷固定资产平均余额

从表9-22可以看出：

(1) 总资产周转率和固定资产周转率虽然不高，但是从2013年到2015年一直呈上升趋势，这说明该公司整体资产的营运能力提高了。

(2) 流动资产周转率从2013年到2015年整体来说还是呈上升趋势，但2015年比2014年略有下降。

(3) 应收账款周转率这几年一直是上升的，说明该公司的确加强了对应收账款控制和催收，收回的速度较快，这能增强资产的流动性，从而有利于增强短期偿债能力。但同时，应收账款周转率指标值相当高，且连续3年快速增长，这也要警惕是否该公司的信用政策过于严格，如果赊销条件过于严格，从长期来看将会影响销售水平，从而影响获利水平。

(4) 存货周转率从2013年到2015年一直呈现出下降趋势，是营运能力指标中唯一连续3年在下降的指标，存货周转率越低，表明其变现速度越慢，周转额越小，资产占用水平越高，成本费用也就越高。

在前面的分析中已经注意到该公司的存货问题，由于存货在流动资产中所占比例最大，所以存货周转率直接影响了流动资产周转率，进而影响到总资产周转率的提高。建议该公司要继续注意存货管理中存在的问题，尽量降低存货水平，以减少资金的占用水平，提高存货投资的变现能力和获利能力。

四、偿债能力分析

偿债能力分析如表9-23和表9-24所示。

表9-23 短期偿债能力指标

指　　标	2015年	2014年	2013年
流动比率	0.74	0.91	0.86
速动比率	0.36	0.37	0.61
保守的速动比率	0.29	0.23	0.40
现金比率	0.25	0.18	0.28

流动比率＝流动资产÷流动负债

速动比率＝（流动资产－存货）÷流动负债

保守的速动比率＝（货币资金＋交易性金融资产＋应收账款净额）÷流动负债

现金比率＝（货币资金＋交易性金融资产）÷流动负债

从表9-23可以看出：

(1) 该公司的流动比率从2013年到2015年分别为0.86、0.91和0.74，2014年比2013年略有上升，2015年下降为最低，远远低于2（在会计实务工作中，一般认为企业合理的最低流动比率是2，速动比率为1）。

(2) 该公司的速动比率从2013年到2015年分别为0.61、0.37和0.36，一直在下降，远远低于1，联系到前面对资产负债表的分析，这几年的营运资金（流动资产－流动负债）一直是负值，有理由相信，该公司的短期偿债能力不佳。

表 9-24　长期偿债能力指标

指　标	2015 年	2014 年	2013 年
资产负债率(%)	50	50	38
产权比率(%)	101	99	62
有形净值债务率(%)	108	105	65
利息偿付倍数	－1.27	2.42	3.02

资产负债率＝负债总额÷资产总额

产权比率＝负债÷所有者权益总额

有形净值债务率＝负债总额÷(所在者权益－无形资产净值)

利息偿付倍数＝息税前利润÷利息费用

从表 9-24 可以看出：

从 2013 年到 2015 年，资产负债率、产权比率、有形净值债务率逐年上升，到 2015 年资产负债率为 50%，产权比率为 101%，有形净值债务率为 108%，比率合适。利息偿付倍数逐年下降，2015 年为负值。

这说明到目前为止，虽然该公司负债水平尚可，但长期偿债能力上已开始出现问题，2015 年利息偿付倍数已经出现负数，这是由于企业 2015 年经营已出现亏损所致，因此公司不宜再举债。

五、获利能力分析

获利能力分析如表 9-25 所示。

表 9-25　获利能力指标　　　　　　　　　　　　　　　单位：%

指　标	2015 年	2014 年	2013 年
销售利润率	－3.51	1.50	2.99
销售毛利率	－0.80	4.50	9.85
营业利润率	－3.50	2.20	5.52
总资产收益率	－2.33	3.82	5.79
净资产收益率	－8.33	3.05	4.04

销售利润率＝利润÷销售收入×100%

销售毛利率＝销售毛利额÷主营业务收入×100%

营业利润率＝营业利润÷主营业务收入×100%

总资产收益率＝收益总额÷平均资产总额×100%

净资产收益率＝净利润÷平均所有者权益×100%

从表 9-25 可以看出：

从 2013 年到 2015 年，该公司销售利润率、销售毛利率、营业利润率、总资产收益率、净资产收益率逐年呈下降趋势，到 2015 年已经形成了亏损的局面。

该公司的销售毛利率在 2013 年到 2015 年分别为 9.85%、4.50%、－0.80%，表明其获利能力在逐年下降，到 2015 年已转为亏损。结合前面对资产负债表、利润表的分析可以看出，该公司的主营业务收入水平一直呈现出上升状态，这说明在销售方面应该不存在太大问题，因此导致获利能力下降的最主要因素可以说是主营业务成本的增长过快。

六、问题与评价

通过对资产负债表、利润表以及现金流量表的分析看出,该公司主要存在以下问题。

(1) 存货所占比重过大,存货周转率逐年下降。

(2) 营运资金为负值,流动比率、速动比率相对较低,短期偿债能力较低。

(3) 主营业务成本增长过快,其增长速度超过了销售收入的增长速度,营业利润期末为负数,发生经营性亏损。

虽然存在上述问题,但是也看到,该公司的现金流量保持高速增长状态,除存货以外的其他资产的营运能力表现尚好,销售方面也不存在什么问题,这说明只要致力于成本的降低,该公司还是可以转亏为盈的。

【例9-2】

××科技股份有限公司财务报表分析

一、公司简介

××科技股份有限公司,由山东玻璃总公司为主要发起人,联合秦皇岛玻璃工业研究设计院、中国建筑材料科学研究院、山东省硅酸盐研究设计院、山东工程学院、博山科利达软件开发有限公司5家单位,通过发起设立方式成立。

经中国证券监督管理委员会批复,同意公司向境内社会公众发行人民币3 500万股。目前,公司注册资本为人民币18 885.75万元;主要经营范围:浮法玻璃、在线镀膜玻璃和超白玻璃的生产销售;资格证书批准范围内的自营进出口业务。

二、对主要财务指标的分析

1. 偿债能力分析

1) 短期偿债能力分析

短期偿债能力是衡量企业当前财务能力,特别是流动资产变现能力的重要标志。短期变动风险对一个企业来说是非常重要的。因为,如果一个企业一旦缺乏偿债能力,不仅无法获得有利的进货折扣机会,而且还会因无力支付其短期债务,而被迫出售长期投资或拍卖固定资产,甚至导致破产的厄运。

所以,企业的债权人、投资者、供应商、客户及一般社会公众,都非常重视企业的短期变现风险。短期偿债能力分析指标如表9-26所示。

表9-26 短期偿债能力分析指标

指 标	2013年	2014年	2015年
流动比率(%)	44.69	51.82	47.80
速动比率(%)	37.85	34.82	34.39
现金比率(%)	36.60	30.13	17.03
存货周转率(%)	1 267	688.93	502.98
存货周转率天数(天)	28.41	52.26	71.57

从表9-26可以看出,该企业连续3年流动比率、速动比率、现金比率这3项比率指标都不高,一般认为流动比率在2∶1的比例比较适宜,而速动比率小于1,则说明该企业可能捉襟见肘,面临很大的流动压力,难以如期偿还债务。

但这也不是绝对的,因为速动比率是假定企业一旦面临财务危机或办理清算时,在存货等资产无法立即变现的情况下,企业以速动资产支付流动负债的能力,所以这一比率在反映企业应付财务危机方面较为有用。

实际上,在企业理财中,应根据市场状况和债务人的信用情况等因素,在基本保持速动比率为1的前提下,做出一定灵活调整。

2013年度该企业的短期借款期末数为586 407 639元,2014年度该企业的短期借款期末数已增加到740 999 919.39元,而2015年度该企业的短期借款期末数竟高达862 870 000元,由此判断,企业可能在较长的时期内维持借新债还旧债的局面,若是如此,企业将面临风险。现金类资产对流动负债比率越低,企业面临的短期偿债压力越大。

但从企业经营的角度来看,过高的比率通常意味着企业闲置现金的持有量过多,必然造成企业机会成本的增加和获利能力的降低。所以,企业应尽可能将比率维持在不使货币资金闲置的水平。

但不管怎样讲,过低的比率反映企业的支付能力一定存在问题,时间长了会影响企业的信用。企业保持一定的合理的经营现金流量对流动负债的比率是很必要的。

2) 长期偿债能力分析

长期偿债能力分析指标如表9-27所示。

表9-27 长期偿债能力分析指标

指 标	2013年	2014年	2015年
资产负债率(%)	67.73	68.86	67.99
产权比率(%)	209.9	221.10	212.38
有形资产净值债务率(%)	191.33	203.68	198.25
利息偿付倍数	5.06	3.16	2.38

从表9-27计算结果来看,该企业2013年、2014年、2015年连续3年的资产负债率均不高,差距不大,该比率是衡量长期负债偿还能力的一个指标,以上结果表明,该企业长期偿债能力较强,这样有助于增强债权人对企业出借资金的信心。

较之资产负债率,有形净值债务率指标将企业偿债安全性的分析建立在更加切实可靠的物质保障基础之上。该企业2014年产权比率稍高于其他两年,从总体来看,这3年的产权比率均不高,同资产负债率的计算结果可相互印证,表明企业的长期偿债能力较强,债权人的保障程度较高,承担的风险较小。

这当然是债权人希望看到的结果,但是从股东和经营者的立场看,如果该比率很小,说明企业畏缩不前,对前途信心不足,利用债权人资本进行经营活动的能力很差。所以,在评价企业上述比率适度与否时,应从提高获利能力与增强偿债能力两个方面综合进行,即在保障债务偿还安全的前提下,应尽可能提高上述比率。

利息偿付倍数不但反映了企业获利能力的大小,而且反映了获利能力对偿还到期债务的保障程度,它既是企业举债经营的前提依据,也是衡量企业长期偿债能力大小的重要标志。由此可以得出这样的启示:若要维持正常偿债能力,从长期看,利息偿付倍数至少应当大于1,且比值越高,企业长期偿债能力一般也就越强。

从以上计算来看,该企业 2013 年利息偿付倍数＞2014 年利息偿付倍数＞2015 年利息偿付倍数,虽然这 3 年的利息偿付倍数均大于 1,但是,可以看到,这 3 年的利息偿付倍数较小,说明该企业偿付负债利息的能力较弱,企业将面临偿债的安全性与稳定性下降的风险。

2. 资本运用效率分析

一个企业的财务状况和获利能力在很大程度上取决于企业的营运能力,因为利润和现金流量是通过资产的有效使用来实现的,如果资产使用率低,企业不仅不能创造出足够的利润和现金流量来支付费用,扩大再生产和偿还债务,而且为了维持经营还得进一步举债。该公司资本运用效率分析指标如表 9-28 和图 9-2 所示。

表 9-28　资本运用效率分析指标　　　　　　　　　　　单位:%

指　　标	2013 年	2014 年	2015 年
总资产周转率	14.70	21.30	27.08
流动资产周转率	43.17	72.98	91.95
固定资产周转率	27.07	33.89	44.98
长期投资周转率	185.53	547.18	403.03

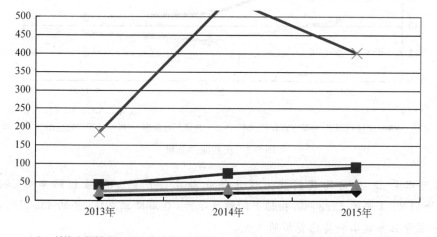

图 9-2　资本运用效率分析指标

从资本运用效率分析表来看,总资产周转率、流动资产周转率、固定资产周转率都是 2015 年＞2014 年＞2013 年,这说明该企业的资产周转率在逐年加快,营运能力在逐年提高。同时也表明该企业在资本运用方面日趋成熟,投资得当,资产结构合理,能够发挥效率,使企业一年上一个台阶。但是,也能看到上述比率较低,说明该企业利用全部资产进行经营的效率较差,最终会影响企业的获利能力。

3. 获利能力分析

不论是投资者、债权人还是企业经理人员都日益重视和关心企业的获利能力。获利能力就是企业赚取利润的能力。企业获利的高低和它们有极为密切的关系。企业获利能力指标、获利能力分析如表 9-29 和图 9-3 所示。

表 9-29 获利能力指标

收入利润指标	2013 年	2014 年	2015 年
销售利润率(%)	29.19	12.25	11.41
销售毛利额(元)	70 298 357.68	89 009 914.33	137 266 793.32
销售毛利率(%)	32.04	22.67	25.42
营业利润率(%)	14.72	8.96	7.04
总资产收益率(%)	5.35	3.82	5.32
长期资本收益率(%)	11.35	9.42	12.56
净资产收益率(%)	11.07	7.25	8.69

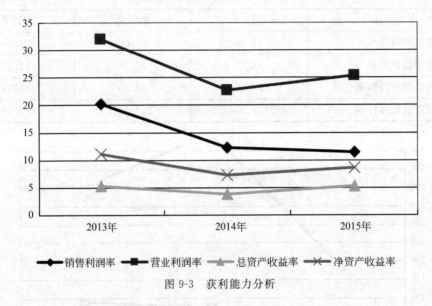

图 9-3 获利能力分析

从图 9-3 可以看出,公司的获利能力这几年是趋于下降的。销售利润率从 2013 年的 29.19% 降到 2014 年的 12.25%,指标下降幅度很大,最后降到 2015 年的 11.41%,其中主要原因是主营业务成本和其他费用的上升。

在这 3 年中,主营业务成本只升不降的原因也许是由于原材料提价或成本控制不力或兼而有之。其他费用上升的主要原因可能是由于利息费用的增加,这显然与企业过分依赖于举债经营有关。

从表 9-29 可以看出,尽管该企业力图压缩销售费用及管理费用,但由于主营业务成本与利息费用上升幅度较大,终不能扭转盈利状况日趋下降的局面。

企业应当深入检查导致成本费用上升的因素,改进有关工作,以便扭转效益指标下降的状况。所幸的是,在整个经营过程中,2015 年度各项指标略有回升,可见,企业的经营方向和产品结构仍符合现有市场需要。

2013 年度净资产收益率最高,说明企业运用资本创造利润的效果好于其他两年,2014 年度资本的利用效果不佳,2015 年度比上一年略有好转。

总资产收益率 2013 年度与 2015 年度基本持平,2014 年度较低,这表明企业 2013 年度、2015 年度的资产利用效益、企业盈利能力、经营管理水平均比 2014 年度要好。但是,这

3年的总体指标均不高,它表明:要提高收益率,不仅要尽可能降低成本,增加销售,提高业务收入利润率,同时也要尽可能提高资产使用率。只有从两方面入手,才能有效地提高获利能力。

4. 现金流量表分析

现金流量指标分析如表9-30～表9-33所示。

表9-30 现金流量指标分析

项目	2013年	2014年	2015年
现金流量与当期债务比率(%)	12.10	-1.26	7.09
债务保障率(%)	10.74	-1.10	6.04
每元销售现金净流量(%)	58.45	-3.72	15.72
全部资产现金收回率(%)	7.27	-0.76	4.11

表9-31 公司现金流入结构

项目	2013年		2014年		2015年	
	金额(元)	结构(%)	金额(元)	结构(%)	金额(元)	结构(%)
经营活动的现金流入	355 975 150.02	32.11	490 614 697.22	38.89	653 943 890.74	31.81
投资活动的现金流入	54 000 000.00	4.87	0.00	0.00	8 330 000.00	0.40
筹资活动的现金流入	698 681 456.50	63.02	770 999 919.39	61.11	1 393 672 844.00	67.79
合计	1 108 656 606.52	100.00	1 261 614 616.61	100.00	2 055 946 734.74	100.00

表9-32 公司现金流出结构

项目	2013年		2014年		2015年	
	金额(元)	结构(%)	金额(元)	结构(%)	金额(元)	结构(%)
经营活动的现金流出	227 716 060.37	19.36	505 208 804.26	38.89	569 060 155.83	25.84
投资活动的现金流出	443 049 341.19	37.67	149 446 334.67	11.50	195 103 949.98	8.86
筹资活动的现金流出	505 244 459.90	42.97	644 530 682.42	49.61	1 438 117 674.46	65.30
合计	1 176 009 861.46	100.00	1 299 185 821.35	100.00	2 202 281 780.27	100.00

表9-33 公司现金净流量结构分析　　　　　　　　　　　　　　单位:元

项目	2013年	2014年	2015年
经营活动的现金流入	355 975 150.02	490 614 697.22	653 943 890.74
经营活动的现金流出	227 716 060.37	505 208 804.26	569 060 155.83
经营活动产生的现金流量净额	128 259 089.65	-14 594 107.04	84 883 734.91
投资活动的现金流入	54 000 000.00	0.00	8 330 000.00
投资活动的现金流出	443 049 341.19	149 446 334.67	195 103 949.98
投资活动产生的现金流量净额	-389 049 341.19	-149 446 334.67	-186 773 949.98
筹资活动的现金流入	698 681 456.50	770 999 919.39	1 393 672 844.00
筹资活动的现金流出	505 244 459.90	644 530 682.42	1 438 117 674.46
筹资活动产生的现金流量净额	193 436 996.60	126 469 236.97	-44 444 830.46

从表 9-30 可以看出,现金流量与当期债务比率说明 2013 年度现金流动性强于其他两年,现金支付能力较高,同时,债权人权益的现金保障程度较高,有利于企业的持续发展;而 2014 年度的各项指标均为负值,说明 2014 年度企业的现金流动性最差;2015 年度各项指标略有回升。

全部资产现金收回率 2014 年度为 -0.76%,是这 3 年中最低的,说明企业将全部资产以现金形式收回的能力差,而 2013 年和 2015 年的指标也仅在 7.27% 与 4.11%,表示企业将全部资产以现金形式收回的能力一般,要求企业在未来对现金流量的管理需要进一步加强。

1) 现金流入结构分析

从表 9-31 可以看出,公司 2013 年至 2015 年的现金流入均主要由筹资活动引起,占现金流入总量 50% 以上,是现金流入的主要来源,其中 99% 是借款所收到的现金。

其次是经营活动,经营活动占现金流入总量 30% 以上,其中以主营业务收入流入的现金为主。而来自投资活动的现金流入量最少,在 2014 年度完全没有投资活动的现金流入,这说明企业筹资虽有力但投资不当,还有可能是企业通过正常经营活动、投资活动难以获得正常的现金流量的支持。

在回款不利、难以支付经营活动所需要的现金流量的情况下,企业只能依靠扩大贷款规模来解决。

2) 现金流出结构分析

从表 9-32 可以看出,公司 2013 年至 2015 年的现金流出均主要由筹资活动引起,占现金流出总量的 $40\%\sim70\%$,是现金流出的主要来源,其中以 2015 年度最高,70% 是偿还债务所支付的现金。其经营活动的现金流出在这 3 年中变化幅度相差较大。从 2013 年的 19.36% 增至 2014 年的 38.89%,2015 年又下降到 25.84%,其中以购买商品、接受劳务支付的现金为主,其生产经营状况基本正常,现金支出结构较为合理。而来自投资活动的现金流出量 2013 年度最高,主要是由于购建固定资产、无形资产和其他长期资产所支付的现金。这说明,企业可能为了应付激烈的竞争,添置了许多新的机器设备以便提高自动化水平。

3) 现金净流量结构分析

从表 9-33 可以看出,公司经营活动产生的现金流量 2013 年度和 2015 年度均大于零,表明在补偿当期的非现金消耗性成本后均有剩余,意味着企业通过正常的商品购、产、销所带来的现金流入量,不但能够支付因经营活动而引起的货币流出,补偿全部当期的非现金消耗性成本,而且还有余力为投资活动提供现金支持。

此时企业经营活动产生的现金流量已经处于良好的运转状态。如果这种状态持续,则企业经营活动产生的现金流量将对企业经营活动的稳定与发展、企业投资规模的扩大起到重要的促进作用。而 2014 年度经营活动产生的现金流量小于零,意味着企业通过正常的商品购、产、销所带来的现金流入量,不足以支付因经营活动而引起的货币流出。

企业在正常生产经营期间仍然出现经营活动现金流量小于零,则说明企业经营活动现金流量的质量不高。

公司投资活动产生的现金流量这 3 年均小于零,说明企业在购建固定资本、无形资产和其他长期资产、权益性投资以及债权性投资等方面所支付的现金之和大于企业在收回投资、分得股利或利润、取得债券利息收入、处置固定资本、无形资产和其他长期资产而收到的现金净额之和，处于"入不敷出"的状态。

公司筹资活动产生的现金流量在2013年度与2014年度均大于零，意味着企业在吸收权益性投资、发行债券以及借款等方面所收到的现金之和大于企业在偿还债务、支付筹资费用、分配股利或利润、偿付利息、融资租赁所支付的现金以及减少注册资本等方面所支付的现金之和。

在2014年度企业的经营活动产生的现金流量小于零的情况下，企业的现金流量的需求，主要通过筹资活动来解决。2015年度企业的筹资活动产生的现金流量小于零，意味着企业在吸收权益性投资、发行债券以及借款等方面所收到的现金之和小于企业在偿还债务、支付筹资费用、分配股利或利润、偿付利息、融资租赁所支付的现金以及减少注册资本等方面所支付的现金之和。这种情况的出现，是企业在投资和企业扩张方面没有更多作为的一种表现。

三、存在的基本问题及建议

通过对公司2013年度至2015年度的会计报表进行短期偿债能力、长期偿债能力、资本运用效率、获利能力以及现金流入流出结构等主要数据进行分析。发现该企业存在以下几项问题，任何企业在任何时候都存在着一定的问题，这是前进中的困难，是在制定未来目标和战略时必须认真研究与解决的。

1) 企业举债过度

该公司存在举债过度现象，其中除了发展、扩张性原因以外，就是企业通过正常经营活动、投资活动难以获得正常的现金流量的支持。在回款不利、难以支付经营活动所需要的现金流量的情况下，企业只能依靠扩大贷款规模来解决。如果企业的现金储备不足，较高的负债率便是威胁企业生存的重大因素。

一个资本结构优化的企业，不但应当保持适度的负债规模和负债经营水平，而且还应当通过不断的降低短期负债的比重以使企业负债结构长期化和合理化。目前，企业的负债主要是通过银行借款取得，所以，负债越分散，或负债的集中度越小，则负债经营的风险就越小。因此企业的对外借款应多元化进行。

2) 企业不善投资

该公司专注于其特定经营范围内的业务，不善投资，其投资活动的现金流入比例很低或没有。因此，建议公司对外投资比重应该略高一些。这是因为企业的资产需要有一个适当的组合，内外分布便是企业降低风险的重要途径。商品经营与资本经营并举，是现代企业经营发展的新趋势，而对外投资就是资本经营的重要形式。

对资本经营的重视，将导致资产中的对外投资的比重上升。反过来，借助这个指标也可以观察企业资本经营的水平和效果。另外，集团化的大企业一般都是以资本为纽带组建的，如果企业的对外投资少，则集团化和大型化的进程与规模通常也是有限的。

3) 企业存货周转过于缓慢

企业的存货占用源于满足企业生产的需要和销售的需要。企业持有一定的存货是必要的，但过多的存货将给企业带来诸多不利的方面。存货周转过于缓慢表明企业在产品质量、价格、存货控制或营销策略等方面存在一些问题。

在一定的营业收入的条件下，存货周转越慢，企业占用在存货上的资金也就越多。过多的存货占用,除了占用资金、引起企业过去和未来的利息支出增加以外,还会使企业发生过多的存货损失以及存货保管成本。为此企业应保持适当的存货占用量,确定适当的经济订货批量,以便采取措施控制存货储备量,降低存货占用额,加速存货的周转。

本章小结

本章主要介绍了财务分析报告的分类和构成内容,详细介绍了财务分析报告撰写的方法与技巧,通过财务分析报告实例演示为外部人员评价企业财务状况服务的财务分析报告的具体内容和模式。

练 习 题

1. 对企业内部服务的财务分析报告在编写时应先做好哪些准备工作?
2. 不管为哪类阅读者服务的财务分析报告,一般都要具备哪些部分的内容?
3. 财务分析报告撰写一般有几个段落?需要分别撰写什么内容?

参考文献

[1] 王化成.财务报表分析[M].北京：北京大学出版社,2007.
[2] 胡玉明.财务报表分析[M].大连：东北财经大学出版社,2008.
[3] 谢志华.财务分析[M].2版.北京：高等教育出版社,2009.
[4] 苏佳萍.财务管理实用教程[M].北京：北京交通大学出版社,2010.
[5] 潘爱香.财务报表分析[M].北京：中央广播电视大学出版社,2011.
[6] 马元兴.企业财务管理[M].北京：高等教育出版社,2011.
[7] 商兰芳,宣国萍.出纳实务[M].北京：机械工业出版社,2011.
[8] 刘文国.复旦卓越会计学系列：上市公司财务报表分析[M].上海：复旦大学出版社,2012.
[9] 温亚丽.高手教你看财报：财务报表的阅读与分析[M].北京：经济科学出版社,2012.
[10] 财政部会计资格评价中心.中级会计资格财务管理[M].北京：中国财政经济出版社,2012.
[11] 财政部会计资格评价中心.中级会计实务[M].北京：经济科学出版社,2013.
[12] 中国注册会计师协会.注册会计师统一考试教材[M].北京：中国财政经济出版社,2013.
[13] 张新民,钱爱民.财务报表分析[M].3版.北京：中国人民大学出版社,2014.
[14] 财政部会计资格评价中心.财务管理[M].北京：经济科学出版社,2014.
[15] 张新民.从报表看企业——数字背后的秘密[M].2版.北京：中国人民大学出版社,2014.
[16] 范继云.企业成本会计核算与实务一本通[M].北京：中国铁道出版社,2015.
[17] 池国华.财务分析[M].北京：中国人民大学出版社,2015.
[18] 宋常.财务分析学[M].3版.北京：中国人民大学出版社,2015.
[19] 中国注册会计师协会.财务成本管理[M].北京：中国财政经济出版社,2015.
[20] 中国注册会计师协会.会计[M].北京：中国财政经济出版社,2015.
[21] 财政部会计资格评价中心.初级会计实务[M].北京：中国财政经济出版社,2015.
[22] 中华人民共和国财政部.企业会计准则——应用指南[M].北京：立信会计出版社,2015.
[23] 美国管理会计师协会(IMA).CMA认证考试辅导教材——财务决策[M].北京：中国财政经济出版社,2015.
[24] 杨玉梅.财务管理[M].北京：人民邮电出版社,2016.
[25] 财政部会计资格评价中心.财务管理[M].北京：中国财政经济出版社,2016.
[26] 罗斯.公司理财精要(亚洲版)[M].谭跃,周卉,译.北京：北京机械工业出版社,2016.
[27] 中国注册会计师协会.财务成本管理[M].北京：人民出版社,2016.
[28] 财政部会计资格评价中心.中级会计实务[M].北京：中国财政经济出版社,2016.

推荐网站：
[1] 中华人民共和国财政部网站.http://www.mof.gov.cn.
[2] 北京财政局.http://www.bjcz.gov.cn.
[3] 百度文库.http://wenku.baidu.com/view/407931ebe009581b6bd9eb45.html.
[4] 中华会计网校.http://www.chinaacc.com.
[5] 上市公司.http://stock.jrj.com.cn.
[6] 财经数据.http://finance.jrj.com.cn.
[7] 巨潮资讯网.http://www.cninfo.com.cn/cninfo-new/index.
[8] 和讯网.http://www.hexun.com.
[9] 搜狐财经.http://business.sohu.com.

附录

××电器股份有限公司财务报表

附表1 ××电器股份有限公司2013—2015年资产负债表　　单位：万元

报告日期	2015/12/31	2014/12/31	2013/12/31
流动资产：			
货币资金	8 881 980	5 454 567	3 854 168
交易性金融资产	—	—	124 611
衍生金融资产	—	8 418	—
应收票据	1 487 981	5 048 057	4 629 724
应收账款	287 921	266 135	184 928
预付款项	84 793	159 149	149 865
应收利息	110 978	124 215	72 956
应收股利	—	—	—
其他应收款	25 402	38 060	34 642
买入返售金融资产	100 000	—	—
存货	947 394	859 910	1 312 273
待处理流动资产损益	—	—	—
一年内到期的非流动资产	—	—	—
其他流动资产	168 483	55 838	10 085
流动资产合计	12 094 931	12 014 348	10 373 252
非流动资产：			
发放贷款及垫款	787 262	644 170	456 546
可供出售金融资产	270 472	215 010	80 593
持有至到期投资	—	—	—
长期应收款	—	—	—
长期股权投资	9 546	9 221	9 757
其他长期投资	—	—	—
投资性房地产	49 154	50 790	50 306
固定资产原值	2 172 292	2 043 087	1 848 414
累计折旧	627 218	547 162	444 312
固定资产净值	1 545 074	1 495 925	1 404 102
固定资产减值准备	1892	1997	688
固定资产	1 543 181	1 493 928	1 403 414
在建工程	204 484	125 435	186 168

续表

报告日期	2015/12/31	2014/12/31	2013/12/31
工程物资	—	—	—
固定资产清理	2 201	772	629
无形资产	265 614	248 029	237 018
开发支出	—	—	—
商誉	—	—	—
长期待摊费用	818	2 095	4 267
递延所得税资产	876 438	819 296	568 261
其他非流动资产	65 700		
非流动资产合计	4 074 870	3 608 747	2 996 958
资产总计	16 169 802	15 623 095	13 370 210
流动负债：			
短期借款	627 666	357 877	331 697
向中央银行借款	800	1 746	3 741
吸收存款及同业存放	56 661	80 651	54 227
拆入资金	—	—	30 000
交易性金融负债	—	—	
衍生金融负债	118 903	21 570	
应付票据	742 764	688 196	823 021
应付账款	2 479 427	2 678 495	2 743 449
预收账款	761 960	642 772	1 198 643
卖出回购金融资产款	—	58 600	18 600
应付职工薪酬	169 728	155 050	164 016
应交税费	297 780	830 887	615 749
应付利息	4 839	3 618	2 548
应付股利	71	71	71
其他应付款	260 760	254 638	479 378
一年内到期的非流动负债	240 375	206 149	92 345
其他流动负债	5 500 785	4 858 531	3 091 637
流动负债合计	11 262 518	10 838 852	9 649 121
非流动负债：			
长期借款	—	225 897	137 535
长期递延收益	13 457	8 844	—
递延所得税负债	24 414	25 685	32 894
其他非流动负债	—	—	3 992
非流动负债合计	50 623	271 098	174 421
负债合计	11 313 141	11 109 950	9 823 543

续表

报告日期	2015/12/31	2014/12/31	2013/12/31
所有者权益(或股东权益):			
实收资本(或股本)	601 573	300 787	300 787
资本公积	18 595	319 127	317 611
盈余公积	349 967	295 809	295 809
一般风险准备	20 776	13 636	4 711
未确定的投资损失	—	—	—
未分配利润	3 773 719	3 484 132	2 539 556
外币报表折算差额	—	—	−194
归属于母公司股东权益合计	4 752 138	4 415 265	3 458 281
少数股东权益	104 523	97 880	88 387
所有者权益合计	4 856 661	4 513 145	3 546 668
负债和所有者权益总计	16 169 802	15 623 095	13 370 210

附表2　××电器股份有限公司2013—2015年利润表

报告日期	2015年	2014年	2013年
一、营业收入(万元)	9 774 514	13 775 036	11 862 795
减：营业成本(万元)	6 601 735	8 802 213	8 038 594
营业税金及附加(万元)	75 189	136 242	95 617
销售费用(万元)	1 550 634	2 889 000	2 250 893
管理费用(万元)	504 875	481 817	508 957
财务费用(万元)	−192 880	−94 224	−13 731
资产减值损失(万元)	8 632	39 842	19 239
加：公允价值变动收益(万元)	−101 032	−138 155	99 056
投资收益(万元)	9 665	72 436	71 734
其中：对联营企业和合营企业的投资收益(万元)	325	−360	286
二、营业利润(万元)	1 351 618	1 608 923	1 226 301
加：营业外收入(万元)	140 429	70 606	68 420
减：营业外支出(万元)	1 105	4 286	5 529
其中：非流动资产处置损失(万元)	912	1 506	378
三、利润总额(万元)	1 490 942	1 675 243	1 289 192
减：所得税费用(万元)	228 569	249 948	195 617
四、净利润(万元)	1 262 373	1 425 295	1 093 576
归属于母公司所有者的净利润(万元)	1 253 244	1 415 517	1 087 067
少数股东损益(万元)	9 129	9 779	6 508
五、每股收益	—	—	—
基本每股收益(元)	2.08	4.71	3.61
稀释每股收益(元)	2.08	4.71	3.61
普通股股数(万股)	606 910	302 610	302 929

附表3　××电器股份有限公司2013—2015年现金流量表　　　单位：万元

报 告 日 期	2015年	2014年	2013年
一、经营活动产生的现金流量			
销售商品、提供劳务收到的现金	11 091 832	8 553 445	7 021 140
收到的税费返还	123 733	51 158	46 853
收到其他与经营活动有关的现金	468 264	449 394	495 154
经营活动现金流入小计	11 879 651	9 053 997	7 563 147
购买商品、接受劳务支付的现金	4 254 126	3 881 690	3 858 873
支付给职工以及为职工支付的现金	559 051	573 024	496 395
支付的各项税费	1 377 389	1 333 436	817 129
支付其他与经营活动有关的现金	1 043 519	1 371 931	1 093 766
经营活动现金流出小计	7 441 813	7 160 080	6 266 163
经营活动产生的现金流量净额	4 437 838	1 893 916	1 296 984
二、投资活动产生的现金流量			
收回投资收到的现金	95 000	66 000	32 752
取得投资收益收到的现金	8 464	4 470	24 135
处置固定资产、无形资产和其他长期资产收回的现金净额	123	249	121
处置子公司及其他营业单位收到的现金净额	—	175	—
收到其他与投资活动有关的现金	14 344	66 107	43 440
投资活动现金流入小计	117 931	137 001	100 447
购建固定资产、无形资产和其他长期资产支付的现金	288 451	177 731	246 147
投资支付的现金	283 266	233 050	70 407
取得子公司及其他营业单位支付的现金净额	—	—	—
支付其他与投资活动有关的现金	17 529	12 434	2 493
投资活动现金流出小计	589 246	423 215	319 046
投资活动产生的现金流量净额	−471 315	−286 213	−218 599
三、筹资活动产生的现金流量			
吸收投资收到的现金	—	—	—
取得借款收到的现金	1 009 693	1 037 665	498 791
收到其他与筹资活动有关的现金	125 749	23 562	199 670
筹资活动现金流入小计	1 135 441	1 061 227	698 461
偿还债务支付的现金	951 242	780 068	623 384

续表

报 告 日 期	2015 年	2014 年	2013 年
分配股利、利润或偿付利息支付的现金	952 501	467 591	317 474
支付其他与筹资活动有关的现金	—	—	—
筹资活动现金流出小计	1 903 743	1 247 659	940 858
筹资活动产生的现金流量净额	−768 302	−186 431	−242 398
四(1)、汇率变动对现金的影响			
四(2)、其他原因对现金的影响			
五、现金及现金等价物净增加额			
期初现金及现金等价物余额	4 350 647	2 925 918	2 137 049
期末现金及现金等价物余额	7 736 502	4 350 647	2 925 918